Paris
1784

Crèvecoeur, Michel - Guillaume Jean, dit Saint Jean de

Lettres d'un cultivateur américain, écrites à W.S., écuyer, depuis l'année 1770 jusqu'à 1781

Tome 1

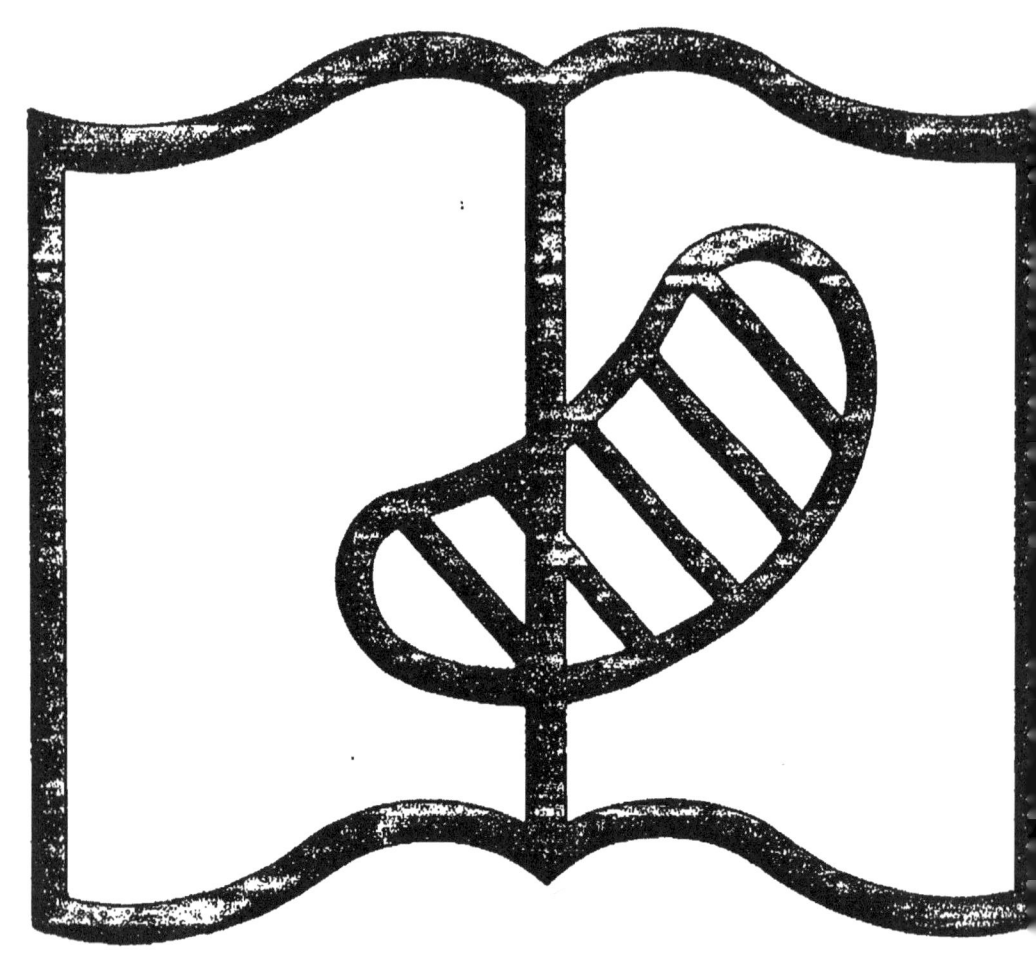

Symbole applicable
pour tout, ou partie
des documents microfilmés

Original illisible

NF Z 43-120-10

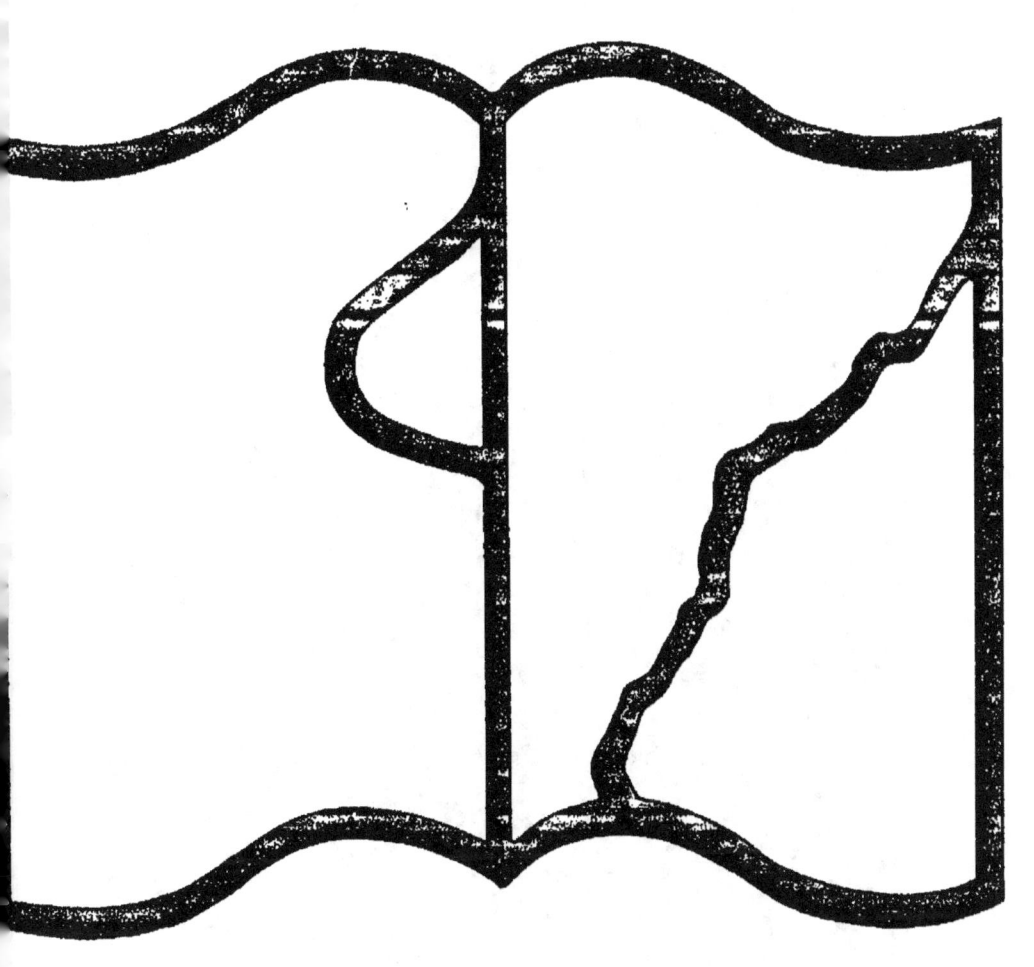

Symbole applicable
pour tout, ou partie
des documents microfilmés

Texte détérioré — reliure défectueuse

NF Z 43-120-11

Histoire de l'atmosphère.

Buf.

48 + 5   p. 634

LETTRES

D'UN

CULTIVATEUR

AMÉRICAIN,

ÉCRITES A W. S. ECUYER,

Depuis l'Année 1770, jusqu'à 1781.

Traduites de l'Anglois par ***.

TOME PREMIER.

A PARIS,

Chez CUCHET, Libraire, rue & hôtel Serpente.

M. DCC. LXXXIV.

A MONSIEUR
LE MARQUIS
DELAFAYETTE,
MAJOR GÉNÉRAL
DANS LES TROUPES AMÉRICAINES.

Monsieur le marquis,

Il ne m'appartient pas d'apprécier l'importance des services que vous avez rendus aux Treize Etats-Unis de l'Amérique Septentrionale : puis-je exprimer tout ce que

a ij

ce *Pays nouveau doit à votre zèle & à votre exemple! La Nature a donc réuni pour vous les vertus de l'âge mûr à la modestie de la jeunesse, en vous donnant de si bonne-heure l'activité, la valeur & l'intelligence? — Déjà vous avez reçu de la sagesse du Congrès un honneur digne de vous*, sa confiance, *une récompense aussi durable est gravée sur nos cœurs ;* notre reconnoissance, *celle de Treize Etats, à laquelle est unie l'estime de tous les gens de bien en Europe. — C'est un Trophée d'autant plus flatteur à votre modestie, qu'il ne consiste point en Bronze orgueilleux, ni en Statues.*

Déjà votre attachement à notre Cause, & les sacrifices que vous avez faits, sont devenus traditionnels parmi nous ; nous les racontons à nos Enfans, qui, en balbutiant votre nom, les gravent dans leur mémoire. — Avec l'admiration la plus attendrissante, nous voyons, pendant l'Eté, l'intrépide Guerrier ; pendant l'Hiver, le zélé Négociateur traversant l'Océan, comme les autres traversent un Lac. —

DÉDICATOIRE.

Avec le même sentiment, nous voyons votre Nom inscrit parmi ceux de nos Libérateurs, parmi ceux de ces hommes qui, avec une constance & un courage étonnant, ont osé secouer le joug de notre ancienne Métropole, nous ont aidé à réprimer l'orgueil Britannique, & à nous placer au rang des Nations.

Comme Militaire, vous nous aidez à terminer notre pénible Carrière; comme Homme éclairé, vous connoissez la nature & l'étendue de nos Espérances; comme Citoyen, vous contribuez à la fondation de notre Système social: vous êtes donc notre Compatriote; oui, vous l'êtes par l'adoption de tous les cœurs Américains. C'est le seul titre que puissent vous donner des Hommes pauvres & libres.

Tout ce qui vient d'un Pays devenu votre seconde Patrie, doit donc vous intéresser. C'est en conséquence de cette opinion, que je place votre Nom à la tête de cette Traduction: c'est celle d'un Ouvrage dernièrement publié à Londres.

J'aurois vraisemblablement passé ma vie

à unir en secret ma reconnoissance à celle de mes Concitoyens : le hasard me procure aujourd'hui celui de me distinguer pour un moment de la foule, en vous adressant cet Ouvrage. Puisse-t-il devenir un foible témoignage de l'affection & du respect que vous doivent les Américains, ainsi que de celui de

Votre très-humble Serviteur,
L'AUTEUR & TRADUCTEUR.

New-Yorck, 24 Septembre 1781.

LETTRES
SERVANT D'INTRODUCTION.

PREMIÈRE LETTRE.

Au Rédacteur du Mercure de France.

4 Janvier 1783. (1)

JE vous envoie, Monsieur, un morceau que je vous prie d'insérer dans le Mercure. Je suis dépositaire de plusieurs autres morceaux semblables, & du même Auteur. Si celui-ci intéresse le Public, autant que je le crois, je me servirai encore de la voie de votre Journal pour les lui faire connoître. Ces morceaux sont tirés d'un Ouvrage Anglois, qui a paru l'année dernière à Londres, où il a eu un grand succès; il est intitulé : *Lettres d'un Culti-*

---

(1) On a cru devoir rapporter ici ces deux Lettres insérées dans le Mercure, parce qu'elles donnent une idée du genre de cet Ouvrage.

vateur Américain. L'Auteur est M. de Crevecœur, Gentilhomme de Normandie, qui a quitté la France dès l'âge de seize ans, qui a habité successivement plusieurs Contrées de l'Europe, & qui a fini par se fixer en Pensilvanie. Il possédoit une Habitation sur les frontières de la Pensilvanie, qui fleurissoit déjà par ses travaux & ses dépenses, lorsque la Guerre actuelle est venue: il a été une des premières victimes des ravages affreux que les Anglois ont commis dans ce pays, par les mains des Sauvages. Il a rempli son livre de toutes les scènes que le nouveau Monde lui a présentées dans les deux états où il l'a vu, au milieu des prospérités de la Paix, & des désolations de la Guerre; mais il a écrit comme un Homme dont le cœur a besoin de recueillir tout ce qui l'a ému, & non comme un Homme qui destine ses travaux au Public. Singulièrement fait, par son caractère & ses mœurs, pour aimer des Peuples qui réunissent toutes les lumières de la civilisation à la simplicité des temps antiques, en parcourant l'Amérique Septentrionale, il écrivoit le soir tout ce qui l'avoit frappé dans la journée ; mais ne portant dans ce travail aucun dessein d'Auteur, il manque des avantages que l'art d'écrire auroit pu ajouter au mérite intrinsèque du livre. Peut-être aussi les Lecteurs en seront-ils dédommagés par des peintures plus naïves, par des détails plus vrais, par une manière plus originale. Si j'osois prévenir l'opinion Publique, & donner la mienne, j'oserois dire que l'Ouvrage de M. de Crevecœur, indépendamment du grand intérêt attaché aux objets qu'il nous fait connoître, brille souvent de toutes ces beautés que l'on ne trouve que dans ces Hommes que la Nature a créés Poëtes, Orateurs & Philosophes. Ayant adopté dès sa jeunesse une Patrie Angloise, il s'est jeté tout entier dans la langue de ce pays; c'est dans celle-là qu'il lisoit & qu'il écrivoit, de manière que sa langue natale est devenue pour lui une langue étrangère. Ses amis ont cependant jugé que personne ne pouvoit mieux que lui nous traduire son Ouvrage. Une telle Traduction a bien moins.

besoin en effet de pureté & d'élégance, que de l'originalité du texte dans les choses & les expressions ; cependant il a exigé de ses amis de revoir son travail, & ils sont occupés actuellement de ce soin. Si les morceaux que je vous prie de recevoir dans le Mercure obtiennent l'intérêt Public, l'Ouvrage ne tardera pas à paroître avec des changemens & des additions.

J'ai l'honneur d'être, &c.
LACRETELLE.

Voici le premier morceau inséré dans le Mercure.

MON voyage de Lancaster a été suspendu par une nouvelle connoissance que je viens de faire. J'ai été invité d'aller à *Douvres*, dans le Comté de *Kent*, pour y passer quelque tems, chez M. *Walter Mifflin*. La grande réputation dont il jouit est moins fondée sur sa grande fortune que sur l'éminence de sa vertu; son humanité, que l'on peut véritablement appeler le miel de l'Evangile, sa candeur, son affabilité & ses connoissances, le rendent, à mes yeux, comme à ceux du Public, un de ces Hommes touchans & vénérables qui honorent leur Patrie & leur Siècle. Je n'ai de ma vie fait une connoissance qui m'ait tant flatté. Tout ceci est venu de ce que lui avoit mandé *mon bon père adoptif*. Quel enchaînement d'évènemens & de reconnoissance! J'ai demeuré presque un mois avec ce digne Cultivateur; pendant cet intervalle, la fécondité de ses lumières a fait germer en moi le dessein de rassembler sur le papier mille choses nouvelles & instructives auxquelles je n'aurois jamais pensé."

Pour vous convaincre que Walter Mifflin mérite tous mes éloges, ma vénération & mon respect, permettez-moi de vous en rapporter quelques traits. Il épousa en 17 , Phébé, fille jolie & riche; elle avoit au moins 327000 liv. tournois. Les meubles, les bureaux, les armoires, qu'elle apporta étoient, suivant la coutume du pays, de bois d'Acajou, & de toute beauté ; ses hardes, quoique simples, étoient opulentes & nombreuses ; car elle n'étoit point de la Secte des Amis (les Quakers). La différence de Culte n'en apporte aucune, comme vous le savez, dans la paix & l'union des ménages. Je connois bien des pays en Europe, où on cultive les Arts & les Sciences, & où cette Assertion paroîtroit cependant si improbable, qu'on en douteroit. Une connoissance plus intime, l'exemple de son mari, la détermina dans peu de tems à entrer dans la Société dont il étoit membre, celle des *Amis*. Elle m'a assuré qu'il ne lui en avoit jamais parlé. A peine y fut-elle admise, qu'elle se conforma à ses Préceptes, & en adopta toutes les Maximes; elle poussoit même le scrupule jusqu'à faire ôter toutes les sculptures & ornemens qui étoient sur ses meubles, comme contraires à la simplicité des *Amis*. Tout ce qui pouvoit être considéré comme inutile ou superflu, fut vendu ; elle quitta jusqu'aux boucles de ses souliers, pour les attacher, suivant la coutume, avec des cordons. Il y avoit longtems que plusieurs *Amis* (1) avoient proposé d'émanciper leurs Nègres ; cette heureuse Doctrine avoit déjà été promulguée & recommandée dans plusieurs Assemblées ; déjà même depuis plus de quarante ans, un Membre de cette Société, habitant la Ville de Flushing, (dans l'Isle de *Nassau, l'Isle-Longue*) fameux par ses connoissances médicinales, ainsi que par ses vertus Chrétiennes, avoit donné la liberté à tous ses Nègres, & par son testament leur avoit légué une subsistance décente.

Antoine Bénélet, petit-fils d'un François, publia enfin à ce sujet un excellent livre. Cet Ouvrage a eu tout l'effet dont l'Auteur pouvoit se flatter; mais non content de ce commencement de bien, il abandonna ses affaires à sa Femme, quitta sa maison, & fut de Société en Société prêchant la liberté des Nègres. Cet Homme, simple & doux, sans avoir l'énergie de Saint Paul, le feu de Saint-Augustin,

---

(1) Les Quakers ont pris le nom de Société des Amis.

ni la science de Saint-Thomas, par-tout fut écouté avec la plus grande attention, & par-tout fit des profélytes. Il avoit cependant à combattre la plus forte des passions humaines, *l'intérêt. N'ayant en votre faveur la mission d'aucun corps public, ni les ressources de l'éloquence,* lui demandai-je un. jour, *comment avez-vous pu réussir? Par le moyen de l'inspiration de l'Esprit de l'Univers, de l'heureuse disposition de ceux à qui j'ai parlé, & de ma bonne volonté,* me répondit-il. Il a eu la satisfaction de vivre assez long-tems pour voir sa Société refuser d'admettre à sa Communion (1) ceux qui n'auroient pas entièrement banni l'esclavage de leurs maisons. J'ai recueilli à ce sujet des Anecdotes qui vous feroient verser des larmes.

Walter Mifflin avoit reçu de son Père trente-sept Nègres, tant vieux que jeunes. Le jour qu'il avoit fixé pour leur émancipation étant venu, il les appela dans sa chambre les uns après les autres. Voici l'en-

---
(1) La Communion des Quakers est de se rassembler pour méditer.

tretien qu'il eut avec l'un d'eux : » Eh bien,
» ami Jacques, quel âge as-tu ? — Mon
» maître, j'ai vingt-neuf ans & demi. —
» Comment ! tu as vingt neuf ans & demi ?
» Tu aurois dû, comme nos Frères Blancs,
» être libre à vingt-un ? La Religion &
» l'Humanité m'enjoignent de te donner
» aujourd'hui la liberté, & la Justice m'or-
» donne de te payer huit ans & demi de
» travail, qui, à 270 liv. par an, y com-
» pris ta nourriture & ton habillement,
» font la somme de 2295 liv. que je te
» dois ; mais comme tu es jeune & vigou-
» reux, & qu'il faut que tu travailles pour
» te maintenir, mon intention est de te
» donner une obligation pour cette somme
» portant à l'ordinaire 7 pour 100 d'inté-
» rêt. Voilà le commencement de ta for-
» tune. Ecoutes, Jacques, tu es libre
» comme moi, tu n'as plus d'autre maître
» que Dieu & les Loix ; vas dans l'autre
» chambre trouver ma femme Phébé, ton
» ancienne maîtresse, & mon neveu Guil-
» laume Robert ; ils sont occupés à écrire
» ta manumission ; aussitôt que je l'aurai

» fcellée & fignée devant témoins, tu iras
» la faire recorder dans les Livres de no-
» tre Société de Douvres, ainfi que dans
» les Regiftres du Comté. Puiffe Dieu te
» bénir, Jacques; fois fage & laborieux.
» Dans tous tes malheurs & détreffes, tu
» trouveras un ami dans ton ancien maî-
» tre Walter Mifflin. « Jacques, furpris
d'une fcène fi nouvelle, fi touchante, fi
inattendue, fondit en larmes, comme fi
on lui eût dénoncé le plus grand des malheurs. L'effet foudain de l'étonnement,
de la reconnoiffance & de plufieurs autres
fentimens lui gonflèrent le cœur, & pro-
duifirent même des mouvemens convulfifs.
Il pleura amèrement, & à peine put-il
s'exprimer : » Ah, mon maître, que ferai-je
» de ma liberté? Je fuis né fous votre
» toît; j'y ai toujours joui de tout ce dont
» j'avois befoin ; dans les Champs nous
» travaillions enfemble, & je puis dire que
» je travaillois autant pour moi comme
» pour vous, puifque j'étois nourri des
» mêmes viandes, & vêtu des mêmes ha-
» bits; nous n'allions jamais à l'Eglife à
» pied;

» pied; nous avions le Samedi pour nous;
» nous ne manquions de rien. Quand nous
» étions malades, notre bonne & tendre
» Maîtresse venoit à côté de notre lit,
» nous disant toujours quelque chose de
» consolant: *Eh bien, Jacques, eh bien,*
» *mon bon garçon, qu'est ce que tu as?*
» *Ne te décourages point; le Médecin va*
» *bientôt venir; j'aurai soin de toi; souf-*
» *fre avec patience, c'est le premier remé-*
» *de, &c.* « Ah! quand je serai libre, où
irai-je? que ferai-je? Et quand je serai malade? = » Tu feras comme les Blancs,
» tu iras te louer à ceux qui te donneront
» les plus hauts gages. Dans quelques an-
» nées tu acheteras de la terre; tu épou-
» seras alors une Négresse sage & indus-
» trieuse comme toi; tu éleveras tes En-
» fans comme je t'ai élevé, dans la crainte
» de Dieu & l'amour du travail. Après
» avoir vécu tranquille & libre, tu mour-
» ras en paix: il faut absolument que tu
» reçoives ta manumission, Jacques; il y
» a long-tems que j'aurois dû te la donner.
» Plût à Dieu, le Père de tous les Hom-

Tome I.   b

» mes, que les Blancs n'eussent jamais
» pensé à faire le Commerce de tes Frè-
» res d'Afrique; puisse-t-il inspirer à tous
» les Américains le désir de suivre notre
» exemple ! Nous, qui regardons la li-
» berté comme le premier de tous les
» biens, pourquoi la refuserions-nous à
» ceux qui vivent avec nous ? = Ah !
» mon Maître, que vous êtes bon, c'est
» à cause de cela que je ne vous quitterai
» point. Je n'ai jamais été Esclave; vous
» ne m'avez jamais parlé que comme vous
» parlez aux Hommes Blancs; je n'ai ja-
» mais manqué de rien ni en santé, ni
» en maladie; je n'ai jamais travaillé plus
» que ne font vos voisins, qui travaillent
» pour eux-mêmes; j'ai été plus riche que
» plusieurs Blancs, auxquels j'ai prêté de
» l'argent; & ma bonne & chère Maî-
» tresse, qui ne nous commande jamais,
» mais qui nous fait faire tout ce qu'elle
» veut en nous disant : *Jacques, je vou-*
» *drois que tu fisses telle chose*, comment
» pourrai-je la quitter ? Donnez-moi
» par an ce que voudrez, sous le nom

» d'Homme libre ou d'Esclave, peu m'im-
» porte, puisque je ne puis qu'être heu-
» reux avec vous; je ne vous quitterai
» jamais. = Eh bien, Jacques, je con-
» sens à ce que tu désires. Après que ta
» manumission aura subi les formes né-
» cessaires, je te louerai à l'année; mais
» prends au moins une semaine de congé:
» ceci est une grande époque dans ta vie;
» célèbre la par la joie, par le repos, par
» tout ce que tu voudras. = Non, mon
» maître, nous sommes en semailles; je
» prendrai mon congé dans un autre
» tems, qu'aujourd'hui seulement soit un
» jour de Fête dans la famille Noire.
» Puisque vous le voulez, j'accepte donc
» ma liberté, & que ma première action,
» comme Homme libre, soit de vous
» prendre par la main, mon Maître, &
» de vous la serrer dans les miennes, en
» l'approchant, en la plaçant, sur mon
» cœur, où l'attachement & la recon-
» noissance de Jacques ne finiront que
» quand il finira de palpiter; que la seconde
» soit de vous assurer qu'il n'y a point de

» travailleur dans le Comté de *Kent* qui
» sera jamais plus diligent que celui qui
» dorénavant s'appellera le *fidèle Jacques* «.

L'Homme peut-il offrir un encens plus agréable à la Divinité ?

Quelque tems avant son mariage, le même Walter Mifflin avoit vendu à Lewis Town un Nègre dont il étoit très-mécontent. La mauvaise conduite de ce Nègre obligea son nouveau maître de s'en défaire à un second acheteur, qui également mécontent, l'envoya à la Jamaïque, où le nerf de bœuf le rendit bientôt plus docile & plus sage. Ce Nègre se rappelant la bonté & l'humanité de son premier maître, lui fit écrire une lettre touchante, dans laquelle il lui peignoit sa misère & son repentir. Tel en fut l'effet sur le cœur de Walter Mifflin, tels furent les remords qu'elle lui inspira, que, regrettant d'avoir été la cause du malheur de cet Esclave, il s'embarqua pour cette Isle, d'où, après avoir racheté son ancien Nègre, il le ramena à Philadelphie, & lui donna sa liberté.

Peut-on pousser plus loin la sublimité de l'humanité, la perfection de la vertu, le scrupule du bien ? Où trouveroit-on en Europe des Personnes qui traverseroient la Mer, & sacrifieroient ainsi 100 louis pour racheter un Frère ? Tel est ce vénérable *Ami*, tels les trouveriez-vous en général, depuis un bout du Continent jusqu'à l'autre, sages, justes, humains, hospitaliers, éclairés.

Nota. L'Auteur tient le récit de ces actions & de ces scènes si touchantes du neveu de M. Walter Mifflin, M. Guillaume Roberts, intime ami de l'Auteur.

Copie du Certificat de Manumission.

Moi, Walter Mifflin, du district de Douvres, Comté de Kent, Province de Pensilvanie, relâche de l'Esclavage mon Nègre Jacques, âgé de 29 ans & demi. Je concède pour moi-même, mes exécuteurs & administrateurs, audit Nègre Jacques, tout mon droit & toute autorité quelconque sur sa Personne, ou sur le bien qu'il peut avoir ou qu'il pourra acquérir. Par cet Acte, déclarant ledit Nègre Jacques absolument libre, sans aucune interruption, ni de moi, ni de ceux qui pourroient le réclamer, en vertu d'héritage ou autrement. En témoignage de cet instrument, j'y ai mis mon signe & mon cachet.

Signé & délivré en présence de, &c.

DEUXIÈME LETTRE.

Au Rédacteur du Mercure de France.

24 Janvier 1784.

Vous avez inféré, Monsieur, l'année dernière dans un des Mercures, une Annecdote Américaine que j'avois eu l'honneur de vous envoyer. Elle étoit tirée de la Traduction d'un Ouvrage Anglois intitulé : *Lettres d'un Fermier Américain.* Un accident très-malheureux & très-imprévu a retardé la publication de cet Ouvrage. Le manuscrit a été perdu au moment où il alloit être imprimé. Il a fallu que l'Auteur recommençât son travail. Ce nouveau travail est maintenant sous presse. Je vous prie, Monsieur, de vouloir bien en prévenir le Public, afin d'empêcher l'usage que les Libraires étrangers pourroient faire du premier manuscrit de l'Auteur. Je ne vous répéterai pas, Monsieur, que le Traducteur François est l'Auteur Anglois lui-même, qu'il écrit dans notre Langue avec la liberté Angloise & l'originalité des sujets qu'il traite. Je ne vous parle point de ce qu'on trouvera d'étrange dans son style, comme d'un défaut sur lequel je demande grâce d'avance; il me semble que ce ton un peu étrange, plaira dans un Ouvrage qui doit intéresser bien plus par la naïveté que par l'élégance; c'est ce qu'en ont pensé des Personnes du premier mérite, & du rang le plus distingué, que la politesse de leur esprit auroit rendues très-difficiles sur cette espèce de défaut, s'il n'avoit été en même-tems une jouissance pour leur goût; ce sont ces Personnes qui ont encouragé l'Auteur à écrire à sa manière & non pas à la nôtre. Je crois faire une chose agréable au Public, en joignant à cette Lettre, que je vous prie d'insérer tout de suite dans le Mercure, un nouveau morceau de cet Ouvrage, dont l'Edition m'est confiée. Je n'en ferai ici aucun éloge. Les douces larmes qu'il fera répandre seront un hommage bien plus touchant pour l'ame de l'Auteur. Je regrette vivement qu'il ne soit plus parmi nous à ce moment, où il pourroit jouir de ce bonheur qu'il se promettoit de faire encore plus respecter & chérir à son ancienne Patrie, le pays qu'il habite, & qui nous est attaché par des liens qui se resserrent toujours davantage. Je vous ai déjà dit que l'Auteur est M. de Crevecœur, né Gentilhomme François, qui a passé vingt-quatre ans de sa vie dans l'Amérique Septentrionale, où il vient de retourner avec le titre de Consul de France à New-Yorck.

J'ai l'honneur d'être, &c.

LACRETELLE.

Nota. L'Anecdote dont il est parlé ici se trouve à la page 224 *du premier Volume.*

AVERTISSEMENT ET ERRATA.

L'Auteur de cet Ouvrage l'ayant rédigé très-rapidement pendant son séjour en France, & l'Impression s'en étant faite depuis son retour en Amérique, il s'y trouve beaucoup de fautes. Les plus nombreuses sont des fautes d'Impression, pour lesquelles on demande l'indulgence des Lecteurs, & des fautes d'Orthographe dans les noms de lieux.

Celles-ci seront rectifiées dans l'Errata ci-dessous.

Il étoit échappé aussi à l'Auteur quelques erreurs de faits, qui ont été corrigées par des Américains, actuellement à Paris, de la manière qui suit :

Page 40, *ligne* 18 à 21, l'Auteur veut dire que si tout le terrein enclos des 13 Etats étoit rassemblé, il constitueroit une zone de 900 milles de long, sur 70 de large, égale à un quarré de 260 milles, du contenu de 40 millions d'arpens.

ERRATA

Des Lettres servant d'Introduction.

*P*age viij. *ligne* 6, *lisez* Newyork, *au lieu de* Pensilvanie ; & dans les *lignes* 7 & 8, *ôtez de la* Pensilvanie.

Page xiij. *ligne* 15, *lisez* Benezet, *au lieu de* Bénélet.

ERRATA DE L'OUVRAGE,
Tome Premier.

Page 11, ligne 16, *lisez* Rittenhouse, *au lieu de* Writtenhouse.

Idem. lig. 17, *lis.* Hadley, *au lieu de* Davies.

Idem. lig. 24, *lis.* Lichens, *au lieu de* Lichées.

Idem. lig. 26 & 27, *lis.* Gardenia, *au lieu de* Gasdenia.

Pag. 15, lig. 6, *lis.* Precinctes, *au lieu de* Precinets.

Pag. 16, lig. 26, *lis.* Modifications, *au lieu de* Modificarions.

Idem. lig. 28, *lis.* Timocratie, *au lieu de* Tymocratie.

Pag. 32, lig. 23, *lis.* Precinctes, *au lieu de* Precenets.

Pag. 35, lig. 22, *lis.* Population, *au lieu de* Opulation.

Pag. 60, lig. 6, 13 & 27, *lis.* Bird, *au lieu de* Brid.

Pag. 61, lig. 28, *lis.* Birds, *au lieu de* Brids.

Pag. 84, lig. 21, *lis.* House, *au lieu de* Housse.

Pag. 88, lig. 9, *lis.* Mac Neil, *au lieu de* Magneil.

Pag. 93, lig. 6, *lis.* Piazza, *au lieu de* Piatta.

Idem. lig. 25, *lis.* Tomehawks, *au lieu de* Jomehauks.

Pag. 102, lig. 14, *lis.* Frolique, *au lieu de* Trolique.

Pag. 113, lig. 28, *lis.* Spikenard, *au lieu de* Spignut.

Pag. 116, lig. 11, *lis.* Onondaga, *au lieu de* Onedaga.

Pag. 119, lig. 15, *lis.* Persécutés, *au lieu de* Preséçutés.

Pag. 131, lig. 3 & 4, *lis.* Céderont à vos, *au lieu de* Céderont vos.

Pag. 132, lig. 8 & 28, *lis.* Precincte *au lieu de* Precinet.

ERRATA.

Pag. 133, *lig.* 2, *lif.* Tubmill, *au lieu de* Tubmitt.

Idem. *lig.* 10, *lif.* Lancaster, *au lieu de* Lancester.

Pag. 134, *lig.* 23, (au sujet du mot *fumer la pipe*, nous croyons devoir faire une observation au Lecteur. Cette expression, en usage parmi les Sauvages, désigne l'aisance, la paix, la tranquillité, & par conséquent le bonheur.)

Pag. 137, *lig.* 6, *lif.* Bertram, *au lieu de* Bertran.

Pag. 138, &c. &c. & dans tous les endroits où le nom de Bertran se trouve, *lif.* Bertram.

Idem. *lig.* 1, *lif.* de G^{me}, *au lieu de* du G^{me}.

Pag. 182, *lig.* 19, *lif.* par la, *au lieu de* la par.

Pag. 183, *lig.* 17, effacez la note Keni, &c.

Pag. 185, *lig.* 22, *lif.* Steuarts, *au lieu de* Stwaris.

Pag. 186, *lig.* 18, *lif.* whigs, *au lieu de* wigs.

Pag. 197, *lig.* 6, *lif.* Valley, *au lieu de* Walley.

Pag. 199, *lig.* 4, *lif.* Ulster, *au lieu de* U-Er.

Pag. 200, *lig.* 4, *lif.* d'Esopus, *au lieu de* d'Eusopus.

Pag. 208, *lig.* 8, *lif.* wigwam, *au lieu de* vigwam.

Pag. 216, *lig.* 19, *lif.* Kataracoui, *au lieu de* Katavakouï.

Pag. 219, *lig.* 1, *lif.* Fitch, *au lieu de* Fesche.

Pag. 221, *lig.* 21, *lif.* Newhaven, *au lieu de* Néwohaven.

Pag. 241, *lig.* 19, *lif.* Hartford, *au lieu de* Hastford.

Pag. 255, *lig.* 15, *lif.* Albany, *au lieu de* Abany.

Pag. 292, *lig.* 9, *lif.* laware, *au lieu de* lawarre.

Idem. *lig.* idem. *lif.* New-York, *au lieu de* New-Yorck, & dans tous les endroits où cette Ville est nommée.

Pag. 314, *lig.* 13, *lif.* Southampton, *au lieu de* Soupthampton.

ERRATA.

Pag. 316, lig. 7, lif. Whig, au lieu de Wig.

Pag. 317, lig. 14, lif. déprédations, au lieu de dépradations.

Pag. 319, lig. 11, lif. George, au lieu de Georges.

Pag. 325, lig. 11, lif. Tappawn, au lieu de Tappant.

Pag. 326, lig. 28, lif. Gens de la, au lieu de Gens de.

Pag. 385, lig. 1 & 8, lif. Tonyn, au lieu de Tonyng.

Pag. 388, lig. 1, lif. treize Etats, au lieu de quatorze Provinces.

Pag. 392, lig. 7, lif. Sr. H. C. au lieu de J. H. C.

LETTRES
D'UN CULTIVATEUR
AMÉRICAIN,
ECRITES A W. S. ECUYER.

Carlifle County, 18 Août 1770.

A W. S. ECUYER.

PREMIERE LETTRE.

Quelle erreur! a-t-on jamais vu un jugement auffi éclairé que le vôtre, devenir la dupe de l'amitié que vous avez pour moi ? — Quoi, parce que je vous ai reçu avec cordialité fous mon toît, parce que vous avez trouvé chez moi l'hofpitalité Américaine, parce que j'ai converfé avec vous librement & fans réferve, vous me croyez capable de vous inftruire ? — Ne vous êtes-vous pas

Tome I.   A

apperçu que je ne vois les choses que comme un Voyageur qui chemine ? — Frappé d'un objet nouveau, il s'arrête pour le contempler un moment, & ensuite continue sa route. — Je n'ai nulle méthode que celle de raconter, comme je peux, les impressions que je reçois (car ce que je puis avoir à vous dire, sera plutôt le détail de mes sensations que celui de mes réflexions). — Je ne possède point cet art utile sans l'assistance duquel les meilleures observations deviennent vagues & incohérentes. — Et où aurois-je acquis cet art ? — Est-ce en cultivant la plantation que mon père m'a laissée, ou en défrichant celle que j'ai acquise pour mes enfans ? — Il est vrai que souvent j'ai des idées, & que souvent elles adoucissent mon travail; mais quelle distance de cet état à la possession de cette faculté compréhensive qui compare & qui rassemble les objets divers, & à celle de cet esprit qui les combine & les unit ! — Mes foibles facultés ressemblent à des métaux épars. — Il faut le feu du creuset & l'habileté du Chimiste pour les amalgamer dans une composition nouvelle & utile.

Comment puis-je négliger le soin de mes occupations rurales pour devenir un Ecrivain ? J'ai trop de bon-sens pour négliger l'un, & point assez d'esprit pour entreprendre l'autre. — Je n'ai point ce degré de confiance qui excite & qui soutient dans l'exécution de nouveaux projets. — Bientôt mes voisins m'accuseroient d'orgueil & cesseroient de m'estimer. — Je deviendrois oisif & par conséquent un objet de scandale ; ces deux mots, vous le savez, sont synonymes parmi nous. — Vous connoissez la base du bonheur & de la prospérité des familles Américaines ; elle est uniquement fondée sur l'estime, l'attachement & l'utilité réciproque du mari & de la femme ; sur une économie intelligente, & sur l'ordre d'un travail réglé & assidu. Je vous parlerai avec franchise. — Hier je communiquai votre dernière lettre à notre Ministre, homme sage & éclairé, qui est mon voisin & mon ami. — Après l'avoir lue avec attention, il m'a encouragé, en me disant que des lettres ne sont pas si difficiles à écrire qu'on se l'imagine ; que ce ne sont que des images de la conversation ; que la plume rappelle & mûrit les idées, & que tout savant que vous êtes, vous pourrez peut-être extraire de mes réponses des choses qui vous paroîtront nouvelles. — « Mais, » lui dis-je, tout ce qui sera nouveau sera-t-il » amusant ? — Oui, me dit-il, parce qu'il pourra » contenir quelque chose d'utile. — Ah ! plût à » Dieu, lui répondis-je ». — Voilà, je vous le jure, la première étincelle qui a allumé mon désir de correspondre avec vous. — Quoi ! être utile, être bon à quelque chose à une si grande distance ?

— Mais, comment ? mon zele se trouve combattu par la prudence. — Prudence en Littérature. — Voilà déjà une expression nouvelle, enfantée par un sentiment nouveau. — Le croiriez-vous ? la vanité s'en mêle & notre Ministre l'a encouragée. — « Vous ne feriez rien, me dit-il, sans ressentir
» son aiguillon; vous avez un grand désir de bien
» faire, je le sais, & cet aiguillon vous forcera à
» faire mieux encore. — Et après tout, conti-
» nua-t-il, pourquoi vos Lettres ne seroient-elles
» pas au moins agréables ? Elles auront l'avantage
» d'être *exotiques*. C'est un caractère qui, à ce
» qu'on dit, donne quelquefois en Europe du
» mérite ; c'est un voile qui cache bien des fau-
» tes. Par exemple, transplantez un de nos arbres
» les plus communs dans les jardins d'un de leurs
» célèbres Botanistes; il y sera examiné & estimé,
» il y tiendra un rang distingué. — Sans la trans-
» plantation, il auroit resté confondu & méprisé
» dans l'épaisseur de nos forêts. — Secondement,
» vos Lettres seront les productions d'un génie
» naturel, sans ornemens académiques, sans au-
» tre méthode que celle qui sera inspirée par la
» chaleur du moment. Je connois votre cœur &
» votre imagination, ainsi que votre pinceau des-
» criptif, qui n'est pas mauvais pour le pinceau
» d'un homme qui n'a jamais étudié le dessin que
» dans l'école des champs. — Lorsque j'étois au

» Collège de Prince-Town, ville du nouveau Jer-
» fey, je ne me fentois nulle difpofition pour la
» compofition ; je n'avois que de la bonne vo-
» lonté. — Les premiers Sermons que je prêchai
» auffi-tôt après mon Ordination, étoient fecs &
» arides, comme des plantes croiffant dans le
» fable; tout étoit infructueux. A force de perfé-
» vérance, mon imagination eft devenue plus
» riche, & grâces à Dieu, je prêche, comme vous
» le favez, avec abondance & facilité. Il en fera
» de même pour vous, voifin Jean. — Mais,
» lui dis-je, il fe peut que M. W. S. montre mes
» Lettres à fes amis, qui ne me connoiffent pas
» comme lui; que diront-ils ? — Que diront ces
» Européens accoutumés à ne voir que des Ou-
» vrages académiques, à ne voir que des arbres
» bien taillés, dont les branches, dont les fleurs
» & les fruits font conduits & placés par la main
» d'un habile Jardinier ? — Qu'en favez-vous,
» voifin Jean ? — Ne fe peut-il pas faire qu'un
» Européen foit fatigué quelquefois de cet ordre
» fatigant, de cette méthode monotone, de cet
» affujétiffement perpétuel, qui enchaîne l'ima-
» gination ? Ce n'eft fouvent qu'un voile fcienti-
» fique, qui peut-être diminue autant la beauté
» & l'énergie, qu'il cache les fautes & la foi-
» bleffe. — Qu'il voye pour la première fois un
» arbre Américain, dans toute l'irrégularité de

A 3

» son feuillage, dans toute l'amplitude de ses
» branches, dans toute l'exubérance de sa sève ;
» poussant librement de toutes parts, & obéissant
» sans gêne à l'impulsion des sucs végétaux. — Si,
» d'un côté, cet arbre touffu & irrégulier est l'image
» de l'Américain ; l'espalier, de l'autre, ne ressem-
» ble-t-il pas à l'homme obéissant à une multitude
» de loix, de coutumes & de préjugés ? — Comme
» ceux de nos forêts, paroissez dans toute l'irrégula-
» rité de votre caractère ; M. W. S. sera au moins
» convaincu que si nous ignorons l'empire des re-
» gles & des préjugés, si la végétation n'a pas
» encore été soumise à des loix, notre sol est
» bon & produira un jour le génie, l'énergie &
» les sciences dont nos ancêtres apportèrent avec
» eux la précieuse étincelle ; elle a depuis été reli-
» gieusement soignée, & un jour l'Europe en sera
» étonnée. — Vous dites si bien, mon cher voisin,
» que vous m'encouragez ; mais encore une fois,
» faut-il que j'abandonne mon travail pour me
» donner à la plume ? — Non, faites comme
» moi ; — Pensez & étudiez en travaillant ; il y a
» long-temps que j'ai trouvé par une longue ex-
» périence, que certains travaux n'étoient point
» incompatibles avec les idées, & qu'au contraire
» ils les excitoient. — En vérité, lui répondis-je,
» j'ai souvent ressenti le même effet. Dites-moi
» quel est le travail que vous préférez quand vous

» voulez rêver? — La charrue. — Vous ne sau-
» riez croire le nombre de Sermons que j'ai es-
» quissés en labourant ; car, après tout, quand la
» terre est franche, unie, sans pierres & sans sou-
» ches, ce n'est qu'une opération méchanique ;
» on ne laboure qu'avec l'instinct ; il faut alors
» que la raison se repose ou s'occupe. — Votre
» idée, voisin Robert, me frappe & me plaît. —
» J'en ai souvent fait autant ; mais à peine mon
» ouvrage est-il fini, que tout disparoît. — Cela
» peut être, me dit-il ; mais cherchez à écrire ces
» mêmes idées, & alors vous verrez que la plu-
» me les rappellera toutes. — Mais, voisin Ro-
» bert, que dira ma femme quand elle me verra
» ainsi occupé ; elle s'imaginera que la tête m'a
» tourné? — Lisez-lui de temps en temps le fruit
» de vos nouveaux travaux; consultez-la sur diffé-
» rens points. — Mais que diront les voisins quand
» une fois ils sauront que je suis devenu écrivain?
» Ils me marqueront au doigt dans toutes nos as-
» semblées, disant: Défions-nous du voisin Jean,
» il s'est mis à écrire; peut-être correspond-il avec
» le Gouverneur du Roi, ou avec quelques gens
» du pays d'Angleterre. — Hé-bien, puisque vous
» avez tant de peur de vos voisins, je me charge
» de leur en parler moi-même, & de leur rendre
» cette correspondance intéressante. — Vous avez
» l'air d'applanir toutes les difficultés, voisin Ro-

A 4.

» bert; mais pourquoi ne prendriez-vous pas sur vo-
» tre compte une partie de cette tâche ? Il n'importe
» à M. W. S. d'où lui viennent les informations,
» pourvu qu'il soit informé; d'ailleurs vous avez
» plus de temps que moi. — Quant au loisir, voi-
» sin Jean, comme vous je travaille. — Vous le
» savez, comme vous j'ai une famille nombreuse
» à maintenir. — Comme mes confrères, je prêche
» & laboure; mais je sais économiser mon tems,
» je vous aiderai avec plaisir, puisque vous l'exi-
» gez. Dites-moi, d'où est venu l'origine de ce
» plan ? quel motif a déterminé M. W. S. à sol-
» liciter si vivement votre correspondance ? — Je
» vais vous le dire, voisin Robert. — Etant l'année
» passée à l'Assemblée du Comté, j'apperçus un
» Voyageur qui avoit l'air d'un homme d'outre-
» mer : — l'Auberge étoit pleine; — voilà, me
» dis-je, un homme qui va passer une nuit bien
» désagréable. — Je l'invitai à venir chez moi; il
» accepta mon invitation. — Je lui plûs, il me
» plût aussi. Je lui fis voir ce qu'il y avoit de plus
» curieux dans notre Comté ; je le trouvai un
» homme sage & éclairé, qui avoit passé la mer
» pour parcourir ces Provinces; il demeura avec
» moi deux mois, de-là il fut visiter la *Virginie* &
» les deux *Carolines*. — Depuis son retour en An-
» gleterre, il me sollicite de correspondre avec
» lui. — Il n'y a rien, voisin Jean, de plus sim-

» ple; acceptez son invitation. — Mais, voisin
» Robert, sur quel sujet lui parlerai-je? car si une
» fois je m'avise de former un plan, je suis sûr
» de ne pouvoir jamais m'y assujettir? — Com-
» mencez d'abord par un sujet quelconque; à
» mesure que vous avancerez, vos idées se mul-
« tiplieront; & après tout, que vous demande-t-il?
» — Une idée générale de nos mœurs, de nos
» coutumes, de notre façon de vivre & d'éta-
» blir des terres nouvelles, de notre commerce,
» du rapport de notre agriculture, que sçai-je?
» Nous avons mille objets dont l'explication pa-
» roîtra nouvelle & utile de l'autre côté du grand
» lac. — En vérité je tremble, mon cher voisin,
» quand je considère attentivement la longueur &
» les difficultés de cette carrière. — Tremblez-
» vous, quand vous commencez à labourer un
» champ de 15 à 20 acres? Que sait-on, ami
» Jean, peut-être vos détails naïfs & vrais frap-
» peront-ils plus que des compilations étudiées;
» peut-être feront-ils naître le désir à quelque
» savant Européen de venir examiner ces Pro-
» vinces, le flambeau Philosophique à la main.
» — Cet Européen vraisemblablement publiera ses
» observations, & nous communiquera ses lumiè-
» res; chose qui ne seroit point arrivée sans cela;
» celui qui marque & fraye un sentier dans nos bois,
» vers quelque lac utile, ou vers quelque canton

« de terrein fertile, a autant de mérite que l'homme
» qui, dans la fuite, à l'aide de la Bouſſole y pra-
» tique une voie plus commode; — Peut-être,
» mon voiſin, continua le Miniſtre, que les
» curieux de l'Europe, fatigués d'aller en Italie
» y voir les ruines d'un Peuple qui n'exiſte plus,
» y marcher ſur des cendres, jadis illuſtres, y voir
» tant de débris, l'effet des âges, des malheurs
» & des guerres; peüt-être, dis-je, que quel-
» que Voyageur éclairé viendra ici y contem-
» pler l'origine, le berceau de ces Nations, qui
« un jour doivent remplir le grand Continent.
» — Hélas! ſi j'avois des richeſſes, j'aurois par
» conſéquent du loiſir. — Je vais vous dire com-
» ment j'employerois ce même loiſir. — Je paſſe-
» rois en Europe, j'y viſiterois ſoigneuſement les
» Nations qui annoncent la décadence la plus
» prochaine; celles, enſuite, qui conſervent en-
» core de l'énergie; puis celles qui, plus dernière-
» ment ſorties du barbariſme, promettent le plus
» de vigueur & de perfection : je finirois ma
» carrière par étudier, avec ſoin, toutes nos Pro-
» vinces, plus neuves, plus fraîches encore. —
» Quel tableau ne tracerois-je pas, ſi j'étois un
» bon Peintre! — Inſtruiſons, ſi nous pouvons,
» M. W. S.; ce n'eſt pas la première fois, voiſin
» Jean, que l'Amérique a inſtruit l'Europe. —
» Comment cela eſt-il poſſible, lui répondis-je ?

» —Quoi, ne savez vous pas, répliqua le Ministre,
» que *Benjamin Franklin* a enseigné à ses Habi-
» tans, le secret d'attirer la foudre du sein des
» nuages, de la diriger de manière à garantir
» leurs édifices & leurs vaisseaux de ses ravages ?—
» N'avons-nous pas simplifié l'inoculation encore
» plus qu'elle ne l'étoit il y a quelques années en
» Europe ? Nous surpassons les Européens dans
» l'art de pêcher les baleines & de faire nos
» huiles en mer. — C'est nous qui les premiers
» nous sommes apperçus de l'existence d'un cou-
» rant dans l'Océan, qui les premiers l'avons
» suivi, étudié &, enfin marqué sur les Cartes :
» connoissance plus importante qu'elle ne paroît
» aux yeux superficiels. — La *Sphère composée* de
» M. Writenhouse n'a point de pareille dans le
» monde. — Le fameux *Cadran* de *Davies* est de
» l'invention d'un Philadelphien. — Nous avons
» fait venir de la Chine l'*Arbre à Suif*, le Riz
» de Montagne, plusieurs espèces nouvelles d'In-
» digo ; dans peu d'années l'Europe sera étonnée
» de recevoir de nos Ports plusieurs nouveaux arti-
» cles de Commerce ; déjà nous connoissons l'arbre
» *Lacre*, l'arbre à *Huile*, l'*Alcéa*, le *Lichées*, le *Gaſ-*
» *dénia*, qui est une excellente teinture jaune. Il
» n'y a point d'objets d'amélioration, de richésse
» & de commerce, qu'on ne trouvera dans trente
» ans sur ce Continent, qui jouit de presque tous

» les climats, & de presque tous les sols. — Voisin
» Robert, je sens que l'assistance d'un Homme
» comme vous est suffisante pour détruire tous
» mes scrupules ; j'accepte l'invitation de M. W.
» S. & dès aujourd'hui je vous prends pour mon
» associé «. —

Voilà, mon cher Monsieur, la conversation qui m'a décidé à la correspondance qui va s'établir entre nous. Je vous ai tout raconté ; je débute, comme vous le voyez, sans art ; soyez persuadé que je continuerai de même ; mon cœur deviendra votre premier & unique correspondant ; ma seule récompense sera de jouir du sentiment d'avoir cherché à faire le bien : toute la grâce que je vous demande est de recevoir mes Lettres comme vous recevrez les hycoris, les frênes des marais, les chênes épineux & les tulipiers, que je vous enverrai ; quoique ces derniers ayent un mérite bien supérieur aux premiers, ils vous seront envoyés avec les mêmes bonnes intentions.

St. John.

SECONDE LETTRE.

Plus les objets d'une perspective sont multipliés & étendus, plus distinctement ces objets doivent-ils être représentés. — Quel tableau n'aurois-je pas à vous faire, s'il m'étoit possible de l'entreprendre ? — Je me contenterai de vous en faire voir les grands traits ; — car je sens qu'il est plus aisé de vous donner une idée générale de cet hémisphère, que de vous conduire pas à pas dans un examen plus détaillé, quoique peut-être plus instructif.

Ces treize Provinces forment une chaîne immense & presque contiguë de plus de 600 lieues d'étendue. C'est un assemblage de Colonies de différentes dates; de pêcheries, de bourgades, de villes & d'établissemens, dont les fondations, la prospérité, le génie & la population forment une époque à jamais mémorable dans les annales de l'univers. Cette époque peut être considérée comme une nouvelle naissance de la nature, comme un nouveau don qu'elle fait à l'ancien monde, comme une seconde création ; car tout ce que nous voyons aujourd'hui porte l'empreinte de la jeunesse & ne fait qu'éclore. — Ce qui rend cette époque plus intéressante encore, est que depuis notre enfance nous avons été éclairés par un soleil nouveau, dont le jour nous a préservés des ténèbres de la fausse science. Nous n'avons point subi la servitude de ce grand nombre de préjugés, qui, pendant tant de siécles, avoient été si funestes aux hommes. — Quel consolant événement ! — Armé du télescope philosophique, jugez ce que nous ferons seulement dans un siécle de plus, par ce que nous avons déjà fait au milieu de tant de difficultés !

L'Européen fatigué de l'effet que produit dans sa Patrie la disproportion énorme des richesses, les droits de primogéniture, & cette multitude de hiérarchies; affligé de la différence humiliante qui marque les états & les conditions ; de ces cruelles limites qui divisent les Citoyens du même pays; cet Européen qui si souvent a été affligé à la vue de ces loix contradictoires & souvent absurdes, de ces jurisdictions mixtes, de cette foule de préjugés, plus forts encore que les loix. — Cet Européen, dis-je, doit être singuliérement frappé, lorsqu'arrivé parmi nous, il y développe la source & les ramifications de nos sociétés naissantes ; lorsqu'il y découvre les principes sages & simples qui nous unissent & nous gouvernent ; le système bienfaisant de nos adoptions législatives, l'énérgie singulière, déployée sous tant de formes différentes, l'audace & la patience avec laquelle nous entreprenons & nous supportons nos pénibles travaux ; cette douce égalité qui nous anime

& dessèche nos sueurs ; lorsqu'il y admire enfin le grand système de population, de culture & de commerce qui, comme une source féconde, se répand insensiblement par-tout.

Toutes ces Provinces sont divisées en comtés, en précincts, bourgades, villes & districts ; ce sont les canaux qui distribuent l'administration de la Justice ; ce sont les ramifications du grand arbre politique. — Chacun de ces cantons est divisé dans un nombre infini de possessions, plus ou moins grandes, tenues en franc-alleu ; elles communiquent à leurs Possesseurs des immunités & des privilèges considérables, & sont toutes réunies par de bons chemins. Comme les arbres & les plantes, nous tenons de la terre ce qui nous enrichit & nous dignifie ; — telle est la première source de notre bonheur.

Heureusement, ces Provinces diffèrent entre elles par leur sol, leurs climats & leurs productions ; elles diffèrent aussi par quelques variations dans la forme du gouvernement, ainsi que par le génie des premiers Colons ; — de-là leurs nuances distinctives. — Cette heureuse variété fait la base de nos besoins, de nos secours mutuels, de notre premier commerce, de nos premières richesses & de notre union. — Ces détails seroient dignes d'être attentivement considérés ; — ils le deviennent de plus en plus aux yeux de la politique ; car notre population rapide, fondée fur l'aifance avec laquelle l'homme peut gagner fa fubfiftance, fur la multiplicité de nos mariages, fur la fécondité de nos femmes & de nos terres, fur nos mœurs paftorales, fur l'arrivée annuelle des Européens, offre un phénomène nouveau, auquel l'amateur de l'efpèce humaine ne peut que s'intéreffer.

Quel tableau le refte de l'univers préfente-t-il aux yeux du Contemplateur ? L'Europe, quoique favante, éclairée & riche au-delà des autres parties du monde, gémit encore dans bien des cantons, fous l'empire de fes anciennes opinions, & fous le poids de fon antique organifation. N'eft-elle pas encore fujette au fléau terrible de fon fifc & de fes guerres ?

L'Africain dégénéré, eft devenu l'opprobre de la race humaine, en fouffrant l'avide Européen établir fur fes rivages le commerce le plus impie & le plus criminel qui ait jamais exifté. C'eft la véritable patrie des lions & des tigres. — Les fables, les déferts, l'aridité, le foleil vertical, les mœurs de l'Afrique, tout y offre l'image & les effets du malheur. — On ignore dans l'Afie les premiers droits de l'humanité ; le flambeau de la raifon, jadis fi brillant, y femble éteint pour jamais : tous fes habitans gémiffent fous les différentes modifications du defpotifme aveugle, de l'ignorance dégradante, & du fanatifme qui ne prêche que la *tymocratie*. — Les plus beaux cli-

mat

mats de la terre sont habités par des hommes devenus des bêtes, & gouvernés par des tigres.

Ici, au contraire, l'humanité se présente sous un aspect moral & physique, plus consolant. — Les guerres sanglantes, occasionnées par l'ambition, par la destruction d'une partie de l'ancienne Religion, & par l'établissement d'une nouvelle dans le seizieme siécle, produisirent tant de dévastations & tant de malheurs, amenèrent un si grand changement dans les gouvernemens & dans les opinions, qu'une foule d'Européens long-temps victimes de ces doubles fléaux, résolurent enfin de traverser l'Océan, pour éviter tant de calamités; ils se rassemblèrent sur ces côtes il y a cent quarante ans, & y jettèrent les fondemens d'une société nouvelle. — Et quelle idée vous en êtes-vous formée? Il faudroit avoir soigneusement parcouru l'Europe; il faudroit avoir traversé ses Provinces, le flambeau philosophique à la main, pour en sentir tout le contraste, & pour en décrire tous les détails.

— Le Russe, par exemple, s'appelle un homme nouveau; — quelle différence cependant entre un Russe & un Américain? entre le sceptre du Novol & les liens qui nous unissent? — Différente des autres Nations, l'*Américaine* a commencé sa carrière dans un temps de lumière & sous les auspices de cette même lumière; les autres d'abord

Tome I. B

barbares, comme tout le reste de la race humaine, ont été successivement conquises. Réduites à l'esclavage, elles ont subi le joug de farouches vainqueurs, qui les ont assujetties aux coutumes & aux servitudes les plus atroces & les plus dégradantes; elles n'ont été émancipées des chaînes féodales les plus pesantes, que par les degrés les plus lents; elles ont souffert depuis, un nombre infini de calamités de toutes espèces, dont les sources ne se tariront peut-être jamais.

Ces Provinces, au contraire, ont été fondées par des hommes qui avoient été instruits dans la sublime école des malheurs, qui avoient été éclairés des étincelles produites par le choc des factions & des révolutions. Ce fut sur cette grande scène, qu'ils acquirent ce courage, cette énergie & ces lumières, à la lueur desquels ils osèrent se frayer une route nouvelle à travers l'Océan tempêtueux, pour aborder sur cette terre. — C'est donc aux malheurs de l'Europe, à la superstition, au fanatisme, que nous devons notre existence. C'est avec les débris ensanglantés de l'ancien Monde, que nous avons commencé un édifice nouveau. — C'est à cette même source de tant de bien & de tant de mal, que l'Angleterre doit la belle constitution dont elle jouit aujourd'hui, d'où sont dérivées aussi les nôtres. — Il semble que la destinée avoit prémédité cet heureux événement, par la découverte peu antérieure de ce continent : — elle le devoit, sans doute, à la nature humaine, après tous les maux qu'elle lui avoit fait souffrir. — En abandonnant l'Europe, nos pères abandonnèrent aussi cette longue liste d'opinions & de préjugés, qui l'avoient dévastée pendant tant d'années, & qui y avoient fait égorger tant d'hommes.

— Ces émigrations furent heureusement l'ouvrage des particuliers & non des Rois ; — l'aisance, la paix, l'espace plus étendu dont jouirent nos pères peu d'années après leur arrivée, ranimèrent & servirent à déployer les anciens ressorts de l'esprit humain, dont l'élasticité & l'énergie avoient été si longtems retrécies par l'ignorance & la misère.

Ils apportèrent avec eux la boussole, le compas, la charrue, la hache & l'Imprimerie ; leur génie & leurs connoissances s'accrurent sous ces heureux auspices ; — les opinions nouvelles qu'ils adoptèrent, les chartes qu'ils obtinrent, la persévérance industrieuse avec laquelle ils surmontèrent les premières difficultés, les immunités dont ils furent gratifiés, & les terres qu'ils défrichèrent leur firent bientôt oublier l'Europe, & tous les maux qu'ils y avoient soufferts.

Ce fut à cette époque qu'ils appelèrent ces nouveaux rivages, leur chère & nouvelle patrie ; avec joie ils quittèrent le nom d'Anglois, d'Irlandois, d'Allemands, de Suédois, de François, pour prendre celui d'Américains. — Leur induſtrie protégée & libre, produiſit bientôt des richeſſes; ces richeſſes leur acquirent un poids & une importance nouvelle, comme le ſol qu'ils cultivoient leur avoit déjà procuré un nouveau rang. — D'êtres errans, ſans demeure & ſans aſyle; de ſoldats fanatiques, perſécuteurs ou perſécutés, ils devinrent des citoyens. — Ce fut alors que parurent des périodes de bonheur & de ſimplicité, d'induſtrie & de paix, qui vraiment reſſemblent aux rêves de l'âge d'or; — L'union, la frugalité, l'abondance, la liberté, l'heureux établiſſement de leurs enfans, & la ſanté, devinrent le partage de ces nouveaux Colons.

Les premières époques de ces Colonies, préſentent une foule de ſcènes agréables, inſtructives & édifiantes : quel dommage qu'il n'ait paru parmi eux quelque Poëte qui eût ſu chanter leurs plaiſirs, leur innocence & le bonheur paſtoral de ces Sociétés naiſſantes ! — Ils n'étoient ſujets qu'à peu de maladies; de ce côté-là ils reſſembloient aux Sauvages qui ſouvent étoient mêlés avec eux; leurs proviſions étoient ſaines & ſimples, l'eau leur ſervoit de boiſſon. — Leurs paſſions & leurs déſirs étoient heureuſement retenus par la néceſſité du travail : la Religion, ſimple comme les hommes qu'elle inſtruiſoit, n'exigeoit d'eux qu'un culte de reconnoiſſance. — L'hoſpitalité générale tenoit lieu d'Hôpitaux & d'Auberges. — Ils étoient nourris, protégés & conduits par la nature elle-même, par la tempérance & l'industrie; ils ignoroient l'art de la Médecine; les racines de leurs bois, les simples de leurs champs, qu'ils avoient appris à connoître des Sauvages, fournissoient à nos pères tous les médicamens dont ils avoient besoin; les Médecins & les Prêtres étoient parmi eux une classe d'hommes rares & presque inutiles.

La sphère de nos connoissances s'est étendue depuis, proportionnellement aux progrès de nos Sociétés; notre génie a marché d'un pas égal avec notre Agriculture & notre Commerce. — Ces connoissances n'ont cessé d'être cultivées & augmentées dans toutes les Provinces, par la circulation des Livres, des débats de nos Assemblées législatives & de nos Gazettes. — Ces dernières unissent singuliérement le plaisir des nouvelles aux détails politiques, l'instruction à l'agrément & à la nouveauté.

Il n'est pas aisé à un Européen de concevoir tout le bien qui provient de la lecture & de l'immense circulation de ces papiers volumineux, dont la collection annuelle forme des archives, souvent curieuses & instructives. — La pleine & entière liberté de l'Imprimerie, l'importation des meilleurs Livres de l'Europe, le goût de la lecture, le nombre de petites bibliothéques, la facilité de faire imprimer fes idées, tous les grands priviléges font devenus autant de génies tutélaires, autant de lampes nocturnes, qui nous gardent, qui nous conduifent & nous éclairent ; un commerce protégé, a fait naître parmi nous, a encouragé l'Agriculture & les défrichemens, & a rendu le goût de la vie champêtre, un goût national. — J'ai vu des contrées qui, dans l'efpace de dix ans, ont été changées, de terres boifées & épaiffes, de marais impénétrables, en une région fertile & charmante : *Vermont* eft une preuve récente de ce phénomène d'induftrie.

L'établiffement des Poftes fait circuler nos Lettres & nos idées, depuis une extrémité du continent jufques à l'autre ; c'eft une des chaînes fociales les plus douces & les plus utiles. — Cette invention moderne a un effet merveilleux fur les mœurs & fur la fociété. Vous favez combien la facilité des correfpondances unit les hommes, propage les fecrets inftructifs, les nouvelles découvertes, fait naître & répand les idées lumineufes, les projets utiles, & en général toutes les différentes fpéculations d'où proviennent les fources du Commerce, des échanges & de l'inftruction. — Dans bien des endroits obfcurs, & même nouvellement établis, les Colons reçoivent toutes les femaines les nouvelles intérefsantes de l'Europe, le prix des denrées, l'état du commerce & les disputes politiques de toutes les Provinces.

La part que chacun de nous prend au choix des Législateurs, aux conférences publiques, aux débats de nos assemblées, fait que les Gazettes sont lues avec avidité jusques sous la cabane d'écorce : Telles sont les causes qui nourrissent nos connoissances, excitent notre curiosité, allument & entretiennent le flambeau du génie, & excitent dans tous les cœurs un vif intérêt pour la chose publique, & un grand désir des nouvelles découvertes.

Tel est, aussi laconiquement que j'ai pu le dire, l'état des choses parmi nous, & voilà pourquoi vous avez observé que les richesses du Négociant, l'industrie d'un grand Cultivateur, & la science d'un Avocat, ne sont point parmi nous incompatibles avec la sagacité du Politique, les vues de l'Homme d'Etat, le patriotisme du Citoyen, la bravoure du Soldat, & la science Académique.

D'un autre côté, la sagesse des Loix, les bénédictions de la Paix, un commerce florissant, une culture sans entraves, l'admirable facilité de nos naturalisations, le bas prix des terres nouvelles, le haut prix auquel nous avons vendu nos bleds & nos farines depuis plusieurs années ; — toutes ces causes ont accéléré notre population, avec une rapidité jusqu'ici sans exemple.

Quoique les puînés de la nature, nous sommes cependant la race destinée à produire la révolution la plus consolante pour l'humanité ; nous serons peut-être la cause que l'Europe ne se baignera plus dans le sang de ses habitans, pour la gloire du Dieu de paix; que la vaine folie des conquêtes passera, que le commerce deviendra plus respecté qu'il ne l'a été jusqu'ici, qu'on le regardera comme le soutien de l'Agriculture, & la source du pouvoir le plus légitime ; comme le destructeur des faux préjugés, & l'améliorateur des sociétés. — Si jamais cela arrive, les Nations ne jouiront-elles pas de plus de bonheur & de plus de repos?

Quoique divisés en un certain nombre de Provinces & de Gouvernemens, nos Peuples sont tous unis par l'analogie des grandes opinions, & par celle des principes Religieux, Moraux & Politiques; ils sont tous unis par la bénignité de Loix sages & humaines, par de bons chemins ou par des rivières navigables. — Tous, à l'ombre de leurs acacias, vivent du fruit de leurs travaux & de leur industrie.

Quoique différens entre eux par l'effet du climat, par l'adoption de quelques opinions & de quelques coutumes, ils se ressemblent tous dans les grands traits primordiaux. — Ainsi que le même boisseau & les mêmes mesures sont établies depuis un bout du continent jusqu'à l'autre ; ainsi l'amour de l'industrie, de la tolérance & de la liberté est-il devenu l'opinion générale, & déja un préjugé de l'enfance.

Ici, tout le monde est bien nourri, parce que chacun y travaille pour soi-même, sans rentes onéreuses ni redevances obligeantes, parce que nos taxes sont légères & équitablement imposées ; parce que la plupart des hommes industrieux peuvent ici posséder quelque chose ; parce que dans un pays agricole, ou la terre est plus commune que les hommes, les comestibles sont à bon marché ; parce que les quatre cinquièmes de nos Habitans, possèdent une portion de terre ; parce qu'un Commerce libre & étendu, & des Champs bien cultivés, fournissent à tous les besoins essentiels. — Nous sommes aisés & heureux, parce que nous ne connoissons pas encore le poison du luxe, la richesse oiseuse, les distinctions de la noblesse, les droits de primogéniture, & l'accumulation des fortunes ; parce que nos mœurs sont simples & bonnes : — telles sont les sources secondaires de notre prospérité. — La première, & la plus considérable, vient de ce que l'influence du systême féodal n'a jamais passé la mer pour y condamner une classe d'hommes à obéir, à ramper sous des maîtres, & à travailler pour les autres ; — elle vient de ce que nous ne reconnoissons jusqu'ici d'autres redevances quelconques, que ce que chacun doit à la Patrie, d'autres maîtres que les Loix, ni enfin d'autres Seigneurs que celui du Ciel & de la Terre ; mais cette prospérité a été chérement acquise.

Lisez l'Histoire de nos Provinces, & vous verrez ce que les Hommes osent entreprendre, ce qu'ils osent souffrir, quand il cherchent le bonheur à l'ombre de la liberté. — Chaque page de ces Histoires démontre une érection de force, de courage, de hardiesse, de magnanimité même, qui remplit l'esprit du lecteur d'étonnement & d'admiration. — Si ces premiers Colons n'eussent eu qu'un Pays, & n'eussent point eu une Patrie adoptive, ils auroient été détruits par les Sauvages, ou dévorés par les loups ; — & ces belles Colonies n'auroient peut-être jamais existé, ou du moins beaucoup plus tard. —

L'état de prospérité dont nous jouissons, notre existence morale & politique, est incontestablement dûe à l'heureux enthousiasme des premiers Colons, ainsi qu'aux concessions généreuses des Rois Britanniques ; nous devons donc à l'un & à l'autre ce que nous sommes. Cachons, sous le voile de la reconnoissance, sous celui de leur industrie persévérante & de leur sagesse laborieuse, les crimes & les injustices qui ternirent l'origine de plusieurs Etablissemens. Les premiers fondemens de prefque toutes ces Provinces ont été teints de fang humain, dans les guerres que nos ancêtres eurent à fupporter contre les Sauvages dont ils avoient envahi la propriété. — Les premières pierres de ces fondemens furent fouvent renverfées par la fureur de la difcorde, par des reftes de fanatifme & par les malheurs de la difette. Telle eft à-peu-près l'hiftoire du commencement & du progrès de toutes les fociétés humaines. Ici, c'étoit des loups Européens qui vouloient s'emparer des forêts & des retraites d'ours Américains. — Combien de fois, dans cette lecture, ne verriez-vous pas en tremblant le berceau à moitié renverfé, & l'enfant au moment d'être dévoré! — Combien de fois ne le verriez-vous pas s'échapper au danger par le moyen des circonftances les plus fingulières, & devenir enfin ce que vous le voyez aujourd'hui! — C'eft l'hiftoire du jeune Hercule, environné d'ennemis fous la figure de ferpens. —

Nos Villes frappent un étranger, dites-vous? — Je n'en fuis pas étonné. — Leur propreté, leur régularité & leur police font vraiment étonnantes; elles n'ont cependant pas été fondées par des Rois puiffans ni par de grands Conquérans; tout ce que vous avez vu eft le fruit de l'induftrie protégée, & du génie humain émancipé de fes entraves. — La conftitution municipale de nos

Villes, si bien connue sous le nom de *Corporations*; la dignité & le pouvoir dont jouissent les Maires & Echevins qui les représentent & les gouvernent, les Cours de Justice auxquelles seuls ils président, la richesse accordée à ces Corporations, en terreins limitrophes, en rivières, en rivages jusqu'à basse-mer, &c., la sage jurisdiction qui leur est attribuée pour veiller à la construction des quais, à l'alignement & à la largeur des rues, à l'emplacement des édifices publics, aux embellissemens, à l'ordre, à la garde, à la propreté, à tous les détails d'une police éclairée; telles sont les causes auxquelles il faut attribuer la différence qui se trouve & que vous peignez si énergiquement entre vos Villes antiques, sombres & fétides, construites au hasard & mal gouvernées, & la belle régularité, la jeune, la fraîche beauté des nôtres. — Sans avoir à nous garantir de l'irruption de Barons puissans, nous les avons bâties à l'abri des loix, le compas & la boussole à la main. —

Mais si, après avoir quitté nos Villes, un Européen parcourt nos campagnes, ne sera-t-il pas surpris de leur étendue, vu l'époque de leur défrichement? Ne sera-t-il pas surpris du grand nombre de nos bacs, de la construction de nos ponts, de la bonté de nos auberges? — Par-tout, (si on en excepte quelques terreins nouveaux ou mauvais), depuis Pénobſcot juſqu'à Savannah, il y obſervera des maiſons décentes, des champs enclos, des vergers de pommiers dans les provinces du Nord, & des pêchers dans celles du Midi ; par-tout il verra des enfans ſains & vigoureux, & des troupeaux plus ou moins nombreux. — Voilà, dira ce Voyageur, voilà les vrais ſymboles de la proſpérité & de l'induſtrie. —

De quelque côté que ce Voyageur tourne ſes pas, il voit que l'agriculture eſt l'occupation la plus chérie & la plus eſtimée ; perſonne n'eſt oiſif dans le trajet immenſe dont je viens de vous parler. Il n'y verra point le pays diviſé entre un certain nombre de Barons qui, du haut des tours de leurs châteaux crénelés, font acheter à leurs vaſſaux la conceſſion de leurs terres pour des ſervitudes honteuſes. — Il n'y verra ni l'antique Abbaye, ni le Couvent iſolé. —

Ne ſerions-nous pas les plus coupables des hommes, ſi, placés comme nous le ſommes, ſur un ſol neuf, ſur une terre encore vierge, nous ne nous ſervions pas de la hache & de la charrue ? Toutes ces Provinces pourſuivent le même objet d'une manière uniforme, c'eſt-à-dire, elles étendent leurs établiſſemens en proportion de leur population, & leur commerce en proportion du progrès de leurs établiſſemens. — Ainſi, pendant qu'une partie des Colons abat les arbres, défriche, fème & moiſſonne, l'autre eſt occupée à tranſporter ſur nos rivières les productions de la terre à nos Villes capitales, d'où elles ſont envoyées dans toutes les parties de l'Europe. — Un nombre immenſe de petits vaiſſeaux, de barques, de pirogues, lient & uniſſent toutes les parties de ce vaſte Continent, & y entretiennent l'égalité & l'abondance. — C'eſt, vous le ſavez, ſur cette variété de ſols, de productions & de beſoins, qu'eſt fondée la première baſe de nos exportations réciproques, comme l'excédent de nos denrées produit notre commerce extérieur. — La grande quantité de rivières navigables qui rendent cet hémiſphère ſupérieur peut-être à toutes les autres parties du monde, le nombre de baies & de lacs, la grande ligne maritime que nous occupons, nos bois de conſtruction, nos mines de fer, tout ſur cette terre invite l'homme, d'un côté, à la culture; de l'autre, à la conſtruction des vaiſſeaux & à la mer.

La quantité immenſe de poiſſons que les habitans des provinces du Nord vont annuellement pêcher ſur les bancs, forme & occupe un nombre infini de Matelots. La pêche de la baleine (pouſſée au plus haut point de perfection) eſt devenue l'école de nos plus hardis navigateurs; depuis la baie de Baffin juſqu'aux iſles Falkland, il n'y a point de parages où ils n'y aillent chercher ce poisson gigantesque. — Les Provinces du milieu exportent annuellement plusieurs millions de boisseaux de grain, des salaisons, des farines, des biscuits, du fer, du cuivre, des planches & du merrein; ces exportations employent un nombre infini de vaisseaux. — Le riz, le tabac, l'indigo, & les autres productions du Sud, ont donné naissance à un commerce immense. — Les bois de construction, les mâts, les goudrons, le cèdre & mille autres articles se trouvent dans presque toutes ces Provinces. —

C'est ainsi que ce Continent peut se suffire à lui-même, & fournit en même-tems aux autres Nations ce dont elles ont absolument besoin. Nous possédons ce qui est essentiellement utile aux hommes; dans la suite nous introduirons, nous cultiverons avec soin, tout ce que les Indes, l'Afrique & l'Europe produisent de plus rare & de plus utile; ceci est un de nos projets favoris, & pour l'exécuter, nous ne manquons ni de génie, ni d'émulation.

Il est donc très-probable, vu l'état nouveau de la Société humaine parmi nous, que ce Continent deviendra un jour le théâtre où les ressorts de l'esprit humain abandonnés à eux-mêmes, acquerront toute l'énergie dont ils sont susceptibles. — Le théâtre, où la nature humaine, si long-tems rétrécie, si long-tems réduite à la mesure des

Pygmées, recevra peut-être fes derniers & fes plus grands honneurs, dans tous les arts, dans toutes les fciences, ainfi que dans la carrière civile & militaire. — Plufieurs autres Parties du Monde ont eu anciennement leur période de profpérité; elles en ont joui jufqu'à ce que le defpotifme, la corruption des mœurs, ou l'invafion des barbares ait tout renverfé & tout fait oublier.

Ce doit être une confolation pour les gens de bien, de voir un nouvel hémifphère émergeant du fein des eaux, fi femblable à l'Europe, dont les germes, l'air vital & le fol n'attendent plus que le progrès du tems pour le remplir d'une multitude d'hommes.

Nos Cours adminiftrent la Juftice dans nos Capitales, ainfi que dans nos différens Diftricts; il y a peu d'endroits qui ne foient à portée de nos Juges ambulans, qui annuellement vont tenir leurs féances dans tous nos Comtés; tous les Cantons font pourvus en outre de Juges de Paix, nommés par nos Gouverneurs, & de Cours inférieures toujours permanentes. — Chacun de ces Précenets eft muni, en outre, des plus beaux Privilèges municipaux, tels que ceux de choifir des Affeffeurs, des Collecteurs, des Supervifeurs, des Tréforiers, des Infpecteurs de chemins, des Pères des Pauvres, & plufieurs autres Officiers publics. Chaque Foncier poffède

en

en outre le grand privilège de donner sa voix pour le choix de celui qui doit représenter le Comté dans l'Assemblée Provinciale; la Loi exige que ce Membre du Corps législatif y réside & soit un Cultivateur, c'est-à-dire, qu'il y possède des terres. Avant de partir pour la Capitale, où se tiennent nos Assemblées, il est obligé de consulter les habitans qui l'ont nommé, sur les Loix particulières qui pouvoient contribuer à la prospérité de leur canton. Ces représentans reçoivent une piastre par jour, pendant tout le tems qu'ils sont absens pour le service public.

La Loi a fixé des Arpenteurs jurés dans tous les Districts, pour mesurer les terres concédées, diviser les propriétés, &c.—Elle y a aussi fixé des Clercs, qui enregistrent avec soin les copies de nos achats, de nos patentes, de nos archives & de tous nos papiers de famille; c'est dans ces Bureaux que sont préservés avec le plus grand soin, nos titres les plus précieux & les testamens de nos pères.

Tous les hivers, nos Assemblées législatives sont occupées à promulguer les Loix qui peuvent être utiles, ou à corriger celles qui ont cessé de l'être; les débats de ces Assemblées, si intéressans pour tous les citoyens, sont rendus publics par la présence de ceux qui veulent y assister, ainsi que par la circulation de nos gazettes.

Tome I.   C

La plupart de nos Provinces étoient présidées par un Gouverneur nommé par le Roi, qui, sans faste onéreux, sans vaine pompe, a fait long-tems respecter le Souverain, & n'a eu que peu le pouvoir d'opprimer injustement en son nom.

L'éducation particulière que reçoivent nos enfans est fondée sur la tolérance qu'on leur inspire, sur la Religion qu'on leur apprend, sur le respect des Loix & des Magistrats ; — plus avancés en âge, ils apprennent une teinture de ces mêmes Loix, l'art d'écrire & de lire, souvent la géométrie, l'arpentage & la navigation ; d'un autre côté, la tendresse avec laquelle ils sont élevés, l'égalité qu'ils observent parmi eux, l'émancipation de l'autorité paternelle que la Loi leur accorde à vingt-un ans, la conversation de leurs parens, le genre de vie auquel ils sont habitués, la simplicité de nos plaisirs & de nos amusemens, la liberté sociale, l'hospitalité ; que vous dirai-je, l'air qu'ils respirent peut-être, tout ce qu'ils ont vu, tout ce qu'ils ont entendu, sert à leur donner de l'émulation & de l'industrie, le goût du commerce ou de la culture, & à leur inspirer l'amour de la Patrie ; — de-là cette nuance particulière & caractéristique ; de-là cette nouvelle modification d'existence civile & politique, qui constitue l'Américain, & le rendra dans la suite bien différent des autres Nations.—

Nous avons des Eglises dans tous les endroits convenables, que chaque Secte y a bâtie à son gré ;— plusieurs sont construites avec beaucoup d'élégance ; la Religion, l'amour & la crainte de Dieu est parmi nous le premier lien de la société & le premier garant des mœurs ; mais cette Fille du Ciel, loin d'opprimer les hommes, ne sert qu'à bénir nos travaux, à porter nos vœux au pied du Trône éternel, & à implorer la miséricorde & la clémence de l'Être suprême.

Ici, toutes les Sectes sont reçues & tolérées ; tous nos bons Livres nous enseignent que ce sont les branches du même arbre, comme nous sommes les enfans du même père ;— cette discordance apparente, est devenue parmi nous la base la plus philosophique & la plus certaine du repos public, ainsi que de l'harmonie générale ;— nous avons laissé à douze cens lieues vers l'Orient, le zèle amer & turbulent ;— nous n'ignorons pas que c'est à cette manie de l'esprit humain que plusieurs de nos Provinces doivent la perte de leur opulation & de leur grandeur.

Le mêlange de tant de Nations & de tant de Sectes vivans depuis un siècle à l'ombre de l'égalité & de la justice, nous a enfin conduits à la sagesse, en nous rendant plus véritablement frères encore que par-tout ailleurs ;— la première base de nos Loix est la liberté & la tolérance ;

de-là un esprit doux & charitable s'est introduit dans tous les cœurs, & est devenu le premier trait de notre caractère national ; — nous sommes, je crois, la Société la plus nombreuse, après notre Métropole, qui ait établi pour principe d'admettre toutes les manières d'adorer Dieu, & qui ait regardé le privilège de l'adorer chacun à sa façon, comme un des premiers droits de la conscience, & de ne plus se haïr au nom du Dieu de paix & de miséricorde.

Les mœurs dépendent, vous ne l'ignorez pas, du genre d'occupations, de l'éducation des préjugés, de la Religion & du gouvernement auquel les hommes obéissent. — Refuserez-vous de rendre justice à notre charité publique, si évidemment démontrée dans l'établissement de nos Hôpitaux où règnent la propreté & l'abondance, démontrée par la générosité avec laquelle les émigrans sont souvent reçus parmi nous ? Plusieurs fois je vous ai entendu louer notre hospitalité, la simplicité de nos mœurs, notre bonhomie, la sagesse de nos usages, & sur-tout cette sagacité naturelle, ce génie industrieux, toujours agissant & toujours actif, qui nous anime dès notre jeunesse, qui nous conduit de projets en projets, les uns vers les spéculations maritimes, les autres vers quelque nouvel établissement, quelques nouveaux essais, ou vers la profondeur de notre Continent.

Vous connoiffez l'humanité avec laquelle les Voyageurs font invités, font accueillis par les Marchands de nos Villes, ainfi que par les Cultivateurs de nos Campagnes; vous avez obfervé une paix, une tranquillité générale dans une route de plus de 400 lieues;—vous n'y avez pas entendu parler d'un vol, & à peine y avez-vous une porte fermée au verrou : à quoi bon donc vous peindrai-je les mœurs d'un Peuple qui ne s'occupe que du labourage ou du commerce, d'un Peuple humain, éclairé, étranger à toute efpèce de fervitude féodale, ainfi qu'à une diftinction ariftocratique, qui regarde les droits de primogéniture comme le crime d'un père envers le refte de fes enfans, comme une infulte faite à la nature, comme un outrage public?—à quoi bon vous peindrai-je les mœurs d'un Peuple qui jouit d'une liberté raifonnable, qui poffède de fon chef des terres qu'il cultive, qui ne reconnoît dans l'homme que deux dignités feulement, celle de la Magiftrature & celle du mérite utile; chez qui l'honneur de la vieilleffe confifte à être entouré d'une nombreufe poftérité ; qui hait l'oifiveté comme le plus dangereux des maux; qui n'ayant nulle antique crédulité, nul préjugé dangereux, nulle anciennes opinions, étudie avec foin les nouvelles découvertes des autres Nations, les unir aux fiennes, & les adopte avec joie;—d'un

Peuple qui enfin obéit à une Religion douce & bienfaisante, ainsi qu'à un Gouvernement libre & sage ?

Quant à nos mariages, vous le savez, c'est ici le pays où ils sont en général fort heureux, parce que nos filles n'ont d'autre dot que leur vertu, leur beauté & leur esprit d'économie. — Ici tout le monde se marie de bonne heure ; c'est le premier désir de la jeunesse ; alors la santé & l'union nous donnent de l'émulation, nous excitent au travail, & en adoucissent la sévérité ; nos richesses premières viennent de l'utilité & des connoissances domestiques de nos femmes. — Si un Américain veut être heureux, il faut, dit le proverbe, qu'il consulte celle que le ciel lui a donné ; les femmes unissent, pour la plupart, la propreté au bon ménage, l'intelligence à l'économie. — Leur fécondité ne manque jamais de remplir nos habitations d'enfans sains & robustes, ainsi que leur industrie de nous vêtir avec le linge & les habits qu'elles filent & font filer dans nos maisons : nous ne connoissons pas ce sacrilège, si commun en Europe, dont vous m'avez tant parlé ; — la nature elle-même fixe le nombre des enfans qu'elle veut bien nous donner ; ce sont autant de présens que nous recevons avec joie & avec reconnoissance ; nos femmes les nourrissent avec la plus grande tendresse.

Nos Eglises sont desservies par des Prêtres, qui, comme nous, travaillent & cultivent les amples glèbes que nous y avons attachées ; — ces Prêtres ne sont point les plantes stériles, ni l'arbre infructueux de l'Evangile ; — leur célibat seroit une perte irréparable, un larcin criminel fait à une Société naissante ; comme nous, ils élèvent de nombreuses familles, & unissent la prédication de l'Evangile au labourage de la terre ; — outre leurs glèbes, ils reçoivent les dons que nous leur faisons volontairement ; nous serions bien fâchés de les voir jouir de richesses, dont la possession est toujours funeste & dangereuse ; le véritable asyle de la vertu est la médiocrité : — que serions-nous aujourd'hui, si nous avions admis parmi nous une classe d'hommes riches sans travail, & sans être obligés de contribuer en rien au bien général ? nous serions encore des enfans à la lisière.

Nous avons trouvé ce Continent presque vuide d'hommes, & ces hommes sauvages & nouveaux, ne savoient point embellir la terre ; — il étoit donc nécessaire pour prospérer, de donner à nos jeunes Sociétés toute l'énergie possible ; — il étoit donc nécessaire que nous fussions tous des citoyens, que chacun eût sa valeur & son poids, que la liberté, la tolérance & la justice devinssent nos divinités tutélaires ; — que le glaive de la Loi, qui punit si rarement parmi nous, ne punît encore qu'avec le regret d'ôter la vie à un homme; que cette même Loi nous apprît la valeur d'un individu, par rapport à lui-même, comme possédant le droit d'exister & d'être heureux, & par rapport à la société qu'il embellit par sa présence, & qu'il enrichit par ses travaux. — Il étoit donc nécessaire que notre dépendance sociale ne fût établie que pour le bien général, & que la multitude ne pût jamais être sacrifiée au bonheur apparent de quelques individus; — il étoit donc nécessaire que cette subordination devînt non une chaîne dure & pesante, mais un lien doux & facile, qui nous réunît & nous resserrât sans nous comprimer.

De ces principes salutaires dépendoit notre accroissement; aussi dans l'espace d'un siècle, notre Société, sortant de son foible berceau, s'est-elle accrue à trois millions d'habitans, qui cultivent aujourd'hui une zone de neuf cens milles de long, sur soixante-dix de large à-peu-près, qui y ont fondé plus de cent villes, bâti plus de six cens mille maisons, & défriché plus de   âcres de terre.

Ici le Botaniste pourroit trouver un champ vaste & fécond, le Naturaliste une multitude de granits, de végétaux, de terres & de minéraux qu'il ne connoissoit pas; le Philosophe seroit sûr d'y voir un spectacle attendrissant, & le Citoyen des scènes instructives. N'est-il donc pas étonnant que parmi tant de Savans Européens, aucun n'ait encore daigné venir nous viſiter? — Et pourquoi ſerions-nous ſi ignorés ? — Notre étendue géographique ne nous annonce-t-elle pas à tous les autres Peuples ? — la ſomme de notre induſtrie n'eſt-elle pas enregiſtrée dans les douanes Angloiſes? — Non, c'eſt vers la Grèce dégénérée, c'eſt vers l'antique Italie que cheminent tous les voyageurs. — Encore ſi on pouvoit recueillir dans ces contrées quelques étincelles de leur ancien génie, ſi on pouvoit y retrouver le tombeau des Socrates & des Ariſtides, des Catons & des Fabius, je leur pardonnerois, — je paſſerois la mer moi-même pour offrir mon encens à ces précieuſes reliques.

Ne blaſphémerois-je donc point, en diſant qu'il ſeroit peut-être plus inſtructif de venir parmi nous y contempler le germe primordial & les progrès d'un Peuple éclairé & nouveau, que d'aller en Italie y deſſiner les monumens de la décadence, & y marcher ſur les débris d'un ancien Peuple? — Peut-être ſeroit-il plus inſtructif de traverſer l'Océan pour voir une Nation heureuſe, que de franchir les Alpes pour y voir celle qui l'a, dit-on, été: — peut-être ſeroit-il plus conſolant de venir admirer nos villes alignées, propres & commerçantes, que d'aller viſiter quelque temple ruiné, parmi les décombres menaçans & à travers des rues tortueuſes & obſcures, où le buiſſon du désert, où l'herbe de la solitude & le silence de la dépopulation ont succédé à la foule, à la propreté & à l'industrie ?

Si, parmi nos établissemens, le voyageur n'étoit pas frappé de la vue d'un arc de triomphe, d'un obélisque imposant, aussi n'y verroit-il pas sous tant de nuances la misère & l'avilissement d'une Nation jadis illustre ? —

Et après tout, mon ami, l'examen des superbes ruines d'Italie, l'étude de ses beaux Arts, tendent-ils à rendre les hommes plus vertueux, plus heureux & plus dignes de l'être ? — La connoissance de nos législations, n'auroit-elle pas un effet bien différent ? — Pour moi, je crois qu'il seroit plus agréable de se trouver à l'origine des choses, qu'à la triste revue des fragmens du passé.

Si j'étois en Italie, je me dirois sans cesse : —
« Tu marches sur une terre sujette, dès son ori-
» gine, aux bouleversemens ; souvent elle trem-
» ble & est agitée ; c'est ici que la nature, dans
» ses convulsions, gronde, menace & punit plus
» qu'ailleurs la stupide témérité des hommes :
» n'a-t-elle pas englouti, il y a dix-huit siècles,
» deux superbes Villes ; n'a-t-elle pas renversé
» plusieurs fois les rivages de la Sicile ? — Re-
» doutons l'approche des marais Pontins, c'est le
» séjour des épidémies & de la stérilité : n'ap-
» prochons qu'en tremblant de la vénérable &

» ancienne Métropole ; car elle est située au mi-
» lieu d'un désert infecte. — Sa grandeur pré-
» sente, me dirai-je, (précaire, puisqu'elle n'e-
» xiste ni sur la liberté, ni sur la culture, ni sur
» le commerce) doit donc vaciller, doit donc
» chanceller, comme les antiques colonnes, com-
» me les tremblantes ruines qu'elle contient dans
» ses murs ? Oh ! Rome, ton existence actuelle
» m'étonne, presque autant que ta grandeur
» passée ? «

La vue de nos établissemens dans toutes les gradations de leur ancienneté, dans toutes les nuances de leur amélioration; nos ports de mer, le voisinage de nos Villes, réjouiroit involontairement l'ame du Voyageur, auquel l'approche d'une capitale seroit annoncée par le nombre, l'élégance, la beauté des plantations & la perfection de la culture. — La vue de cette douce perspective lui inspireroit, j'en suis sûr, les idées les plus consolantes & les réflexions les plus utiles. — Son imagination, délivrée du fardeau de se rappeler sans cesse tant de crimes & de malheurs, tant de révolutions affligeantes, jouiroit d'avance du spectacle magnifique que prépare ce Continent. — Et quand, me demanderez-vous, jouirons nous en effet de ce grand spectacle ? — Lorsque les géné-rations futures auront rempli une partie de son étendue; lorsque nos mines seront découvertes & exploitées, nos canaux de communication ouverts pour joindre les sources de nos rivières ; — lorsque de nouvelles inventions auront enrichi la méchanique & perfectionné le pouvoir des hommes ; — lorsque la foule des Arts & des Sciences utiles auront embelli notre Société, & auront ajouté une dignité nouvelle à l'existence des races futures. — C'est alors que nous deviendrons les voisins des Russes, qui ne s'en doutent pas aujourd'hui ; — c'est alors que nous visiterons le Japon & les Indes, en remontant nos rivières & en passant sur nos terres. — Ce sera l'époque où l'or du Midi se mariera au fer du Nord. — C'est alors que nos flottes Marchandes traverseront les grands lacs & uniront les parties les plus éloignées de l'intérieur de ce vaste Continent. — Long-tems avant ce moment, nos vaisseaux parcourront toutes les mers ; nos talens & notre énergie donneront à l'Univers l'exemple le plus efficace, & notre commerce deviendra le lien le plus utile de toutes les Nations.

L'Italie n'a eu qu'une période, où elle méritoit le respect de la terre, & l'attention des Voyageurs : — C'étoit dans ces tems héroïques, où des citoyens quittoient la charue pour défendre leur patrie, où le mépris de la vie, la crainte des Dieux, l'amour de leurs foyers & la simplicité des mœurs, les avoient élevés au plus haut rang.

Rome n'avoit alors ni Temples fastueux, ni superbes Palais ; ses Citoyens seuls faisoient sa richesse, sa simple & noble parure. — Ces Héros sont passés, il ne nous reste plus que le souvenir & l'impression de leur exemple : — Souvenir qui, peut-être un jour, fera naître parmi nous des hommes qui les imiteront ; car, comme eux, d'une main nous tenons nos charues ; & de l'autre, comme eux, nous saurons saisir les armes, si jamais l'ambition ou la tyrannie nous attaquent.

Viens parmi nous, Voyageur Européen ? — ici, tu te reposeras à l'ombre de nos vergers, tu iras méditer dans la solitude de nos forêts ; — ici tu te réjouiras dans nos champs en conversant avec nos Laboureurs intelligens ; tu observeras la terre, les montagnes & les marais tels qu'ils sont sortis des mains de la nature. — Ici tu verras une nouvelle race d'hommes, indomptables & incapables d'être civilisés. — Plus heureux peut-être dans leur état, que dans celui qu'on a vainement essayé de leur faire prendre ; — parce qu'ils ne peuvent concevoir d'autre bonheur que celui d'être libres & indépendans. — Tu iras philosopher avec ces enfans puînés de la nature : quel vaste champ pour la méditation ! — Tu participeras, si tu le veux, à la dignité de leurs adoptions, en remplaçant quelques-uns de leurs parens ; tu deviendras membre de leurs Villages :

tu feras même incorporé dans leur société, si tu préfères, comme tant d'Européens ont fait, leur vie simple & tranquille à toutes les brillantes entraves, à toute la science inutile de tes sociétés Européennes. — Tu iras voir nos grands lacs, ces mers intérieures & immenses qui étonnent le spectateur. — Tu monteras sur la cîme des Apalaches, d'où tu contempleras d'un côté ce que nous avons déjà fait depuis les rivages de la mer; de l'autre, ce qui nous reste à faire pour peupler & défricher la profonde étendue de cette quatrième partie du monde. — Si tu aimes mieux remplacer l'illusion des vains souvenirs, les regrets inutiles, la stérile admiration des ruines d'Italie par la vue de tant de scènes instructives & nouvelles que présente ce Continent, tu préféreras, j'en suis sûre, la vue de trois cens lieues de pays nouvellement défriché; tu préféreras le riant aspect d'une grande plantation mise en valeur, par la seule industrie du propriétaire; tu préféreras la vue d'une vaste grange Américaine remplie des moissons d'un seul Colon, à celle des débris inutiles du Temple de Cérès.

Adieu, St. John.

PENSÉES

D'UN

CULTIVATEUR AMÉRICAIN,

Sur son Sort & les Plaisirs de la Campagne.

Comme vous êtes le premier Européen éclairé que j'aye jamais connu, ne soyez point étonné si, suivant ma promesse, je m'empresse aujourd'hui de cultiver votre amitié & votre correspondance. Les savans détails que vous m'avez envoyés me font voir la différence de vos coutumes agréables & des nôtres. — Je suis convaincu de votre supériorité; mais, en bonne foi, ne trouvez-vous pas que nous avons fait des miracles, depuis le peu de temps que nous habitons cette terre nouvelle, avec le petit nombre de bras que nous avons eu, & condamnés, comme nous le sommes, au prix excessif du labour, prix fondé sur la rareté des hommes? — N'avons-nous pas aussi des avantages & des privilèges qui nous sont particuliers? Si j'étois capable de tenir une balance exacte, je vous démontrerois que peut-être ils nous dédommagent amplement des difficultés de notre situation. — Je remercie l'Etre suprême de ce qu'il m'a fait naître plutôt ici qu'ailleurs, de ce qu'il m'a donné le rang de Cultivateur Américain, au lieu de m'avoir placé parmi les Serfs Russes, ou les Paysans Polonois. — C'est à vos lumières que je dois la connoissance de leur triste sort, & de leur condition déplorable. — Le croiriez-vous? cette comparaison tend à augmenter mon bonheur. — Dites-moi, mon cher Académicien, par quelle raison l'idée du mal, considéré comme affligeant les autres, devient-elle une espèce de bien réel pour nous? — — Ce n'est pourtant pas, il s'en faut bien, que je me réjouisse de ce qu'il y ait en Europe tant de malheureux, qui semblent n'avoir reçu le jour que pour ramper dans l'obscurité, la vie que pour sentir la douleur, des besoins que pour ne les pouvoir satisfaire. — Quel mal ont fait à la nature ces pauvres Russes?

Peu de temps après la mort de mon père, qui me laissa la plantation que je possède aujourd'hui, je devins tout-à-coup mécontent de mon état, sans cependant en connoître d'autres; — plusieurs fois je fus tenté de le changer, sans savoir lequel je choisirois. — Je ne voyois dans la vie que j'avois menée jusqu'à ce jour, qu'une répétition ennuyeuse des mêmes travaux & des mêmes plaisirs. Je considérois les premiers comme un apanage de la servitude, comme dégradant la dignité d'un homme libre; l'autre comme insipide & peu convenable

à

à mes goûts. —— Un jour rêvant au projet que je me proposois, & pour mieux juger de la métamorphose que je préméditois, je me considérai par anticipation, comme ayant déjà vendu ma plantation, dont on m'avoit offert peu de jours auparavant 37500 livres tournois ; —alors l'aspect de la société se changea soudainement à mes yeux ; j'en fus effrayé, — je ne sais pourquoi ? Le monde me parut plus vaste, dès que je n'y occupois plus la même place ; je me crus errant ; je crus appercevoir que je perdrois tout mon poids, ma conséquence, ainsi que l'estime de mes amis ; le doute, l'indécision & la crainte accompagnoient tous mes pas ; ma terre alors, ma maison, mes champs & mes prairies se présentèrent subitement à mon imagination, sous des couleurs plus riantes & plus chères ; l'idée de demeure, de permanence, de droits municipaux, celle de propriété enfin, que jusqu'ici je n'avois jamais approfondie, se développèrent à mon imagination sous les couleurs les plus attrayantes ; & ce que je croyois auparavant chimérique, devint pour moi une source réelle de satisfaction & d'amour-propre. — « Et pourquoi, me » dit alors mon bon génie, es-tu si mécontent du » genre de vie auquel ton père t'a élevé ? pour« quoi crois-tu le travail incompatible avec la di» gnité de l'homme ? pourquoi méprise-tu les plai» sirs champêtres ? peut-il y avoir sur la terre un

« spectacle plus édifiant & plus noble que celui
« d'une société d'hommes qui, au milieu de l'a-
« bondance, cultivent leurs propres champs &
« fauchent leurs propres prairies? Un travail mo-
« déré devient la source de la santé, l'antidote
« des chagrins & des soucis; c'est la médecine uni-
« verselle qui prévient les maux physiques, ainsi
« que ceux de l'ame. Quelle honte à ton âge de
« ne connoître pas encore tout le bonheur de ton
« état & toutes les bénédictions attachées au tra-
« vail, & particuliérement à la culture de la terre!
« — Fais comme ton père; — sans cesse il mêloit
« la chanson joyeuse avec ses occupations; c'est
« l'amusement d'un esprit qui se repose; jamais
« il ne rentroit dans sa maison sans le souris de la
« satisfaction peint sur son visage; jamais il ne
« revoyoit ta mère sans l'embrasser; — jamais il
« ne murmuroit des accidens qui lui arrivoient.
« —Malheureux que tu es! as-tu, comme lui, été
« persécuté, enfermé dans ta jeunesse, conduit
« pendant trois ans de cachots en cachots, par des
« Prêtres & des Dragons, & menacé des galères
« pour la Religion? as-tu, comme lui, souffert tous
« les maux de la faim, de la nudité & du déses-
« poir? as-tu, comme lui, traversé l'Océan dans
« une saison dure & tempêtueuse, sans vue, sans
« objet que celui de fuir ta patrie? as-tu, comme
« lui, été obligé de déraciner les arbres & les buis-

» fons de ta plantation, & d'en nettoyer les ma-
» rais après les avoir defféchés ? as-tu, comme lui,
» été obligé de faire bâtir une maifon, une gran-
» ge, & de creufer ton puits ? — Non, — plus
» heureux, fans le favoir, tu n'as jamais, comme
» lui, vécu fous l'écorce & couché fur des feuilles
» pendant fix mois. — De quoi ofe-tu donc te
» plaindre ? il t'a donné l'éducation d'un honnête
» Colon ; tu fais lire & écrire, un peu de Géo-
» graphie pour entendre les Gazettes, un peu de
» loi pour favoir les refpecter & gérer tes affai-
» res ; — il t'a laiffé en outre une partie des con-
» noiffances qu'il avoit acquifes par plus de cin-
» quante ans d'expérience ; — travaille donc
» comme il a travaillé, jouis de l'ufufruit de fes
» fueurs, de l'héritage de fon induftrie, de fa fa-
» geffe & de fes principes ; — compare ton fort à
» celui des émigrans que tu vois chaque année
» arriver parmi nous ; — queftionne-les fur ce
» qu'ils ont été, fur ce qu'ils ont fouffert, &
» après cela ofe murmurer ». — Je fortis de cette
rêverie un homme nouveau ; j'eus honte du deffein
que j'avois formé ; je rougis des idées pernicieufes
que j'avois auparavant chéries ; je jurai dans mon
cœur de ne jamais vendre ma terre, & de pour-
fuivre la carrière que m'avoit infpirée mon bon
génie. — Pour terminer ce nouveau fyftême, j'é-
poufai peu de temps après la fille de mon cœur,

mon premier choix, que mon mauvais génie m'avoit presque fait oublier. — Quelle révolution subite n'éprouvai-je pas ! ma maison en devint tout-à coup plus gaie & plus agréable; ma femme remplit un vuide immense, au milieu duquel je m'étois auparavant égaré ; un nouveau principe, dont je ne connoissois pas l'existence, anima toutes mes actions. Quand je labourois mes champs, je travaillois avec un nouveau degré d'alacrité & de courage, parce que je sentois que ce n'étoit plus pour moi seul que je travaillois ; cette consolante réflexion a toujours depuis desséché mes sueurs ; souvent ma femme m'accompagnoit son ouvrage à la main. Quel transport n'ai-je pas ressenti, lorsqu'assise à l'ombre d'un arbre, elle louoit la perfection de mes sillons, la docilité, le bon état de mes chevaux, ou la bonté de ma terre ! Je ne puis vous peindre combien ces réflexions ont réjoui mon cœur, adouci mes difficultés, & rendu mon travail agréable. — Ce fut alors que je regrettai de ne m'être pas marié plutôt : j'avois vingt-six ans ; quelle époque ! — j'aimois & j'étois aimé ; je jouissois d'une bonne santé ; j'étois jeune & vigoureux ; je cultivois mes propres champs ; j'étois, comme je le suis encore, libre, indépendant, sans aucunes dettes & assujetti à aucunes redevances. — Hélas ! me dis-je à moi-même, un jour (assis sous le grand hycory que vous connoissez dans la

prairie): « Quel double crime n'aurois-je pas com-
» mis, quel malheur irréparable n'aurois-je pas
» mérité, de quelle funeste & double erreur n'au-
» rois-je pas été coupable, si j'avois vendu ma
» plantation! — Je n'aurois jamais eu ma femme,
» & je ne serois plus Cultivateur. Puisse le Colon
» Américain qui, mécontent de son sort, dé-
» daignant l'héritage indépendant de ses pères,
» osera l'abandonner & former d'autres projets,
» ne goûter jamais le bonheur ».

Vous exigez de moi des détails sur ma situation, — je vais les décrire, sans devenir le garant de l'intérêt qu'ils pourront vous causer. Je les écrirai tels que mon cœur les inspirera; cette douce réminiscence est toujours une fête pour moi.

Mon père m'a laissé trois cens soixante-onze acres de terres, dont quarante-sept consistent en deux excellentes prairies de tymoti, excellente herbe; un assez beau verger de cinq acres, dont j'ai moi-même planté une partie; un enclos de quatre cens cinquante pêchers en plein-vent, pour nourrir mes cochons & faire de l'eau-de-vie; une maison décente de quarante-deux pieds de long, une grange de soixante-dix pieds sur quarante-trois, couverte en bardeaux de cèdre : tous les ans je sale entre quinze cens & deux mille livres de bon lard, douze cens livres de bœuf; pendant la moisson, je tue six gras moutons; — j'ai en grains, légumes,

beurre, fromage, &c. de quoi abondamment nourrir ma famille, & fournir à la table de l'hospitalité. Mes Négres sont assez fidéles ; ils jouissent d'une bonne santé, sont gras & contens ; ils travaillent avec bonne volonté. — Je leur ai toujours donné le samedi pour eux, de la terre à tabac, tant qu'ils en veulent ; les deux plus âgés en font au moins pour cent soixante piastres par an; ils sont nourris de la même toutte & vêtus du même drap que moi. Mon père a acquis & laissé derrière lui le nom d'un Colon respectable : il étoit heureux ; & pourquoi en marchant sur ses traces, ne serai-je pas heureux & respecté comme lui ? — Je n'ai point de procès ; j'entends assez l'esprit de nos Loix pour conduire mes petites affaires ; je respecte leur protection sans craindre leur sévérité. — A peine mon premier enfant fut-il né, qu'une nouvelle perspective se présente à mes yeux ; une nouvelle lumière me montre mille objets intéressans que jusqu'alors je n'avois jamais apperçus ; je ressentis dans mon cœur l'effet de l'amour paternel ; j'en aimai ma femme davantage : cet événement devint pour moi un nouveau lien, & sembla ajouter quelque chose au rang que je possédois dans la société. C'est une dette, me dis-je, en partie payée : " Je viens de donner un Citoyen
 " à la Patrie, qui m'en félicitera, en me donnant
 " le nom de père ". — Que vous dirai-je ? jamais

charme n'eut d'effet plus prompt ni plus vif. — Je cessai alors de permettre à mes idées d'outre-passer les limites de ma plantation ; je donnai le nom de cet enfant, à une nouvelle pièce de marais que je venois de dessécher, & que j'avois fait entourer de fossés. — J'ai suivi cette méthode depuis, à la naissance de tous les autres. — Il faut être père pour comprendre le plaisir, l'ivresse dont on jouit, quand on tient dans ses bras, à côté d'une femme chérie, le fruit tant desiré d'un amour mutuel.

Quand, assis au coin de mon feu, la pipe à la bouche, je contemple ma femme, travaillant, berçant, ou tenant notre enfant à son sein, je suis agité de mille sentimens agréables ; c'est alors que je m'énorgueillis de ma condition, dont je ressens tout le bonheur. Souvent il arrive que l'effet & la réunion de toutes ces agitations de l'ame, s'éleve en rosée, & me fait instinctivement verser des larmes. — Que les hommes seroient heureux, si la nature ne les eût condamnés qu'à en répandre d'aussi douces & d'aussi salutaires ! — Souvent, je l'avoue, les résolutions pieuses que je fais, se dissipent avec la fumée de ma pipe ; mais semblables à cette même fumée, qui en disparoissant laisse derrière elle une odeur agréable, de même les traces de ces idées restent gravées dans mon cœur. — Lorsqu'à mon tour je prends notre enfant sur

mes genoux, pour l'exciter à jouer ou à rire, c'est alors que mon imagination s'élance dans l'obscur avenir, pour y chercher quel sera son caractère, sa constitution & sa fortune. Je tremblerois peut-être si, pouvant ouvrir le grand livre du destin, il m'étoit permis d'y lever la page particulière qui contient sa bonne & sa mauvaise fortune. — Quand je prévois d'un autre côté, les maux de l'humanité, les accidens de l'enfance, je paye bien chérement la joie dont je m'étois auparavant enivré. Dès que ce premier enfant fut né, je ne quittai plus ma maison qu'avec un certain regret; & le Ciel m'est témoin que jamais je n'y retourne sans ressentir un tressaillement particulier que je cherche même à étouffer, le regardant comme puérile; — & même encore aujourd'hui, à peine ai-je mis le pied sur mes terres, que je me sens assailli d'une foule de réflexions qui ne me frappent nulle part ailleurs. La consolante idée de propriété exclusive, de droits particuliers, de privilèges municipaux, se présente à mon imagination. — « Précieux
» terrein, me dis-je à moi-même, en vertu de
» quelle antique coutume, de quelle heureuse
» révélation, par l'efficace de quelle loi est-il
» arrivé que l'homme, d'abord errant dans les
» bois ou dans les plaines, ait jamais imaginé de
» se choisir un sol, de s'y fixer, d'y attacher les

» privilèges les plus essentiels, de le rendre la
» source de ses plus beaux droits, ainsi que de
» ses richesses ».

Le terrein que j'occupe aujourd'hui étoit en 1724 boisé, marécageux & sauvage, tel enfin qu'il étoit sorti des mains de la nature. A force d'industrie & de persévérance, mon père l'a converti en champs fertiles, en rians côteaux, en prairies douces & unies. Il n'y a point d'Européen qui puisse se former une idée juste & précise de cette marche pénible & lente; il faut au moins trois ans avant que les racines des buissons & des petits arbres soient entiérement détruites, cinq ans avant que les grandes souches cessent de repousser, & quatorze avant que ces mêmes souches se pourrissent & puissent être enlevées; j'y ai moi-même épuisé la première vigueur de mes bras. Voilà les images que je passe souvent en revue, parce que j'en déduis les principes de mon unique Philosophie.

Un jour en labourant les terres basses qui sont devant ma porte, je m'amusai à placer notre enfant dans un petit siège de mon invention, fixé par quatre écroux sur la haie de ma charrue; le mouvement de la machine, ainsi que celui des chevaux, le rendit heureux; ce fut-là, je me le rappelle encore, où il articula ses premiers mots. Penché négligemment sur le manche de la charrue, & la guidant inſtinctivement, je fais aujourd'hui, me dis-je alors, ce que mon Père fit pour moi ; puiſſe cet enfant me nourrir ainſi quand je ſerai vieux & décrépit.

Heureuſement j'unis le plaiſir au travail, car en amuſant cet enfant, je laboure & j'épargne à ſa mère quelque peine & quelque ſoin. — L'odeur ſuave de la terre, ſemblable à un bouquet odoriférant, m'anime & me réjouit, & a eu le même effet ſur tous mes enfans ; j'ai trouvé, par expérience, que leurs joues en devenoient plus rouges, & que l'air, le ſoleil & le vent, contribuoient manifeſtement à fortifier leurs organes & leurs corps.

Je ne vois jamais d'œufs apportés ſur ma table, ſans être pénétré de la métamorphoſe étonnante qu'ils auroient ſubi par l'incubation ; de leur ſein auroit ſorti des poules familières, dociles & ſoigneuſes, conduiſant leurs petits avec un ſoin & une vigilance qui font honte à bien des mères ; des coqs, couverts du plus beau plumage, tendres envers leurs compagnes, hardis & courageux, poſſédant la penſée, la réflexion, la mémoire & preſque tous les ſymboles de la raiſon Humaine, ſans aucune de ſes imperfections. J'ai ſouvent fait les mêmes réflexions ſur la ſagacité des animaux qui ont long-tems vécu ſur ma Plantation ; j'en ai vû des exemples étonnans. — Qu'eſt-ce donc que cet inſtinct que nous plaçons ſi bas dans l'échelle de nos diſtinctions, & dont nous avons cependant une ſi foible idée ? — La raiſon admet également la perfection de la ſageſſe & de la vertu, ainſi que l'atrocité du vice & de la folie; l'inſtinct, au contraire, n'eſt compoſé que d'une ſomme de connoiſſances utiles & infaillibles. —

Mes abeilles, plus que tous les habitans de mon domaine, fixent mon attention & mon reſpect; elles me fourniſſent toujours les ſujets de méditations les plus amuſantes & les plus inſtructives. Quel enchaînement d'idées ne m'ont-elles pas donné, lorſque aſſis ſous mes acacias, j'examine leur gouvernement, leur induſtrie, leurs querelles & leurs guerres; lorſque je vois que le jour même où les jeunes prennent l'eſſor dans les champs, elles ſont auſſi habiles, auſſi ſavantes que les matrones les plus expertes de la république, & que, comme les autres, elles poſſèdent l'art ſublime d'extraire du ſein des fleurs les parties néceſſaires à la confection de leur miel, ſans nuire aux eſpérances des Hommes ! J'ai appris, par leurs mouvemens, à prévoir les changemens du tems; le jour où doivent ſortir leurs eſſaims. — Quel dommage qu'au milieu de cette harmonie, de cette diſtinction des eſpèces, nulle ne puiſſe exiſter indépendante des autres ! toutes ont leurs ennemis. Le génie Créateur craignant peut-être la trop grande fécondité des principes qu'il avoit donnés à la matière, trouva néceſſaire de la tempérer par ce ſyſtême de deſtruction. — Malheureuſement pour nous, le plus utile des oiſeaux déclare une güerre impitoyable à ces mêmes abeilles, le *King Brid*. Comment ſe déterminer à le détruire? il chaſſe les corneilles de nos champs, préſerve nos grains de leurs déprédations ; c'eſt le gardien de nos moiſſons. — Ce combat eſt digne d'être vu. — C'eſt-là le moment où l'art de voler eſt déployé dans toutes ſes combinaiſons poſſibles ; — les cris redoublés, la fureur, la vélocité impétueuſe du *King Brid*, eſt admirablement oppoſée & ſouvent rendue inutile, par les ondulations ſoudaines, & par les deſcentes précipitées du corbeau. — Le premier, ſenſible à ſa petiteſſe & à la foibleſſe de ſon poids, cherche, avec un art merveilleux, à attaquer ſon ennemi dans les endroits les plus ſenſibles; pour cet effet il s'élève au-deſſus de ſon antagoniſte, & le frappe de ſon bec dans les yeux ; — alors les cris de la corneille annoncent ſa crainte ; elle tombe comme une pierre & ſe ſouſtrait à ſon ennemi, qui bientôt renouvelle la pourſuite ; — quand, au contraire, par la poſition du vent, par la grandeur de ſes aîles, ou par quelqu'autre circonſtance, la corneille gagne le deſſus, le *King-Brid* s'élève, avec une vélocité ſingulière, & attaque ſon ennemi ſous les aîles ; fatiguée de cet exercice violent, la corneille s'échappe enfin & s'enfuit dans les bois. — A peine a-t-elle disparu, que le vainqueur revient agité d'un mouvement de trépidation, qui annonce son triomphe & sa joie; il va revoir son nid, l'habitation de sa famille, pour la préservation de laquelle il venoit de combattre. — Egalement divisé, par le désir de sauver mes abeilles & mes récoltes, j'ai long-tems résisté à celui de diminuer le nombre de ces oiseaux. Le Printems passé, je crus m'appercevoir enfin que mon indulgence les avoit trop multipliés; — je fis cette observation précisément dans le tems des essaims. — Avec une audace qui leur est particulière, plusieurs vinrent se percher sur les arbres voisins de mes ruches, d'où sans peines ils attrappoient les mouches qui revenoient des champs. — Je résolus à l'instant de les tuer; j'étois prêt à lancer le coup meurtrier, lorsqu'un corps d'abeilles, gros comme mes deux poingts, se précipita sur ces oiseaux avec une vélocité singulière; effrayés du choc de cette masse compacte, ils s'envolèrent, & furent vivement poursuivis par la même cohorte, que je suivis attentivement de mes yeux; malheureusement, trop-tôt certaines de leur victoire, les abeilles quittèrent leur ordre militaire & serré, & se divisèrent dans leur retour. A peine eurent-elles perdu la force provenante de leur réunion, que les *King-Brids*, profitant de leur désordre, revinrent à la charge, & en attrapèrent autant qu'ils voulurent. — Enhardis par ce succès, ils osèrent revenir sur la même branche dont ils avoient été chassés. — J'en tuai quatre, & ayant ouvert leur phalles immédiatement après, j'en retirai cent soixante-onze abeilles que j'exposai sur une couverture au soleil. Quel fut mon étonnement, & quel sera le vôtre, lorsque vous apprendrez que peu après cinquante-quatre se ranimèrent, & après s'être desséchées, retournèrent à leurs ruches, où elles ne manquèrent pas, sans doute, d'informer leurs compagnes d'une aventure qui, vraisemblablement, n'étoit jamais arrivée auparavant à des abeilles Américaines ? —

Un des problèmes les plus difficiles à résoudre, est de savoir si, quand elles seront essaimées, elles voudront rester dans la ruche qu'on leur a destinée, ou s'échapper pour aller se fixer dans le creux de quelques arbres ? — car quand, par le moyen de leurs émissaires, elles se sont choisi ainsi une retraite, il n'est pas possible de les faire rester. Plusieurs fois j'ai forcé des essaims d'entrer dans la boîte que je leur avois préparée ; je les ai toujours perdues, vers le soir, au moment où je m'y attendois le moins ; elles s'enfuirent en corps dans les bois. Semblables à bien des hommes, elles préfèrent des habitations sauvages & libres, aux plus belles & aux plus commodes qu'on peut leur offrir. Depuis que j'ai appris l'art de les fuivre & de les trouver, je ne force plus leurs inclinations; car ce n'eft que quand elles jouiffent de la liberté qu'elles profpèrent. — A quelque diftance qu'elles aillent, je fuis fûr de les retrouver dans l'automne; leurs nouvelles retraites ne font qu'ajouter à mes récréations. — Je poffède l'art de tromper même leur inftinct.

Tous les ans vers la mi-Octobre, je vais à la chaffe des abeilles; j'y confacre une femaine. Je n'emmène avec moi, pour tout compagnon, que *Terre-neuve* mon fidèle chien. Je n'aime ni celle du cerf, ni celle de l'ours; elles font pour moi trop fatigantes: ce fentiment, je le fais, me déshonoreroit parmi les Sauvages, qui ne manqueroient pas de m'appeler *femme*. Je porte avec moi ma carabine (perfonne, vous le favez, ne doit aller dans les bois fans armes, parce qu'elles fervent à nous nourrir & à nous défendre), ma couverture, quelques provifions, un briquet, de la cire, du vermillon, du miel, une bouffole & ma montre. Ainfi pourvu, je dirige ma courfe vers les diftricts les plus éloignés des habitations; j'examine attentivement s'il y a beaucoup de grands arbres; je les frappe avec mon caffe-tête, pour deviner s'ils font creux vers le haut. Auffi-tôt que j'ai reconnu la probabilité d'y trouver des abeilles, j'allume un petit feu fur une pierre platte, dans lequel je mêle un peu de cire ; je répands enfuite plufieurs gouttes de miel fur une autre pierre : s'il y a des abeilles dans le voifinage, l'odeur de la cire, répandue de tous côtés par la fumée, les y amenèra d'une diftance confidérable, parce que cette odeur leur infpire l'efpoir de trouver du miel ; mais il eft aifé de concevoir qu'elles ne peuvent point en approcher, fans fe teindre le poil du corps avec le vermillon dont j'ai foigneufement environné chaque goutte de ce miel. — Auffi-tôt qu'elles en ont fucé la quantité qu'elles peuvent emporter, elles s'envolent : alors je fixe ma bouffole pour obferver la direction de leurs courfes, qui eft invariablement en ligne droite. Peu de tems après, elles ne manquent pas de revenir avec leurs compagnes : alors je les reconnois aifément, à l'aide de l'uniforme rouge qu'elles portent ; & par le moyen de ma montre, je fais le tems qu'elles ont mis depuis leur départ jufqu'à leur retour. A l'aide de ces deux connoiffances, je devine la diftance & le lieu de leur retraite : alors je les fuis avec ma bouffole ; plus j'approche de l'endroit fuppofé, plus fcrupuleufement j'examine la cîme de tous les arbres. — La découverte de mon miel a femé l'alarme dans toutes ces républiques ; elles entrent & elles fortent de leurs trous avec agitation ; plufieurs même reviennent chargées de leur proie : rien n'eft plus

aifé

aisé que de les discerner. Alors je marque ces arbres. — J'en trouvai onze dans mon expédition de l'année passée. — La quantité de miel qu'ils me fournirent étoit très-considérable : elle dépend, vous le savez, de la grandeur du vuide qu'elles habitent; car jamais elles n'essaiment que tout ne soit rempli. Semblables aux Européens émigrans, qui ne quittent leur patrie que faute d'emploi & de place, les premières abeilles que mon père a possédées, furent ainsi trouvées dans ses bois. Il coupa soigneusement la branche creuse dans laquelle elles habitoient, en la supportant avec des cordes; il la plaça ensuite, dans la même position, auprès de sa maison, qui, à cette époque, n'étoit encore qu'une cabane d'écorce; il en eut cinq essaims dès la première année : de ces mouches sauvages devenues domiciliées, sont descendues toutes celles de notre voisinage.

Si nous trouvons un arbre à abeilles (Bee-Tree) n'importe sur la terre de qui, nous avons le droit de le marquer : mais avant de l'abattre, la loi exige que nous en informions le propriétaire, auquel la moitié du miel appartient; sans cela, nous serions exposés à une réparation, ainsi que celui qui renverseroit un arbre à abeilles qu'il trouveroit marqué.

Deux fois l'an j'ai le plaisir d'attraper des pigeons sauvages dans leur passage ; le nombre est étonnant ; souvent telle en est la multitude, que, dans leur vol, ils obscurcissent la lumière du soleil pendant plusieurs minutes. — D'où viennent-ils ? — dans quelle région font-ils leurs pontes ? — où peuvent-ils trouver de quoi se nourrir ? — Je croirois qu'ils viennent des plaines de l'Oyio, (belle rivière) ainsi que de celles qui avoisinent le lac Michigan ; car je sais qu'elles produisent beaucoup de folle-avoine. L'année dernière, j'en tuai un qui avoit encore du riz dans sa phale. Le premier champ de ce grain est au moins à 560 milles de ma maison. Ou la digestion de ces oiseaux est suspendue pendant leurs courses, ou ils parcourent les airs avec une vélocité inconcevable. Notre manière de les attraper est par le moyen d'un long filet étendu sur la terre, aux extrémités duquel sont fixés deux ressorts de bois ; un pigeon aveugle & familier est attaché vers le milieu à une longue ficelle : dès qu'il entend le ramage de ses anciens compagnons, il les appelle. — Attirés par ce cri trompeur, ils descendent en foule ; alors l'homme qui est caché dans les broussailles lâche les deux ressorts ; le filet se lève, & recouvre tout ce qui se trouve sous son étendue : le plus grand nombre que j'aie jamais pris, étoit quatorze douzaines. — Je les ai vus à si bon marché, qu'on pouvoit en acheter autant qu'un homme en portoit pour la huitième partie d'une piaftre (12 fols $\frac{4}{100}$ tournois) : ils font excellens à manger, & leurs plumes fervent à former les lits des plus pauvres d'entre nous.

Les cailles qui habitent mes champs me procurent, pendant tout l'été, un plaifir journalier : mon attention à ne leur jamais faire de mal, femble les rendre plus familières ; leurs chanfons me récompenfent amplement de l'hofpitalité inviolable que je leur donne pendant l'hiver. Au lieu de profiter de ce moment de détreffe pour les attraper par l'appât de quelques graines, (comme le font tant d'autres) elles jouiffent chez moi de la tranquillité & de la fauveté qu'elles méritent ; car lorfque la neige couvre la terre & que la cruelle faim les force de venir fe nourrir à la porte de nos granges, je leur permets d'y chercher impunément leur nourriture. Ce n'eft pas, je vous affure, un des fpectacles les moins intéreffans de cette faifon, que de voir ces beaux oifeaux, familiarifés par la faim, fe mêlant avec mes beftiaux & cherchant en paix la foible pittance de grain égaré, qui, fans eux, feroit perdu & inutile. Souvent dans les angles de mes paliffades, d'où le rejailliffement du vent chaffe la neige, je leur porte de la menue paille & du bled ; l'un pour empêcher que leurs pieds ne s'attachent à la terre par la force du froid, &

l'autre pour les nourrir. Je connois peu de circonftances où la cruauté, fi naturelle à l'homme, foit plus manifefte que dans l'action de tuer ces oifeaux dans cette faifon.

Jonathan S. Ecuyer, un des plus fameux cultivateurs qui ait jamais honoré, par fes vertus & par fes travaux agricoles, la province de *Connecticut* fa patrie, en préferva l'efpèce, par fon humanité, dans le grand hiver de 1739 ; partout ailleurs, dans ces cantons, elles périrent, par la févérité de la faifon ou par la cruauté des hommes. Pendant bien des années, on ne les entendit plus chanter que fur les plantations de ce vénérable Magiftrat, comme pour le récompenfer de l'afyle qu'il leur avoit accordé.

L'hiver eft chez nous une faifon dure, quoique peu laborieufe ; elle nous procure cependant bien des plaifirs dont je vous ai déjà parlé. Lorfque la faim & le froid ont familiarifé tous mes beftiaux, il y a peu de Cultivateurs qui les foignent & les veillent avec plus d'attention que moi. — Je leur donne des noms, je les appelle, je leur parle ; ils me connoiffent, & femblent prendre plaifir à me voir ; car, à ma vue, ils fe lèvent & s'empreffent à s'approcher de moi. Je m'amufe à étudier leurs différens caractères, leur conduite les uns envers les autres ; je remarque aifément leurs différentes inclinations, la variété de leurs goûts & l'effet différent des mêmes paſſions. Vous le dirai-je, mon ami ? j'y obſerve une partie du même tableau que me fournit la ſociété humaine ; je ſuis préciſément dans la cour de ma grange, ce qu'eſt la loi parmi nous, un frein pour empêcher les forts d'opprimer les foibles : car les plus gros animaux, ſenſibles à leur ſupériorité, cherchent toujours à envahir la propriété de leurs voiſins. — Ils ſentent avec indifférence la portion de foin qui leur eſt donnée, ou bien ils l'avalent avec promptitude pour aller dévorer celle des autres. — Alors je les gronde; je fouette ceux qui ſont inſenſibles à ma voix & mépriſent mes admonitions. Dites-moi ; ſi on délivroit des proviſions à des hommes ſans langage, diſproportionnés d'âge & de force, ſe conduiroient-ils plus philoſophiquement ? — Je trouve dans l'écurie la même diſpoſition, à moins que l'amitié n'ait adouci le ſentiment perſonnel. Mais là, j'ai affaire à des animaux plus généreux ; ma voix à laquelle ils ſont ſi bien accoutumés, a une influence immédiate, & bientôt rétablit la paix & la tranquillité. Ainſi, par la ſupériorité de mes connoiſſances, je gouverne tous mes beſtiaux, comme les Sages & les Puiſſans gouvernent les ignorans & les foibles.

Si, pendant ces nuits terribles & rigoureuſes de nos hivers, il m'arrive de voyager en traîneau,

Je me demande souvent : Qu'eſt-ce donc que nous appelons froid ? d'où nous vient-il ? — Eſt-ce un agent particulier, ou ſeulement l'abſence de la chaleur ? — Où cette chaleur ſe retire-t-elle pendant cette ſaiſon ? — Quels climats va-t-elle échauffer ? — Où ſont tenus ces magaſins immenſes de neige & de nitre que les vents nous apportent ſi régulièrement tous les ans ? — Jugez du degré de curioſité excité par tous ces phénomènes, ſur-tout lorſque je traverſe, dans nos voitures hyperboréennes (traîneaux), le même lac ou la même rivière que j'avois paſſée en bateau quarante-huit heures auparavant ? Que ſont devenus ces millions d'inſectes qui folâtroient dans nos champs, qui animoient nos prairies pendant l'été ? Ils étoient ſi foibles & ſi délicats, la période de leur exiſtence a été ſi courte, qu'il eſt impoſſible d'imaginer comment, dans un eſpace ſi limité, ils ont pu acquérir les connoiſſances néceſſaires pour obtenir leur ſubſiſtance, choiſir leurs compagnes, le lieu de leur demeure, & ſur-tout l'art ſublime de dépoſer leurs œufs microſcopiques, de manière à éluder la rigueur de nos hivers, & à conſerver cette portion de chaleur qui doit ranimer la génération ſuivante & préſerver l'eſpèce.

D'où nous vient cette diſpoſition irréſiſtible au ſommeil, ſi commune à tous ceux qui ſont ſaiſis d'un grand froid, & qui infailliblement les conduit au dernier repos de la nature? — D'où vient ce grand nombre de petits oifeaux (Snow Birds) qui bravent le froid & les gelées, & qui trouvent fur la neige (cet élément ftérile) de quoi fe nourrir? Jamais on ne les voit que dans la faifon la plus rigoureufe. Placés comme nous fommes, au milieu de tous ces problèmes, au lieu de chercher à les réfoudre, adorons la fageffe du grand Créateur; il n'exige de nous que de la reconnoiffance.

Dans le printems, les chanfons matineufes des oifeaux me raviffent & me touchent; je ne puis vous exprimer l'effet que cette mufique champêtre a fur mes fens. Je me lève vers l'aube du jour : c'eft la feule faifon où je pouffe l'avarice du tems jufqu'au fcrupule. — Je ne perds pas un moment qui puiffe ajouter à cette jouiffance innocente, qui ne nous laiffe que le fentiment de l'admiration. C'eft vers ce moment précieux, qui n'eft point encore l'aurore & qui cependant ceffe d'être la nuit, que j'adreffe mes prières à l'Etre fuprême dans le milieu de mes champs : c'eft-là l'inftant du concert univerfel que lui offrent les oifeaux du voifinage; chacun d'eux, joyeux & content, embellit la Nature, ranime le filence précédent de l'atmofphère, & réveille l'ame du fpectateur. Quel crime d'être pareffeux dans cette faifon !

Qui peut entendre fans émotion les tons amoureux de nos robins (oifeaux Américains) au milieu des vergers, les accens perçans du cat-bird, les notes fublimes de notre grive, les chanfons mélodieufes & variées de l'oifeau moqueur?

L'art fingulier avec lequel tous ces oifeaux conftruifent leurs nids, leur propreté, leur commodité, me fait fouvent rougir de la faleté de nos maifons. Leur attachement pour leurs compagnes, les chanfons particulières que leur adreffent les mâles pendant l'ennui de l'incubation, leur affection pour leurs petits, tout cela me rappelle mes devoirs, fi je pouvois les oublier. La raifon ne pourroit-elle pas fouvent puifer, dans la perfection de l'inftinct, le moyen de corriger les erreurs, de réprimer les folies que ce fublime préfent ne nous empêche pas de commettre?

Si jamais la jouiffance & le bonheur font pour l'homme un devoir, fi jamais le Ciel le comble de bénédictions capables d'alléger le fardeau de la vie, c'eft à la campagne; c'eft pendant la faifon du printems, lorfqu'avec un efprit fain & un cœur pur il étudie les différentes fcènes du grand & fublime fpectacle de la Nature; c'eft-là le moment où cette mère univerfelle annonce la fertilité fous l'emblème des plus belles fleurs.

Cette faifon n'arrive jamais que je ne rende à l'Etre fuprême les actions de grâce, plus fer-

ventes encore que dans tout autre tems : fon pouvoir alors me paroît plus grand & plus bénigne ; la vue des dons qu'il nous promet, me touche plus que celle des moiffons qu'il nous donne. — Ah ! pourquoi, mon ami, n'ai-je jamais fu toucher la lyre ? J'aurois peut-être effayé de chanter nos Naïades Américaines, nos Dieux champêtres, la verdure de nos montagnes, la fertilité de nos vallées, la majefté de nos fleuves.
» C'eft toi, Région du *Shénando* (*), qui fur-tout
» auroit infpiré mes accens ! — Toi, féjour de la
» fanté, de la force, de la beauté, de la richeffe
» agricole, quel vafte champ ne préfentes-tu pas
» au Poëte & au Peintre ! «

Plufieurs fois il m'eft arrivé, écoutant au milieu de mon verger le premier des oifeaux qui faluoit la lumière par fon chant mélodieux, de chanter avec lui ; nous étions animés des mêmes fentimens. — La verdure, la fraîcheur, l'odeur fuave, la beauté des fleurs, l'éclat nouveau répandu fur tous les objets, tout infpire alors la tendre volupté, le doux plaifir & la haute admiration. C'eft alors que la Nature enfle nos veines par la circulation de notre fang & anime nos fentimens, comme elle annonce l'apparence des fleurs en gonflant les boutons par la circula-

---

(*) Vallée dans les Montagnes de Virginie.

tions des sucs végétaux ; c'est alors qu'elle se dissout en Amour universel, & semble conduire toute la création au même sentiment.

Avez-vous jamais visité un grand verger fleuri sans en être ému ? C'est la fête de tous les sens ; l'œil en est ravi, l'odorat triomphe, l'oreille même est occupée du doux bourdonnement des mouches qui sortent de leurs quartiers d'hiver pour cueillir le miel.

Mais l'aube du jour disparoît ; elle entraîne avec elle les vapeurs, les nuages & les dernières ténèbres de la nuit. L'aurore commence. Quelle auguste scène ! quel moment solemnel ! — Avez-vous jamais assisté à ce grand réveil de la Nature, avec l'humilité d'esprit & la dévotion du cœur qu'il nous inspire ? Adorons ensemble, sous cette voûte immense, le grand Créateur, le suprême Pontife ; c'est dans cet espace illimité qu'il réside sans doute, quoique, par pitié pour les hommes, il se cache soigneusement dans l'immensité profonde des mondes & des siècles : il permet cependant à son vice-gérent de se rendre visible, & de répandre sur nous la lumière & la vie. Quel est l'homme qui voulût préférer un assoupissement criminel, à la contemplation instructive d'un si grand spectacle ? — Si nous étions condamnés à ne le voir qu'une seule fois dans notre vie, avec quel empressement n'attendrionsnous pas ce précieux moment ! Quelle époque dans nos jours ! Avec quelle avidité ne le regarderions-nous pas ! avec quelle dévotion n'en parlerions-nous pas !

En effet, rien n'égale, dans l'univers, la splendeur, la majesté que répand le Soleil sur la Nature, lorsqu'il se lève dans un jour calme & serein. — Quel mélange de nuances lumineuses & d'obscurités affoiblies ! — quelle perfection dans le contraste formé par la naissance vague de la lumière, par l'apparence de ses premiers rayons plus radieux encore, & par les ombres qui s'échappent en gradations différentes ! — Par-tout la beauté se manifeste, le plaisir sort du sein fécond de la terre & descend des cieux.

Ah ! si la terre eût été donnée aux hommes, avec tous les charmes du matin, sans tempêtes désastrueuses, sans météores effrayans, sans tremblemens, sans sécheresse ; toujours prête à récompenser nos travaux, elle eût été la plus tendre des mères, & nous les plus heureux des enfans : mais ce bonheur, ainsi que tous les autres, ne durera que pendant un intervalle bien court : ce même soleil qui à peine luit, qui à peine nous échauffe, va nous brûler aussitôt qu'il aura atteint sa hauteur méridienne. — Avant même que l'astre du jour soit parvenu à la moitié de sa course, sa chaleur chasse les oiseaux dans les bois, & les

cultivateurs dans leurs maisons; alors je me retire sous le berceau de mon jardin : c'est le séjour du repos & d'une inactivité voluptueuse; — c'est aussi le temple de l'esprit contemplatif. — « Oh! » toi, génie des hommes, esprit bienfaisant, vi-
» vifiant toutes les parties de la Nature, source
» fertile d'où proviennent les pensées heureu-
» ses, les idées nouvelles, inspires-moi : — Je
» t'entends ; — tu viens, porté sur les aîles
» des zéphirs, cette douce haleine de la Nature;
» — déjà tu raisonnes à travers les feuilles qui
» de toutes parts m'environnent : — Sois cette
» heure consacrée au doux repos, & à écouter
» tes leçons! aides-moi à réfléchir, à puiser la
» saine morale, les sentimens humains, la dou-
» ceur, dans le spectacle que je vois & dans la
» vie que je mène. » —

Ce berceau, vous le savez, est l'ouvrage le plus simple, c'est celui de nos mains, c'est une petite charpente octogone, autour de laquelle nous avons planté des vignes sauvages, du chevrefeuille & du houblon; — leurs feuillages sont devenu si épais, que les rayons les plus ardens n'y peuvent pénétrer; les zéphirs seulement y trouvent un passage libre quoique oblique : — autour de ce temple de verdure, j'ai planté des *Acacias* portant le miel, des *Catalpas* à feuilles de palmier, & le voluptueux *Magnolia*.

Les divinités de ce séjour, sont la solitude & la douce mélancolie. Au repos le plus instructif, souvent succéde l'instruction de mes enfans, la compagnie de ma famille qui, comme moi, vient y goûter la fraîcheur & le sommeil.

Souvent ces grandes chaleurs produisent un phénomène, qui semble ne sortir du sein de nos montagnes que pour nous procurer l'ombre & la pluie ; c'est le baume de la Nature, avec lequel elle ranime les plantes desséchées; c'est la source d'où découlent tous les sucs végétaux, qui, combinés sous tant d'apparences différentes, remplissent nos granges de grains, & nos jardins de fruits : c'est le remède avec lequel elle corrige la pesanteur & l'inertie dangereuse de l'atmosphère. — Un nouvel élément, puissant & caché comme le grand Créateur qui le fait agir, paroît sous l'apparence d'une foible blancheur, sortant des montagnes bleues; c'est un germe électrique auquel se réunissent les vapeurs d'alentour : — jusqu'ici invisibles, elles prennent subitement une forme imposante, & produisent différens nuages : — bientôt elles s'étendent, se combinent & se choquent dans leur descente des montagnes : — Quel spectacle ! — quelle scène ! — quelle beauté dans les replis, dans les contours, dans les différentes nuances, sous lesquelles ces mêmes nuages se présentent à nos yeux ! — Le vent qu'elles caufent par leur compreffion, les divifent & les portent en maffes énormes; — un bruit fourd & éloigné fe fait entendre : — l'éclair & le feu s'élancent enfin de leur fein, & vont frapper la terre : — " C'eft une Divinité qui » gronde, qui menace, & qui vient fur les aîles » de l'orage pour punir les hommes, — difent » les Sauvages nos voifins ? " — Raffurez-vous, Nations ignorantes & fuperftitieufes de l'Afrique & de l'Afie : imitez notre exemple, & alors vous fentirez, comme nous, que la Nature ne vous veut que du bien, que ce n'eft qu'un nouveau phénomène qu'elle opère fur vos têtes pour fertilifer la terre que vous habitez, & purifier l'air que vous refpirez.

N'eft-il pas étonnant que les habitans de l'ancien monde tremblent encore de frayeur, & foient encore expofés aux ravages deftructifs de la foudre, pendant que les Américains plus heureux, quoiqu'un peuple d'hier, ne la regardant que comme une opération néceffaire & utile, dorment tranquilles à l'abri de leurs baguettes, plus miraculeufes que celles des Egyptiens, & confient la préfervation de leurs Maifons, de leurs Eglifes & de leurs Vaiffeaux à l'infaillibilité philofophique de ce fimple expédient.

Qui auroit pu prédire au Miniftre *Coton*, un des Miniftres de l'Evangile, qui paffa à la baye de Massachusets, (lorsqu'en 1626, il bâtissoit sur la Péninsule de Shamut, Boston, la première maison de cette Ville, aujourd'hui si opulente), que soixante-dix-huit ans après cette foible époque, un homme y naîtroit, qui, conduit par une suite d'expériences non moins extraordinaires que savantes & hardies; qui, éclairé peut-être par un rayon de cette même lumière électrique qu'il étudioit avec tant de soin, éleveroit un jour son génie jusqu'au sein de ces mêmes nuages, trouveroit le moyen de les épuiser de leur feu destructeur, oseroit diriger la foudre quand elle s'en est élancée, & rendroit enfin pour nous ce fléau, si terrible au reste de l'univers, une simple explosion de la nature, plus utile que dangereuse.

Les Grecs auroient immortalisé une découverte aussi simple, sous l'emblême de quelques fables, & nous la regarderions aujourd'hui avec le même respect que celle de Triptolème & de Cérès.

Voilà la vie que je mène, voilà mes plaisirs, voilà les ressources qui me suffisent, comme père & comme cultivateur; je vous ai déjà communiqué celles du citoyen. — Je n'ai point de loix à approfondir, point de plans de commerce à proposer. — Mon goût & mes simples idées suffisent pour embellir les momens que je dédie au repos & à la méditation; le développement graduel de la raison & du génie de mes enfans, l'étude de leurs caractères emploie auſſi une autre partie de mon tems. — Je les mène dans les champs, je leur apprends à penſer, à ſentir comme moi; je ſème dans leurs tendres cœurs les premiers principes de la morale univerſelle, de la probité, de la rectitude, de la vérité, de l'humanité, de l'obéiſſance aux Loix : par le moyen de fables fondées ſur différentes anecdotes qui leur ſont connues, tous les jours je leur inſpire le premier & le plus ſalutaire des goûts, celui de la culture & de la ſimplicité des mœurs; j'ai compoſé pour eux une prière à Dieu, ſous le nom de Père des Cultivateurs : la paix & l'union dans laquelle nous vivons, l'induſtrie journalière dont ils ſont les témoins, & à laquelle ils participent en proportion de leur âge, leur inſpireront, j'eſpère, les mêmes goûts & les mêmes diſpoſitions. — Je ne déſire vivre que pour pouvoir les établir tous ſur une bonne plantation, les voir mariés ſuivant leurs inclinations, les voir enfin de bons cultivateurs, aiſés, indépendans, aimés de leurs voiſins, reſpectant, craignant Dieu & les Loix : c'eſt l'état le plus fortuné auquel un Américain puiſſe aſpirer auſſi long-tems que notre Gouvernement continuera d'encourager l'Agriculture par la protection du Commerce, & de nous faire participer à toutes les bénédictions de la liberté.

ST. JOHN.

HISTOIRE

HISTOIRE
D'ANDRÉ L'HÉBRIDÉEN.

QUE nos Savans s'amusent à écrire sur la succession de nos différens Gouvernemens, de leurs disputes avec nos assemblées législatives, de l'esprit de nos Loix. —— Qu'ils nous enseignent dans quel tems nos Villes furent fondées, nos Chartes concédées, &c. ce n'est pas-là ma carrière. —— Comme les oiseaux les plus timides, je me contente d'habiter les buissons les plus humbles : je suis si accoutumé à tirer ma subsistance & tous mes plaisirs de la surface de mes champs, que je ne puis les abandonner. Ce n'est pas, vous le savez, *la Lyre*, mais le *Chalumeau champêtre* que je touche.

Je vous envoie aujourd'hui la simple Histoire d'un pauvre *Ecossois*; j'ose me flatter qu'elle vous plaira : elle ne contient cependant pas un seul évènement romanesque, pas une scène tragique qui convulse le cœur, pas une anecdote pathétique qui puisse vous faire verser des larmes : mon ambition ne s'étend qu'à esquisser la marche progressive d'un pauvre homme, de l'indigence vers l'opulence, de l'oppression vers la liberté; de l'obfcurité & du mépris, vers quelque degré de conféquence municipale : aidé, non des caprices de la fortune, mais par le fimple moyen de l'émigration, de l'honnêteté & de l'induftrie.

Voilà les champs inftructifs, quoique bornés, à travers lefquels j'aime à errer, fûr d'y rencontrer le fourire nouveau, enfant d'une profpérité naiffante ; le contentement du cœur, d'où proviennent la joie & les chanfons fpontanées; fûr d'y tracer le coloris d'une efpérance nouvelle, fondée fur des jouïffances jufqu'alors imprévues : j'aime à examiner les fentimens gradués des hommes qui paffent à un nouvel état, les nuances morales & phyfiques, fous lefquelles je peins leur nouveau bonheur. — J'aime à partager avec eux les émotions de leur amour-propre, dans les momens de leurs premiers fuccès.

C'eft au bord de la mer que je veux vous conduire ; voyons-y enfemble arriver les vaiffeaux Européens, chargés des victimes du malheur & du befoin : quel autre fpectacle peut offrir au cœur de l'homme, au cœur du citoyen, des fcènes plus véritablement touchantes ? — Quelle foule de réflexions le débarquement de ces pauvres gens ne fufcite-t-il pas à l'imagination? Ce font, mon ami, les débris de votre ancien monde; débris caufés par vos guerres, vos loix & vos coutumes, qui viennent se jeter sur les rivages de celui-ci. — Et qu'auroit fait l'Europe sans cette heureuse découverte ? C'est l'exubérance d'une société trop nombreuse qui vient en fonder une nouvelle. — Quel recueil instructif, l'histoire particulière de ces gens-là ne produiroit-elle pas ? — L'un gardant les moutons en Allemagne, attrape un lièvre malheureusement à la vue de son Seigneur, qui, courroucé de cet énorme forfait, tue son chien, le bat, le mène en prison, lui fait perdre ses gages, sa place & son tems; il s'échappe enfin après quinze mois de captivité, il fuit, il erre çà & là, comme s'il eût été traître à sa patrie; il se trouve enfin au bord de la mer, il s'embarque & arrive parmi nous. — L'autre, destiné dès son enfance au métier de soldat, perd sa liberté à l'instant de sa puberté; de la tutelle de ses parens, il passe sous la verge d'un cruel Sergent; il s'échappe, il arrive en Hollande & vient nous joindre : — Le troisième, victime de la sagesse de certaines coutumes, reçoit le jour d'un père qui, quoique possédant de l'aisance & de la terre, ne peut cependant rien lui donner. — A quoi sert-il donc dans ce pays-là d'être père ? ,, J'ai du pain & quelques terres, lui dit ,, un jour cet homme; mais, mon pauvre fils, ,, c'est pour ton aîné seulement; reçois la béné- ,, diction que je te donne, & va t'en. " — Voilà

l'espèce d'émigrans que je suis pas à pas. Dans les momens de leurs premières difficultés, je les observe luttant contre cette foule de circonstances adverses, qui par-tout nous accompagne. — Je les suis jusqu'à ce qu'ils ayent élevé leurs tentes sur quelque morceau de terre, & ayent enfin réalisé ce souhait énergique, qui les força d'abandonner leur pays natal, leurs parens, leurs amis, & les fit traverser l'Océan. — C'est-là que j'examine les foibles essais de leur industrie naissante. — Vous ne sauriez croire quel effet produit sur leurs ames le bruit du premier arbre qu'ils renversent? Jugez quel singulier triomphe pour des hommes nouvellement placés au milieu d'une forêt qui leur appartient, pour des hommes qui, jusqu'à ce moment, n'avoient osé couper un buisson ? — c'est un des titres de leurs possessions le plus physiquement flatteur : j'aime à les entendre raisonner en bâtissant leurs maisons : — j'aime à les voir consacrer leurs foyers, (Housse Warming) cultiver leurs premiers terreins, en cueillir la moisson, & dire pour la première fois dans leur vie : « Ceci est notre
» grain ; c'est le produit du sol Américain que
» nous avons acheté, & que nous avons labouré;
» nous en convertirons l'excédent en or, en ar-
» gent, sans avoir à payer des dixmes, des taxes
» onéreuses & arbitraires. « Admirons donc en-

semble les effets combinés, de la nécessité, de l'industrie & de l'émigration sur des hommes que la nécessité & la pauvreté avoient sans cesse aiguillonnés, sans avoir jamais pu leur procurer l'aisance. Nous ne devrons ces avantages qu'à notre persévérance, à notre courage, à la sagesse de nos loix.

Quelques affaires m'ayant accidentellement obligé d'aller à Philadelphie, je partis de chez moi le 17 Juillet dernier : je m'arrêtai la troisième nuit chez l'ami J. P., l'homme le plus vertueux, & le plus honnête citoyen que je connoisse. L'extrême propreté de ces bonnes gens n'est pas un phénomène extraordinaire, vous le savez ; cette excellente famille surpasse cependant, en netteté scrupuleuse, toutes celles que je connois : à peine fus-je couché, que je m'imaginai être dans le berceau le plus odoriférant.

Une semaine après mon arrivée à *Philadelphie*, on annonça plusieurs vaisseaux chargés d'émigrans Ecossois.

Jessé, mon ami, en choisit un, & le conduisit chez lui avec sa femme & son garçon qui avoit quatorze ans. — La plus grande partie de ces Hébridéens, l'année d'auparavant, avoit acheté, par l'intermission d'un Agent, une certaine quantité de terre, sur laquelle notre Province devoit les faire transporter, & leur fournir une année de provisions : le reste de ces bons Ecossois dépendoit absolument des évènemens : en moins de trois jours, ils furent tous loués par des Cultivateurs, qui les conduisirent chez eux : leur bonne réputation y contribua beaucoup.

Celui qui nous suivoit étoit de cette dernière classe; il sourit du fond de son ame, en acceptant l'invitation de l'ami Jessé. —— Il contemploit avec l'attention la plus avide, tout ce qui se présentoit à ses yeux. — Les maisons, les habitans, les pompes, les voies de pied, les Négres sur-tout, les voitures; tout, sans doute, lui parut également merveilleux & beau : nous marchions doucement, pour lui donner le tems de faire ses observations. — « Grand Dieu ! nous
» dit-il, suis-je enfin à Philadelphie, cette bonne
» ville de pain & de bénédiction? le Ciel en
» soit loué; nous ne manquerons plus, comme
» il nous est arrivé tant de fois. — On m'a dit
» qu'elle fut fondée la même année que mon
» père vint au monde, & cependant tout m'y
» paroît plus beau qu'à *Greenock* & à *Glasgow*,
» qui sont des villes dix fois plus anciennes.
» — Quand tu auras passé un mois parmi nous,
» lui dit l'ami Jessé, tu verras alors que c'est la
» Capitale d'une des plus florissantes Provinces
» de l'Amérique, qui jouit d'un meilleur sol

» ainsi que d'un meilleur climat que *Glasgow* &
» ses environs, où tu aurois pu rester toute ta vie
» dans la même misère; ici, au contraire, tu de-
» viendras un bon Cultivateur & un bon Ci-
» toyen, je l'espère. «—

Nous marchions tranquillement, lorsque nous rencontrâmes plusieurs chariots à six chevaux, chargés de farines, & venant de *Lancaster* : à la vue de ces grandes & belles voitures, il s'arrêta tout court, & nous demanda modestement, quel étoit l'usage de ces grandes machines, & d'où venoient les chevaux qui y étoient attelés ? « N'en as-tu pas de pareils dans ton isle, *André*,
» lui demandai-je ? Non, nous répondit-il; ces six
» grands animaux mangeroient toute l'herbe de
» notre isle dans une semaine. «—Enfin nous arrivâmes à la maison de l'ami *Jessé*, qui lui donna un excellent dîner, & offrit de le garder jusqu'à ce que quelqu'un le louât.— « Dieu bé-
» nisse Guillaume Penn & les bons habitans de
» sa Province, dit-il : — ceci est le meilleur re-
» pas que j'aie fait depuis bien des années. — Que
» ce vin de Pommes est excellent ! — De quelle
» partie de l'Ecosse viens-tu, *André*, demanda
» l'ami Jessé ? Les uns, dit-il, viennent du nord
» de ce Royaume, les autres de l'isle de *Barra* :
» j'en viens moi-même. Quelle espèce de sol
» cultive-t-on dans cette isle, continua Jessé ? Le

» fol le plus ingrat, répondit-il : ce n'est que
» mousse & cailloux ; nous n'avons ni arbres, ni
» bled, ni pommiers, ni vaches. Vous devez
» donc avoir bien des pauvres, lui demanda Jessé ?
» — Nous n'en avons point, car nous sommes
» à-peu-près tous égaux, excepté notre *Laird*,
» Seigneur ; mais il ne peut assister tout le
» monde.— Comment appelles-tu ce *Laird* de
» *Barra* ? Il s'appelle *Magneil*, répondit André :
» il n'y a pas une famille comme la sienne dans
» toutes les Isles : j'ai entendu dire que ses ancê-
» tres ont possedé la nôtre depuis plus de trente gé-
» nérations : il fait si froid chez nous, la terre y est
» si mince, qu'elle ne rapporte pas de quoi nour-
» rir les habitans ; la mer nous repousse aussi bien
» souvent : voilà pourquoi nous sommes venus ici
» chercher à améliorer notre sort.— Hé bien,
» André, que comptes-tu faire pour devenir riche ?
» Je ne sais pas, nous dit-il ; je ne suis, comme
» vous voyez, qu'un pauvre homme, & de plus
» un étranger ; les bons Chrétiens de ce pays ne
» me refuseront pas leurs avis, & cette espérance
» est toute la fortune d'André.— J'ai apporté
» avec moi un certificat du Ministre de notre isle,
» pourra-t-il m'être utile ici ?— Certainement, lui
» dis-je ; mais ton succès futur dépendra encore
» plus de ta conduite ; j'espère que tu es sobre
» & laborieux, comme ton certificat le dit. As-tu

« apporté quelqu'argent, *André*? Oui, j'ai avec
» moi onze guinées & demie. — Quoi, onze
» guinées & demie! c'est une somme fort con-
» sidérable pour un homme de *Barra*. Par quels
» moyens as-tu pu obtenir tant d'argent dans un
» pays où il y en a si peu? — Un de mes oncles
» qui mourut chez nous, me laissa trente-sept
» schellings; la fille que notre *Laird* me donna
» pour femme, m'apporta une dot de trois gui-
» nées & demie : avant de partir, j'ai vendu tout
» ce que j'avois, & ma femme & moi nous avons
» travaillé pendant long-tems à *Glasgow*, avant
» de pouvoir nous embarquer. — Je suis charmé
» que tu aye été si prudent; continue de l'être :
» il faut d'abord te louer à quelques bons Cul-
» tivateurs. Que peux-tu faire? Je bats à la grange,
» & manie assez bien la bêche. — Cela est bon.
» Peux-tu labourer? — Oui, avec vos petites char-
» rues *Breast Ploughs*. — Ces instrumens ne valent
» rien ici, *André*; tu es robuste, & si tu as de la
» bonne volonté, tu apprendras bientôt tout ce qui
» est nécessaire. — Ecoute, *André*, ce que je te vais
» dire. — Premièrement, tu iras, toi, ta femme
» & ton garçon, passer trois ou quatre semaines
» chez moi; là, tu y apprendras à manier la hache;
» c'est un des instrumens les plus nécessaires à un
» Américain. Et ta femme, peut-elle filer? —
» Oui; — Hé bien, aussi tôt que tu sauras ma-

» nier la hache, je te placerai chez l'ami P. R.
» qui te donnera trois piaftres par mois pour les
» fix premiers, & enfuite le prix ordinaire de
» cinq pour tout le refte du tems que tu feras avec
» lui : je placerai ta femme dans une autre maifon,
» où elle filera & recevra une demi-piaftre par
» femaine, fuivant l'ufage ; ton fils ira dans un
» autre endroit, où il conduira les bœufs & la
» charrue ; il aura une piaftre par mois : chacun
» de vous aura en outre de bonnes provifions, &
» vous coucherez fur de bons lits. Cela te convien-
» dra-t-il, *André* ? — » A peine put-il me comprendre ; les larmes de la joie & de la reconnoiffance
tomboient de fes yeux, qu'il tenoit fixés fur moi,
& fes lèvres ne pouvoient rien articuler. — Quelle
fublime éloquence ! — Je fus attendri de voir un
homme de fix pieds verfer des larmes : elles ne
diminuèrent cependant rien de la bonne opinion
que j'avois conçue de lui. — Il me dit enfin que mes
offres étoient trop généreufes & plus confidérables
qu'il ne méritoit ; qu'il feroit trop heureux de travailler pendant les premiers fix mois pour fes
provifions feulement, & fans gages. — « Non,
» non, *André*, lui dis-je : fi tu es fobre &
» foigneux, fi tu marques de la bonne volonté à
» apprendre nos coutumes & nos ufages, tu re-
» cevras ce que je t'ai propofé, auffi-tôt que tu
» auras fini ton apprentiffage chez moi. — Je

» vous devrai donc toute ma petite fortune.
» Puiſſe le Ciel vous bénir; toute ma vie je ne
» ceſſerai d'en être reconnoiſſant. »

Peu de jours après, je l'envoyai à *** par le retour d'un des charriots de mes voiſins, afin qu'il apprît à connoître l'utilité de ces grandes machines, qu'il avoit d'abord tant admirées. — Le détail particulier qu'il nous donna des *Hébrides* en général, & de l'iſle de *Barra* en particulier, de leurs coutumes patriarchales, de leurs pêches, de leur façon de vivre, nous amuſa beaucoup. — Que penſez-vous des Familles Royales de l'Europe, comparées à la date de celle de Macneil ? Admettant trente années par génération, cette Famille *Hébridéene* remonte à une origine de neuf ſiècles. Je ſouhaiterois que nous euſſions une Colonie entière de ces bonnes gens, établie dans notre Province ; leur manière de vivre, leur Religion, leurs coutumes préſenteroient un ſpectacle curieux & intéreſſant ; mais un ſol plus riche que celui de leurs Iſles, un climat plus doux, les aſſimileroient bientôt à nos Colons.

André arriva chez moi, comme je lui avois conſeillé. Bientôt je trouvai que la hache lui étoit devenue familière : il me parut ſi attentif à ce qu'on lui diſoit, ſi intelligent, que je prédis ſon ſuccès. Auſſi-tôt que ce premier apprentiſſage fut expiré, je plaçai toute cette famille chez de bons Colons : *André* se donna au travail, vécut bien, & me dit qu'il étoit content. Tous les Dimanches il venoit me voir monté sur un bon cheval que lui prêtoit M. P. R. Le pauvre homme ! il lui en coûta plus de quinze jours d'essais avant qu'il pût se tenir sur la selle, & manier la bride.

Trois ans après, *André*, que je voyois souvent, vint me trouver pour me dire : "— Mon bon Pro-
» tecteur, j'ai environ quarante ans, je voudrois
» acheter un morceau de terre, que je nettoye-
» rois pendant que j'en ai encore la force : dans
» ma vieillesse, j'aurois un asyle, ainsi que mon
» enfant, auquel j'en concèderois la moitié : don-
» nez-moi, je vous prie, vos bons avis & votre as-
» sistance. — Tu as raison, *André*, il n'y a rien de
» si naturel que ton désir : je t'aiderai à le satis-
» faire ; mais il me faut quelque tems pour y
» penser ; je crois même qu'il seroit nécessaire
» que tu restasse un mois de plus avec l'ami P. R.
» Tu sais qu'il a trois mille palissades à fendre ;
» d'ailleurs le Printems n'est pas encore assez
» avancé pour pouvoir nettoyer la terre ; il est ab-
» solument nécessaire que les feuilles soient sor-
» ties de leurs boutons, afin que ce nouveau
» combustible serve à brûler les monceaux de
» broussailles avec plus de rapidité. » —

Quelques jours après, la famille de P. R. fut à

l'Eglife, & laiffa *André* pour prendre foin de la maifon. Pendant qu'il étoit affis à la porte, attentivement occupé à lire la Bible, neuf Sauvages fortant des montagnes bleues, parurent foudainement, & déchargèrent leurs ballots de pelleteries fur le plancher du *Piatta*. (Efpèce de portique placé devant la plupart des maifons). Concevez, fi vous pouvez, la furprife, l'étonnement & l'effroi du pauvre Ecoffois. A la vue de ce fpectacle extraordinaire, à leur apparence bifarre & nouvelle, il les prit pour des vagabonds qui venoient piller la maifon de P. R. Comme fidèle gardien, il fe retira précipitamment, & ferma la porte; mais la plupart de nos maifons n'ayant point de ferrure, il fut obligé de tirer fon couteau fur la clanche; delà il monta en-haut chercher fon grand fabre Ecoffois.

Les Sauvages, anciens amis de P. R. devinant fes foupçons, entrèrent dans la maifon, après en avoir aifément foulevé la porte: ils y cherchèrent enfuite le pain & la viande dont ils avoient befoin, qu'ils fe mirent à manger tranquillement: André redefcendit dans cet inftant, armé de fon fabre. Les Sauvages un peu furpris, examinèrent tous fes mouvemens; la vue de neuf *Joméhauks*, ou caffe-têtes, fervit à convaincre André que fon redoutable coutelas devenoit inutile. Cette réflexion ne diminua pas fa colère: la tranquille impudence avec laquelle il les voyoit dévorans les provisions de P. R. ne servit qu'à l'enflammer encore davantage. Incapable de faire aucune résistance, il leur dit des injures, & leur ordonna de quitter la maison; les Sauvages alors lui répliquèrent dans une langue au-moins aussi dure que l'*Erse* ; *André* essaya enfin d'en saisir un, & de le mettre dehors. Sa fidélité devint supérieure à sa timidité; à peine les Sauvages s'apperçurent-ils de son intention, que trois d'entr'eux le saisirent armés de leurs couteaux, & firent semblant de lui faire la chevelure, pendant que les autres hurlèrent les cris de guerre *warhoop*. Ce bruit perçant & horrible, épouvanta le pauvre Ecossois si effectuellement, qu'oubliant son sabre, son courage & ses valeureuses intentions, il leur abandonna la maison & disparut. Un de ces mêmes Sauvages m'a raconté depuis, qu'il n'avoit jamais tant ri de sa vie.

Aussi-tôt qu'*André* fut à une petite distance de la maison, la frayeur que ces cris lui avoient causé disparut; mais le retour de la raison ne put lui indiquer d'autres remèdes, que celui d'aller à l'Eglise trouver P. R. Heureusement elle n'étoit éloignée que de deux milles : il arriva le visage encore agité; il appelle son hôte, & lui dit avec la plus grande véhémence de style, que neuf monstres avoient pris possession de sa maison;

que les uns étoient bleus, les autres rouges; qu'ils avoient dans leurs mains de petites haches, par le manche desquelles ils faisoient sortir de la fumée; que semblables aux Montagnards d'Ecosse, ils ne portoient point de culottes; que Dieu seul savoit ce qu'ils avoient envie de faire. » Pacifies-
» toi, lui dit P. R., » ma maison est aussi sûre avec
» ces gens-là, comme si j'y étois moi-même :
» pour ce qui regarde les provisions, je ne m'en
» soucie pas beaucoup : tu ne les connois pas en-
» core, *André*; ce ne sont point des gens de
» cérémonie; voilà la façon dont ils en agissent
» avec leurs amis : j'en fais de même quand je
» suis dans leurs cabannes : entre avec moi, après
» que le Sermon sera fini; nous nous en retour-
» nerons ensemble. »

Aussi-tôt que l'ami P. R. fut de retour, il expliqua aux Sauvages tout le mystère de cette scène; ils en rirent immodérément, & prenant *André* par la main, ils le firent fumer dans leurs pipes; ainsi la paix fut ratifiée par le moyen du calumet.

La saison arriva enfin où j'avois promis mon assistance à cet Ecossois; je fus trouver A. V. dans le Comté de ***, & lui donnai un détail fidèle des progrès qu'avoit fait *André* dans toutes les connoissances rurales, de son honnêteté, de sa sobriété, de sa reconnoissance. « Je sais, lui dis-je;

» que vous avez acheté dix-neuf mille sept cens
» acres de terres proche l'établissement de ***;
» vendez-en, je vous prie, cent dix acres à long
» crédit à *André*; il mérite bien cet égard. J'aime,
» me répondit-il, autant que vous, à voir prospé-
» rer les honnêtes Européens; j'y consens:
» faites vous-même les termes de notre marché.
» — Non, lui dis-je, je m'en rapporte à vous.
» — Les voici donc, reprit A. V. Comme cette
» terre est excellente, qu'il y a déjà un chemin
» de frayé & un pont de jetté sur la rivière
» de ***, je ne lui demande que vingt shel-
» lings par acre (14 livres tournois): il me fera
» trois paiemens; le premier à l'expiration des
» trois premières années, le second à l'expiration
» de la cinquième, & le troisième à la septième.
» Le jour même que je lui passerai un contrat,
» il me donnera son obligation pour la somme
» de cent pounds (1400 livres tournois), & une
» hypothèque sur la terre. Je lui concéderai cent
» dix acres au lieu de cent, à condition qu'il sera
» tenu de donner les chemins dont le pays pourra
» avoir besoin. Cela vous convient-il, mon ami?
» Très-fort, lui dis-je, d'autant mieux que l'ar-
» gent gagné par *André* & sa famille, depuis trois
» ans, servira à acheter des bœufs, des chevaux,
» des vivres, &c. Aussi-tôt que je revis *André*,
» je lui dis: Hé-bien, honnête homme, en con-
» sidération

« fidération de tes bonnes qualités, je t'ai pro-
» curé cent acres de bonne terre, dont le premier
» paiement ne fera dû qu'au bout de trois ans;
» déjà un chemin frayé traverse ce canton, &c. tu
» y trouveras plus de vingt acres de marais, qui
» feront aifément deffèchés auffi-tôt que tu auras
» rompu quelques digues de caftors. Tout ce que
» tu moiffonneras fera entiérement pour toi; ni le
» Gouvernement, ni l'Eglife, ni le Roi, n'auront
» aucun droit fur ta propriété future. Si jamais
» il arrive que tu ne fois pas content de ta fitua-
» tion, tu vendras ta plantation pour en acheter
» une autre qui te conviendra mieux. La pof-
» feffion de cette terre va te conférer le droit de
» voter dans toutes les Elections, & même celui
» d'être choifi à tous les Emplois municipaux.
» Qu'en penfe-tu, *André*? — Ah! mon cher
» Monfieur, ce que vous m'offrez eft très-bon,
» meilleur même que je ne pouvois l'efpérer; mais
» comme je ne puis payer comptant la valeur de
» la terre, je crains que le Roi, ou fes Miniftres,
» ou le Gouverneur, ou quelqu'homme en pou-
» voir, ne me chaffe, difant: — Va-t'en, *André*,
» va-t'en d'ici; tu n'as que faire d'une terre que
» tu n'as pas payée. Vous favez, fans doute, com-
» ment cela eft en Europe: les pauvres & les pe-
» tits font toujours foibles & ont toujours tort.
» — N'aie nulle appréhenfion, *André*; ne fais-tu

» pas que tu habites actuellement le pays des
» Loix? L'Être suprême donna jadis ces terres aux
» Sauvages ; nous les avons achetées d'eux sous
» l'autorité d'un Gouvernement juste & équita-
» ble. Le Roi & ses Ministres sont trop humains,
» pour ravir des mains d'un pauvre émigrant, les
» fruits de son industrie ; de plus, nous ne recon-
» noissons ici personne qui ne soit subordonné à
» nos Loix. — Mais, Monsieur, encore que cela
» soit comme vous le dites, n'y a-t-il pas le fils
» de A. V. qui peut-être un jour viendra me dire :
» Qu'est-ce que tu fais ici, *André ?* c'est la terre
» de mon père ; tous tes papiers ne valent rien.
» — Ce que tu prévois est impossible, honnête
» Ecossois ; tu seras mis en possession dans la for-
» me requise, & il n'y a point ici de pouvoir qui
» puisse t'en déposséder, pourvu que tu payes
» les sommes convenues. Avant de mourir, tu
» pourras même donner ce que tu possèdes à qui
» tu voudras, par le moyen d'un testament. Sois
» sûr que nos Loix protégeront ta volonté, même
» après que tu n'existeras plus ».

Pendant que je parlois ainsi à *André*, une joie expressive, quoiqu'inarticulée, tour à tour animoit & agitoit sa physionomie : un moment ses yeux se mouilloient ; l'autre, ses lèvres agitées, sembloient balbutier quelques paroles. — « *André*,
» lui dis-je, as-tu bien compris ce que je viens de

» te dire ? — Non, Monsieur, je ne sais ce que
» veut dire contrat, hypothèque, testament, &c.
» — Dans quelques autres momens nous t'expli-
» querons tout cela ». — Il faut avouer qu'en effet ces mots devoient lui être tout-à-fait inintelli-
gibles ; car, suivant les détails qu'il nous avoit
donnés de l'isle de *Barra*, ces termes de Loix ne
pouvoient être d'aucun usage aux habitans. —
Vous paroîtra-t-il donc étonnant que ce bonhomme fût embarrassé ? Par exemple, comment
la même personne, qui n'avoit jamais eu de volonté pendant le cours de sa vie, pouvoit-elle s'imaginer qu'elle pourroit en avoir une, même après sa
mort ? — Comment la même personne, qui n'a-
voit jamais possédé un pouce de terre, pouvoit-
elle comprendre qu'elle étendroit ses nouveaux
droits sur celle qu'elle alloit acquérir, après même
avoir été couchée dans son cercueil ? — Dans peu
de jours nous l'instruisîmes de ce qu'il avoit besoin
de connoître.

Voilà donc l'honnête *Hébridéen* possédant cent
dix acres de terres ; le voilà investi de tous les
droits municipaux qui y sont attachés; le voilà devenu foncier, jouissant d'une habitation, citoyen
de Pensilvanie ; enfin, voici le moment qui va
réaliser les espérances, les rêves flatteurs qu'il
avoit sans doute formés dans son isle natale. Voici
l'époque qui va convertir sa chaumière en maison

décente & commode ; son petit morceau de terre féodale, en plantation libre & étendue ; sa servitude en liberté, son inconséquence en conséquence civile, ses petites espérances de subsistance & de provisions journalières, en projets plus étendus de commodités & d'aisance. — Pardonnons-lui donc l'intempérance de la joie, le transport du plaisir, & tous ses sentimens nouveaux, enfans de sa nouvelle métamorphose.

Il lui fallut cependant plus d'une semaine avant d'être entiérement convaincu que, sans débourser aucun argent, il pouvoit posséder cent acres de terre, devenir citoyen, & c.

Aussi-tôt que tous ses papiers furent en ordre, je lui conseillai de les faire recorder dans les registres du Comté, crainte qu'il ne les perdît. Il fut ensuite prendre possession de sa terre & commencer son travail. Avant de partir, je lui donnai toutes les instructions dont il avoit besoin. Son premier soin fut de construire une petite habitation, avec l'écorce des premiers arbres qu'il abattit. — Je fus le voir quelque temps après ; je vis avec plaisir qu'il avoit très-bien réussi, & avoit logé sa femme aussi commodément qu'on pouvoit l'être sous l'écorce. Le second objet de son attention, avoit été de nettoyer quelques acres de son marais, afin d'avoir l'année d'après du foin pour ses chevaux & ses vaches. Son fils, âgé de dix-sept ans, lui fut d'une grande reſſource, ainſi que ſa femme, qui partageoit avec lui preſque tous ſes nouveaux travaux. — Voici le détail de ce qu'il emmena avec lui. Vous ſavez ſans doute que nos forêts donnent pendant l'été un excellent pâturage pour tous les beſtiaux. Une paire de bœufs, 20 pounds (le pound eſt de 12 livres 10 ſols tournois.); une jument, 14 pounds; un bélier & ſix brebis, 3 pounds; trois cochons, 4 pounds; deux vaches, 10 pounds; deux geniſſes d'un an, 4 pounds 10 sh.

Ici commence la véritable proſpérité de cette famille Ecoſſoiſe; il avoit payé tous ſes beſtiaux argent comptant; il ſe pourvut amplement en outre, de tous les uſtenſiles néceſſaires, tels que charrues, charrettes à bœufs, herſes, inſtrumens de fer, &c. Tout ce qu'il emporta avec lui coûta près de cinquante guinées. — L'honnêteté de ces Colons leur procura des amis, & leur induſtrie, l'eſtime de leurs voiſins: l'un d'eux, qui étoit François de Bretagne, offrit à *André* trois acres de terre déjà nettoyée, pour y planter la première année ſon bled d'Inde, ſes haricots, pommes de terre, potirons, navets, &c.

Avec quelle promptitude l'homme n'apprend-il pas la conduite & les détails d'un travail nouveau, quand il travaille pour lui-même? Deux mois après, je vis *André* guidant ſa *charrue à deux chevaux*, & traçant les raies parfaitement droites.

« — Bien labouré, lui dis-je; très-bien labouré.
» Voilà comme on s'y prend quand on veut bien
» faire, *André;* il me semble voir tous les symboles
» de la prospérité marqués dans tes sillons & dans tes
» chancières : cultive ce champ de maïs avec soin, &
» l'année prochaine tu seras maître en cet art ».

Comme ce nouveau Colon n'avoit ni prairies à faucher, ni froment à recueillir la première année, & que toute sa subsistance devoit venir du lait de ses vaches & des provisions qu'il avoit apportées, jusqu'au temps que son champ de bled d'Inde fût mûr, je lui conseillai de songer à bâtir sa maison, & de faire ce que nous appelons une *trolique*. — J'y invitai moi-même plusieurs de mes amis : P. R. son ancien maître, ne manqua pas de s'y trouver aussi avec tous ses gens : la compagnie, composée de plus de quarante personnes, tant blancs que noirs, se trouva sur les lieux vers les dix heures du matin, & chacun avec leurs outils.

Bientôt on entendit de toutes parts les chansons champêtres, les facéties, les bons mots, les contes amusans. — Une gaieté générale, suivant l'usage de ces sortes de fêtes, animoit les différentes compagnies qui s'étoient répandues dans les bois. Ces sortes de scènes seroient fort intéressantes pour un Européen ; car elles sont l'image de la force, de l'adresse, de l'activité, & de l'hospitalité des Américains, qui mutuellement s'entreaident ainsi dans presque tous leurs travaux. C'est sur-tout parmi les nouveaux Colons que cette coutume est infiniment utile.

Les attelages de bœufs & de chevaux traînèrent ensuite à l'endroit (choisi par *André*,) les troncs d'arbres nécessaires à la construction de sa maison; — déjà on voyoit le soleil luire sur une quantité considérable de terrein; — Les têtes d'arbres, les grosses branches, les buissons, les arbrisseaux commençoient déjà à être amoncelés de distance en distance, prêts à être consumés, lorsqu'ils auroient acquis le degré de sécheresse convenable. — Après un dîner excellent (que nous donna *André*, qui avoit fait tuer un veau & un mouton, & que nous mangeâmes dans les bois,) on équarrit les arbres destinés à former les murailles de la maison; ils furent ensuite élevés & placés à queue d'aronde, suivant la méthode ordinaire.

Pendant que toute la compagnie étoit ainsi occupée à différentes besognes, *André*, incapable d'aucun travail, nous disoit: — « Tout ceci
» est-il donc bien vrai, mes bons voisins, mes
» bons amis? Quoi, le pauvre homme de *Barra*,
» qui toute sa vie a travaillé pour les autres,
» a-t-il aujourd'hui quarante personnes volontai-
» rement assemblées pour nettoyer sa terre; tout
» ceci n'est-il point un rêve? « — En effet, ce

fut pour lui le jour le plus mémorable depuis celui de son arrivée à Philadelphie, & la fête la plus solemnelle qu'il eût encore vue : le soleil ne s'étoit jamais auparavant levé pour luire sur la terre & pour féconder une surface qui devoit un jour lui rapporter des moissons. — N'auroit-il pas commis un sacrilège, s'il eût mis la main à la hache ? — Le bonhomme, au contraire, sanctifia cette belle journée par les accens de sa joie, par les expressions les plus touchantes de sa reconnoissance. Il se promena pendant tout le tems de notre travail, de compagnie en compagnie, la bouteille à la main, invitant chacun à boire, & buvant lui-même pour en donner l'exemple. Je pris cette bouteille à mon tour, & avant de la mettre à ma bouche, je lui dis : — „ Honnête Ecossois, notre
„ nouveau compatriote, puisse l'Etre Suprême,
„ le protecteur des bonnes gens, le Père des
„ cultivateurs, le dispensateur des rosées & des
„ moissons, te donner bien des années de santé,
„ afin que long-tems tu puisses jouir du fruit
„ de tes travaux ; puisses-tu devenir un Colon
„ utile & exemplaire. " — Toute la compagnie approuva mon souhait & le fit répéter aux échos d'alentour.

Le puissant Seigneur, le grand Propriétaire, le riche Négociant, à la vue de son superbe château, n'a jamais ressenti la moitié de l'ivresse & de la joie dont jouît dans ce jour l'honnête *Hébridéen*, quoique fa nouvelle habitation fût érigée au milieu des bois, & ne confiftât que dans un efpace de ving-quatre pieds enfermé par vingt-quatre troncs d'arbres équarris.

Nous nous préparions à nous en aller, lorfqu'*André* s'approcha de nous ; mais il ne put jamais rien dire ; tous fes adieux, tous fes remercîmens, toute fon éloquence confifta à nous ferrer les mains dans les fiennes, pendant que fes yeux étoient baignés de larmes.

Telle fut la marche, la conduite, le progrès & l'établiffement final de cet Ecoffois. — Cette foible defcription fera fuffifante, je l'efpère, pour vous convaincre que tout Européen pauvre, fage, laborieux & reconnoiffant, ne peut manquer de fe procurer parmi nous, finon des richeffes, du moins la poffeffion de quelque terre, de l'emploi & de bons gages, l'heureufe abondance & la protection des Loix.

André plaça fa maifon de manière à pouvoir contempler un jour, d'un feul coup d'œil, les vingt acres de marais qu'il poffédoit, dont trois commençoient déjà à verdir: l'efpérance de moiffons futures, de lait, de beurre, de fromage, de laines, de lin, étoit répandue autour de lui fur la furface de cette terre qu'il alloit nettoyer, & qui jufqu'à ce moment avoit été inutile. Peu de tems après, il loua un Charpentier pour couvrir sa maison, avec des essentes de Châtaignier, pour y mettre les planchers, les portes & les fenêtres. *André* avoit emprunté d'un moulin à scie dans le voisinage, toutes les planches dont il avoit besoin; dans moins de deux semaines la cheminée fut érigée, les intervalles plâtrés, & le tout blanchi en-dedans: il quitta enfin, le troisième de Septembre, sa cabane d'écorce sous laquelle il avoit logé depuis le 5 Mai, & prit possession de sa nouvelle habitation, qui étoit saine & commode. Cette même année, son fils & lui semèrent trois boisseaux de bled sur les trois acres; l'acre Américain est de cent soixante perches, la perche est de seize pieds & demi, que les voisins avoient nettoyés pour lui, dont ils recueillirent l'année suivante quatre-vingt-onze boisseaux & demi: le boisseau Américain pèse soixante livres; car je lui avois ordonné de tenir un compte exact de tout ce qu'il moissonneroit. Quand à la première récolte de bled d'Inde, elle auroit été aussi bonne, si elle n'eût été attaquée par des écureils, ennemis nouveaux, dont *André* ne pouvoit pas se défaire avec son vieux sabre Ecossois: il ne connoissoit point encore l'usage du fusil. La quatrième année, je pris un inventaire de tout ce qu'il avoit: je vous l'envoie. Peu d'années après son établissement, il s'en forma d'autres dans son voisinage;

au lieu d'être le dernier des hommes vers les grandes forêts, *André* se trouva au milieu d'une nombreuse société : des communications nouvelles furent ouvertes, les premiers chemins bonifiés, & cinq ans après l'époque dont je viens de vous parler, le pays boisé, sauvage & inculte, commençoit déjà à présenter un paysage agréable. Notre Ecossois ne manqua pas d'aider ses voisins, comme les autres l'avoient assisté dans ses commencemens pénibles. — Son fils se maria, & bientôt remplit la maison de petits enfans; il fut choisi directeur des chemins de son district, il servit comme juré dans plusieurs procès, & remplit avec prudence les nouveaux devoirs que lui imposoit son nouvel état de citoyen : plût à Dieu que tous les Emigrans qui nous arrivent annuellement ressemblassent à ce digne *Hébridéen*.

L'Historiographe d'un fameux Général, ne conduit pas son Héros victorieux au triomphe & aux honneurs, avec plus de plaisir & de joie, que j'en ai ressenti en conduisant & en voyant *André* jouir de son heureuse situation. Sans ôter l'aisance ni l'indépendance à personne, il est devenu aisé & indépendant : puissent, les pauvres Européens, qui, comme lui, souffrent & pâtissent faute d'emploi & de pain, trouver ici l'asyle que mérite leur triste sort ?

Vous pouvez actuellement être convaincu des

heureux effets qui résultent dans notre pays de la sagesse & de l'industrie, quand elles sont placées sur des terres fertiles, & protégées par la liberté.

Evaluation de la Terre & des Effets d'André Crawford, après cinq ans d'établissement.

Les 100 acres de terre avoient presque doublé en valeur. . . .	450 Piastres.
6 Vaches à 13 Piastres. . .	78
2 Jumens.	50
Le reste des Bestiaux. . . .	100
73 Boisseaux de Bled. . . .	66
Lard & Bœuf salé.	28
Laine & Lin. . . . & Fil.	19
Charrues & autres ustensiles. . .	31
TOTAL. . .	822 Piastres.

Faisant 324 pounds, ou 4060 livres tournois, sur laquelle somme il faut en déduire son premier payement de 33 pounds 6 sh. ¼.

HISTOIRE
DE S. K.,
COLON AMÉRICAIN.

Il quitte sa Plantation, située dans le voisinage de la Mer, pour aller s'établir au milieu des Bois ; sa Conduite & ses Travaux ; il devient le Fondateur du Comté de * * * ; *idée des Mœurs attachées à ce genre d'existence ; sa Vie Patriarchale ; il établit tous ses Enfans autour de lui, & laisse une Postérité nombreuse.*

L'INDUSTRIE nationale & l'amour paternel, produisent dans presque toutes les familles une activité, un goût pour les projets, une ardeur pour le travail, qui font la base du caractère Américain. Si dans tous les pays le paresseux est coupable, chez nous il devient criminel, parce que l'homme y trouve des motifs d'action bien plus puissans & plus flatteurs que ceux qui animent les gens de notre état en Europe. L'Américain peut labourer, planter, semer, moissonner & se repaître du produit de ses travaux, à l'ombre de ses acacias & de ses vignes. Il n'est point exposé à la gêne des loix restrictives, aux impôts arbitraires, ni aux monopoles qui étouffent tout espèce d'industrie : la liberté individuelle dont il jouit, s'étend à la culture & à l'exportation de toutes ses denrées. Vous avez déjà vu dans l'histoire d'*André l'Hébridéen*, les travaux & les progrès de la fortune d'un pauvre Européen, depuis son arrivée à Philadelphie jusqu'à la possession de cent acres de terre. — Je vais aujourd'hui vous retracer la marche d'un Colon Américain, qui, par amour pour ses enfans, vend une belle habitation de deux cens acres dans le voisinage de la mer, pour s'établir au milieu des bois & recommencer la pénible carrière des défrichemens, à une grande distance de ses anciens amis & de ses parens. C'est parmi nous un des plus grands sacrifices qu'un père, dans l'aisance, puisse faire à ses enfans : j'espère que ces détails vous intéresseront par leur nouveauté. L'histoire peut seule donner à l'homme né & nourri au sein des sociétés nombreuses de l'ancien Continent, quelques lumières sur l'origine, la formation & l'accroissement de ces mêmes sociétés. L'Amérique naissante présente aujourd'hui ce spectacle touchant & sublime. Quel autre objet peut être plus digne des méditations de celui qui s'est trouvé, comme moi, à l'origine des choses, qui a vu un espace immense couvert de forêts impénétrables, quitter, à la fin de la dernière guerre, son aspect dur & sauvage, se couvrir de troupeaux, de moissons, d'arbres utiles, & devenir en si peu de tems un pays riant, sain & opulent, où l'on pratique l'hospitalité, où l'industrie nourrit une multitude d'hommes, en effaçant jusqu'à l'idée de ce désert affreux, qui n'étoit auparavant qu'une solitude vague & une création inutile.

Notre Colon est un de ces hommes généreux, qui, pleins du sentiment de leurs forces & de leur capacité, vont soumettre de nouvelles régions à l'empire de l'Agriculture & des Arts; mais que de sacrifices ne va-t-il pas faire! Il renonce à tous les avantages que procure la société humaine, à ce verger qui se couvroit tous les ans de fleurs & de fruits, à ces vertes prairies, à ces champs fertiles, dont le terrain étoit si meuble, si facile à labourer, & il leur dit un éternel adieu; il les quitte pour s'enfoncer dans une forêt immense, abattre le premier arbre, frayer le premier sentier, labourer & semer à travers une multitude de souches qu'il peut à peine espérer de voir détruites dans le cours de sa vie. Il est riche, estimé dans sa Province, & il s'expatrie, & il se soumet à tous les maux de la pauvreté, & il consent à loger sous l'écorce; mais l'espérance le soutient & le conduit, en lui faisant voir dans l'avenir ses enfans heureux & riches. Ces privations, cette série de travaux infinis qui attendent ce bon père, marquent affez la différence qui le diftingue de l'émigrant Européen, qui, n'ayant jamais rien poffédé dans fa patrie, fe trouve heureux fur la première terre où le hafard le place, & fe dédommage de fes peines par les douceurs de la liberté que l'on goûte dans nos bois. Suivons donc ce bon Colon dans fes préparatifs, fon départ & fes différentes opérations; le genre de vie qu'il embraffe influe fingulièrement fur les mœurs de fes pareils, & j'effayerai peut-être de vous en faire le tableau.

A peine eut-il conçu le projet de fon émigration, qu'il le communiqua à fa femme. Sa furprife & fon étonnement fufpendirent fa réponfe; le contrafte de la vie des bois avec celle qu'elle menoit, s'offrant à fon efprit fous des couleurs effrayantes, penfa faire échouer l'entreprife : enfin il obtint fon confentement. Il prit alors toutes les informations poffibles ; il confulta les cartes; il converfa avec les Voyageurs les plus éclairés : on lui indiqua plufieurs endroits : il étudia le cours des rivières, les avantages que chaque contrée reçoit de fon climat & de fa fituation ; il calcula les diftances de chaque lieu, la difficulté ou la poffibilité d'établir des chemins pour l'exportation. Après avoir long-tems mûri fon projet, fes vues fe fixèrent fur le canton de ***. Il fut trouver les conceffionnaires du terrein, qui
lui

lui vantèrent les avantages de ce diſtrict, quant à la fertilité du ſol, la ſalubrité de l'air & le voiſinage du lac ***. D'après leur diſcours, il jugea que le prix de ſa plantation ſuffiroit pour en acquérir mille huit cens acres. Quelle ſagacité ne falloit-il pas pour le choix de la ſituation & du genre d'agriculture, pour combiner les avances néceſſaires aux productions de ce nouveau ſol ! Un Européen de ſa claſſe eſt à cet égard dans la plus profonde nuit de l'ignorance : mais l'Américain, grâce à ſon éducation, n'eſt pas même embarraſſé dans les bois ; il les parcourt avec facilité, & s'y oriente comme un Marin au milieu de l'Océan.

Notre Colon, déterminé à ne rien acheter qu'il n'ait tout obſervé avec une ſcrupuleuſe attention, part pour ce canton éloigné. — Il cherche à tirer de nouvelles lumières des Chaſſeurs dont toutes nos frontières abondent, & en prend un avec lui. L'immenſité de ces forêts ne le ſurprend point : après de longues recherches, il trouve enfin le monument ſur lequel tout l'arpentage eſt fondé ; il ſuit les arbres qui marquent les différentes limites, avec une ſagacité ſurprenante ; il juge de la qualité du ſol par la grandeur & la beauté des arbres ; de la bonté du bois, par la connoiſſance de ce même terrein ; l'humble buiſſon qui croît ſous ces ombrages, le *ginſeng*, le *ſpignut*, le *salsaparilla*, toutes les plantes sur lesquelles il marche, contribuent à son instruction. Il observe les sources, l'humidité de la terre & ses différentes couches; il suit les sinuosités des montagnes qui règlent la direction des vallées & des ruisseaux; il cherche une chûte où il pourra un jour bâtir un moulin; il examine, il pèse tout & revient. Son dessein est formé; l'invention d'une grande machine ne pourroit faire plus d'honneur à un Artiste habile, que n'en fait à ce Colon la combinaison de toutes ces idées nouvelles; il est, il va devenir l'origine des choses; il va mériter, par ses travaux, le titre de créateur.

De retour, il rend compte à sa femme du fruit de ses observations; il lui développe l'étendue de ses projets; il lui fait part de ses espérances, & lui fait appercevoir, dans l'avenir, l'heureux établissement de ses enfans. » Nous avons, lui dit-il, » tout le courage nécessaire; puisse l'Être su- » prême nous accorder la santé; c'est tout ce » dont nous avons besoin. «

Il va ensuite trouver le Concessionnaire; il lui offre ce qu'il croit être la valeur de la terre; on le refuse: alors il feint de la froideur & de l'indifférence pour cette acquisition. » La distance est » trop grande, lui dit-il; où exporterai-je mes » denrées? je ferai aussi-bien de rester où je suis.«
Le Marchand diminue alors de son prix, le per-

fuade & l'encourage. Le Colon, de fon côté, annonce de la méfiance, quant à la validité du titre, à l'ancienneté de patente, &c. Que tous ces détails ne vous étonnent point; il n'y a rien de fi incertain que le prix des terres neuves; leur valeur dépend de la population & de la facilité des débouchés. Il achète enfin dix-huit cens acres pour 5400 piaftres, ou 15 liv. 15 f. l'acre, payables en trois paiemens égaux; le premier, à la ratification du contrat; le fecond, trois ans après; le dernier, à la même diftance. Il paye la fomme requife, & donne fon obligation pour les deux autres tiers, avec une hypothèque: il obtient de fon côté un contrat d'indemnité, &c.

Un an auparavant d'y tranfporter fa famille, il partit avec fes deux Nègres. Leur premier ouvrage fut de frayer un fentier plus commode & de conftruire une cabane d'écorce. Le 27 Avril 1748, ils commencèrent ces travaux, qui, dans l'efpace de dix ans, devoient changer totalement la furface de ce fol inculte. Il eft difficile à un Européen de concevoir combien cette première ébauche eft pénible, combien elle exige d'ardeur, de courage & de perfévérance.

Un jour qu'ils travailloient au milieu des bois, le bruit provenant de la chûte des arbres attira quelques Sauvages chaffeurs qui paffoient par ces quartiers. — Ils s'approchent, &, furpris de ce

nouveau dégât, *Aréma*, l'un deux, dit à notre Colon : " Mon frère, tu me fembles bien fa-
" tigué ? Eft-ce toi qui renverfe tous ces arbres ?
" Je te plains. — Et pourquoi ? — C'eft que tu
" te tues à force de travail : à quoi cela aboutira-
" t-il ? — A établir mes enfans. — Tés enfans ?
" il leur faut donc bien des chofes pour vivre ?
" — Pas plus qu'à d'autres ; mais encore leur
" faut-il une maifon, des champs & des prai-
" ries. — Et pourquoi toutes ces chofes ? Moi,
" qui te parle, j'en ai cinq au village d'*One-*
" *daga* ; mais je ne me tue pas pour eux, quoi-
" que je les aime bien : quand je leur aurai ap-
" pris à pêcher & à chaffer, ils feront auffi riches
" que moi : pourquoi n'en fais-tu pas autant ? —
" Parce que la moitié des Blancs mourroient de
" faim, s'ils ne vivoient que de chaffe & de
" pêche ; pourquoi me blâmerois-tu de ce que
" je fais ? tu chaffes toi-même pour les nourrir,
" & moi je travaille pour les établir : vivons en
" paix, *Aréma*, & fumes dans ma pipe. —
" Fumes, toi, dans la mienne; tu n'as rien à
" craindre des *Shawanefes* ; cette terre a été
" vendue aux tiens il y a bien des lunes. . . .
" Que les Blancs font fous & efclaves ! Il n'y a
" que nous, gens des bois, qui foyons libres &
" fages. — Hé bien, *Aréma*, avec toute ta li-
" berté & ta fageffe, les tiens diminuent cepen-

» dant tous les jours, & nous augmentons. —
» Oui, je le sais; c'est qu'il faut qu'il y ait tou-
» jours plus de mal que de bien sur la terre.
» Puisse *Manitou* dessécher tes sueurs, mon frère!
» — Puisse *Manitou* te procurer du gibier en
» abondance, *Aréma!* «

Ils desséchèrent, pendant cette saison, sept acres de marais, opération importante qui devoit leur procurer, l'année suivante, assez de foin pour nourrir leurs bestiaux pendant l'hiver; ils semèrent plus de six acres de terre, qu'ils environnèrent simplement avec les baliveaux provenans du défrichement: après avoir passé l'été seuls au milieu des bois, sans voir d'autres personnes que quelques chasseurs, ils revinrent tous les trois se délasser au sein de la famille; S. K. raconta à sa femme les observations qu'il avoit faites, & la découverte d'un joli côteau, sur lequel il comptoit bâtir sa maison; & son projet d'y faire passer le grand chemin, qui conduiroit un jour aux établissemens plus éloignés. Pendant toute cette saison de repos, il ne parla que de l'avantage qui en résulteroit pour l'établissement de leurs enfans: de leur côté, ils recueilloient avec attention tout ce que disoit leur père. » Ecoutez, mes Petits,
» c'est pour vous que j'ai fait ce nouvel acquêt,
» & non pour moi, qui pourroit vivre ici heu-
» reux & tranquille; je suis sûr de ne m'en

» repentir jamais, parce que je parle à de bons
» enfans, qui aideront leur père tant qu'ils pour-
» ront : nos peines feront legères, si vous êtes tous
» sages & industrieux. — Je promets de vous don-
» ner à chacun trois cens acres au moins, quand
» vous songerez à vous marier; mais sur-tout n'é-
» pousez que de bonnes filles, grandes ménagères,
» & bien entendues comme votre mère; écoutes,
» Pierre; à vingt-un ans je te donnerai ce que tu
» vois marqué sur la carte *vallée des châtaigniers*;
» & toi, Salomon, je t'enverrai bientôt travailler
» avec un charpentier, & à ton retour je te don-
» nerai la belle chûte d'eau, qui est au bas de l'é-
» tang, avec cent soixante-quinze acres de terre,
» tu y bâtiras un moulin; & toi, ma fille, viens
» que je t'embrasse ; ton père ne t'oubliera pas;
» aide bien ta mère, & si tu n'as, comme elle, que
» d'heureuses inclinations, la terre & ma bonne
» volonté ne te manqueront pas : j'emporte avec
» moi des livres, je te ferai lire & écrire tous les
» jours, & ta mère t'instruira dans les choses du
» Seigneur. — Puisse-t il bénir notre entreprise;
» & vous, mes braves garçons, (parlant à ses nè-
» gres) travaillons pendant que n ous sommes
» jeunes & vigoureux, afin de nous reposer dans
» notre vieillesse; vous aurez à *** les mêmes
» avantages dont vous jouissez ici «. —

Enfin, le moment de quitter l'ancienne habita-

tion arriva. Quelles larmes & quels regrets! Ils n'emportèrent, dans les deux chariots couverts, que le simple néceffaire; des lits, des outils, & quelques provisions pour la route. — L'apparence lugubre des bois, l'afpérité d'une terre nouvellement défrichée, la folitude dans laquelle ils fe trouvèrent, la maifon d'écorce, enfin tous ces objets nouveaux leurs firent fentir vivement la privation des biens qu'ils venoient de quitter. En rentrant le foir, S. K. les trouva fondant en larmes. — « Qu'eft-ce que je vois! mes plus chers amis dans
» l'affliction! Et toi auffi, ma femme? Eft-ce ainfi
» que l'on commence un nouvel établiffement?
» Qu'avons-nous à fouffrir en comparaifon de nos
» pères, qui, preféçutés en Europe, traverfèrent
» l'Océan, & abordèrent enfin fur ce Continent,
» où ils ne trouvèrent ni pain, ni chevaux, ni
» vaches? Dans un an, vous verrez combien de
» pommiers j'aurai plantés, combien de grains
» nous aurons amaffés? Où eft le courage que vous
» m'aviez tous promis? Oublions les foibles agré-
» mens dont nous avons joui, & ne penfons
» qu'aux avantages folides que cette nouvelle
» terre doit nous procurer. — Ceffez de verfer
» des larmes; réjouiffons - nous, au contraire,
» célébrons notre bonne arrivée. Allons *Jack*,
» apporte ton violon. Et toi, ma chère fem-
» me, viens danfer avec ton mari; il y a neuf

» ans que je t'époufai dans la joie & le bonheur;
» tu le fai ! aujourd'hui je t'époufe une feconde
» fois, pour célébrer cette époque, & la rendre
» doublement chère à mon cœur. — Allons, mes
» enfans ». — Cette fête domeftique eut l'effet le
plus prompt; ils s'accoutumèrent dans peu de
jours à vivre feuls, fans amis & fans voifins :
leurs chevaux & leurs beftiaux trouvèrent abondamment de quoi vivre dans les bois ; mais, malgré les clochettes attachées à leurs cols, ils s'écar-
toient fouvent, & alors il étoit difficile de les
rattraper.

Voilà donc cette famille ifolée, abandonnée à
elle-même; fes fuccès dépendent actuellement du
courage, des talens & de la perfévérance de ceux
qui la compofent : c'étoit auffi le fujet des difcours journaliers du bon père à fes enfans. » La
» honte ou la ruine nous attend fi nous nous re-
» tirons, ou fi nous devenons pareffeux; votre
» grand père doit venir dans trois mois, hâtons-
» nous de faire quelque chofe, afin que nos tra-
» vaux le furprennent «.

Mais que fera notre Colon pour prévenir les
accidens & les maladies qui peuvent affliger fa
famille & fes beftiaux ? Ses charrues & autres
outils vont s'ufer & fe détériorer; comment fera-
t-il pour y fuppléer ? Eft-il poffible de prévoir tous
les maux qui nous attendent à notre paffage ? Eft-il

même prudent de chercher à les deviner ? L'espérance leur met un bandeau sur les yeux ; ils restent dans une heureuse sécurité, & poursuivent leurs travaux.

J'ai visité ce Colon plusieurs fois, car je l'aimois sincèrement. Depuis l'année de son arrivée, jusqu'au terme heureux où ses prairies étoient devenues douces & unies, ses vergers couverts de fruits, ses champs dégagés des souches d'arbres abattus ; je l'ai vu, tantôt laboureur, tantôt méchanicien, médecin, mari, père, prêtre & l'ami de sa nombreuse famille : tels doivent être les Colons qui veulent prospérer. Les émigrans Américains font des progrès beaucoup plus prompts que l'Européen. Dans tout ce qui concerne leurs établissemens nouveaux, leurs connoissances & leur habileté ; les capitaux avec lesquels ils commencent, le secours de leurs parens, tout les conduir, en peu d'années, à la prospérité & à l'heureuse jouissance de leurs travaux. Il y en a qui l'achètent bien cher. Quelqu'un est-il malade ? ils n'ont plus d'autres médecins que la nature & la patience ; ils se rappellent alors quelques méthodes, pratiquées par les anciens de leur premier voisinage, par quelques habiles sauvages peut-être, qui leur ont appris l'usage des simples, des racines & des écorces de leurs bois. Ils sont rarement sans le secours de ces livres utiles, que l'on publie tous les ans, & qui enseignent les principes nécessaires pour la bonne conduite d'une famille. A la seconde visite que je fis à notre Colon, je lui présentai l'*Avis au Peuple, du célèbre Tissot.* Le croiriez-vous ? cet ami de l'humanité instruit aujourd'hui presque toutes les familles Américaines, & nous apprend à guérir, à adoucir & à prévenir nos maux. — C'est du sein de leurs petites bibliothèques que les nouveaux Colons tirent toutes les instructions dont ils ont besoin pour remédier aux maladies de leurs bestiaux. Il est vrai qu'ils sont rarement malades lorsqu'ils vivent dans les bois.

Dès que son charriot, ses herses, ses charrues commencèrent à s'user, il eut recours à ses outils, & les raccommoda de son mieux : quand ils furent entièrement hors de service, il entreprit d'en fabriquer de nouveaux. En pareil cas, il appeloit le Charpentier de son ancien voisinage ; aujourd'hui la nécessité, cette grande maîtresse, lui apprend à imiter ce qu'il a sous les yeux : une charrue construite avec assez d'habileté, fut son premier essai. » Heureusement, me » dit-il, mon ouvrage n'est point exposé à la » critique d'un voisin ou d'un Voyageur. « De ce moment il devint Charpentier ; il instruisit ensuite ses Nègres, & l'un d'eux a construit depuis une paire de roues excellentes. » Heureux

» Colon ! oui, je t'appelle heureux, lui dis-je
» un jour, quoique foumis à une tâche rigou-
» reufe ; tu travailles pour toi & les tiens, &
» tu n'as à demander au Ciel qu'une longue
» vie, afin que tu puiffes exécuter tous les tra-
» vaux que tu as commencés, & laiffer à tes
» enfans l'exemple de ton induftrie & l'ample
» héritage que tu leur as promis : remercie Dieu
» & ta deftinée ; ta femme fait faire la toile,
» & tu l'ignorois ; cet heureux talent faifoit ce-
» pendant une partie de fa dot, & n'a été que
» négligé dans ton ancien voifinage, où les bons
» Tifferands étoient communs. Tout ira bien fous
» ton toît ; elle eft propre, fait le pain par ex-
» cellence, bonne cuifinière, induftrieufe dans
» tous les genres : le lin & la laine, filés par
» tes enfans, vont être convertis en drap grof-
» fier, mais chaud & utile : toute ta famille fera
» toujours bien vêtue : ta femme & ta fille aînée
« coupent les chemifes & les caleçons, & même,
» en imitant les morceaux de vieux habits, elles
» effayent déjà d'en tailler de nouveaux. Les
» écorces & les racines de tes bois leur procu-
» rent les teintures néceffaires ; un baril & un
» battoir remplacent le moulin à foulon ; la lef-
» five des cendres leur fournit la foude & le
» favon dont elles blanchiffent leur linge. Tu
» es comme un bon Roi, on t'obéit, on t'aime ;

» il ne te manque rien ; tu n'es pas moins in-
» génieux dans les champs, que ta femme dans
» l'intérieur de ta maison ; tu entends parfaite-
» ment l'usage du levier, la façon d'exécuter les
» différentes opérations rurales avec le moins de
» travail possible ; tu connois, tu étudies les sai-
» sons propres à chaque ouvrage ; tes enfans &
» tes nègres sont tous animés d'une émulation
» admirable ; toi & les tiens, vous n'aimez la
» chasse que par amusement, & pour défendre
» vos récoltes des bêtes fauves. Tu as déjà planté
» un verger de six acres sur le chaume du pre-
» mier bled que tu as récolté ici, avant même
» que tu aies eu le tems d'abattre les grands
» arbres dont tu avois ôté l'écorce : l'œil voit
» avec plaisir ce charmant contraste, des pom-
» miers vigoureux croissant au milieu d'une fo-
» rêt desséchée. Voilà comme on s'y prend quand
» on veut jouir : ta pépinière immense deviendra
» celle de ce canton, que tu auras la gloire de
» remplir d'une postérité nombreuse & d'une
» multitude d'arbres utiles. «

Mais l'hiver approche ; le grand nombre de souliers qu'ils avoient apporté, diminue tous les jours : comment feront-ils pour s'en procurer ? jamais auparavant ils ne s'étoient trouvés à la veille d'aller nuds pieds. Les longues soirées de cette saison, devroient cependant être un tems de repos. Un grand feu échauffe & réjouit toute la famille : cette douce chaleur supplée à bien des besoins, & leur fait oublier la rigueur des élémens ; un sentiment consolateur s'empare de leurs ames, ils jouissent de leur abri, de leur sécurité, de leur état d'aisance ; ils entendent sans rien craindre, les tourbillons de neige frapper contre leurs fenêtres & leurs portes ; un vent lourd & pesant gronde inutilement dans la cheminée, & ne les intimide point. Si de tems en tems ils regrettent leurs anciens voisins, leurs amis & les autres douceurs dont ils jouissoient, ils s'en trouvent dédommagés par l'abondance du bois, par la facilité avec laquelle les bestiaux vivent dans les forêts, même pendant l'hiver : le père se console de toutes ses privations, en réfléchissant sur l'étendue de ses possessions, & en contemplant ses enfans sains & vigoureux, assis autour de son feu, & s'endormant, leurs plats de sapan dans leurs mains, tandis que leur mère industrieuse agite son métier, & jouit de cette saison de repos & de loisir ; les Nègres (car cette famille n'a encore qu'une maison & qu'un feu) à moitié endormis, racontent leurs histoires, & conversent avec leurs maîtres. Le Chef, l'exemple d'une si heureuse famille, s'amusera-t-il aussi à fumer sa pipe, ou à rester oisif ? Non, ses enfans se sont déjà plaints de n'avoir plus de souliers ; il a apporté avec lui une grande quantité de cuirs, des formes & des outils : il essaye, pour la première fois de sa vie, son talent pour le métier de cordonnier, & raccommode la plus mauvaise paire. Le ciel soit loué, l'enfant agréablement reveillé se réjouit, embrasse son père & les montre à ses frères. Le bon Colon, flatté de ce premier succès, en raccommode le lendemain une seconde paire aussi bien que la première : il entreprend enfin d'en couper une neuve, & réussit. Quel triomphe ! sa femme l'en félicite, & son cœur en tressaille de joie : il instruit ses Nègres en peu de tems, & personne désormais ne manquera de chaussures, grossières & pesantes à la vérité, mais utiles. Il raccommodoit aussi fort aisément les harnois de ses chevaux, lorsqu'ils étoient cassés ou pourris. Vous nous avez vu faire nos colliers avec de la ficelle que nous filons nous-mêmes ; (car chacun parmi nous fait ses traits & ses cordes.) Semblable à *Robinson Crusoé*, S. K. devint un artisan universel ; mais Robinson travailloit tristement pour lui seul, & S. K. travailloit pour le bien de sa famille.

Les enfans entrelaçoient, en se jouant, des filamens d'écorce & des morceaux de *frêne aquatique* (water ash), ils les arrondissoient & en formoient de petits paniers : ils furent encouragés par le père & la mère, & en peu de tems la famille fut pourvue de corbeilles, qui remplacent les armoires & les coffres que l'on n'avoit pu apporter.

La construction des barrils & des tonneaux, exigeoit une industrie plus particulière ; il étoit d'ailleurs inutile de l'entreprendre, puisque leurs vergers étoient encore jeunes, & incapables de produire du cidre : en attendant, la nature lui offroit dans les bois voisins, des ustensiles à moitié fabriqués ; il trouvoit des arbres creux, qui servent pendant l'hiver de retraite aux écureuils, il les coupoit, les scioit, les polissoit en-dedans, y mettoit un fonds, & ces espèces de vases placés dans le grenier, servoient à contenir le grain & à mille autres usages. Les seuls vases étanchés dont on eût besoin, étoient, celui qui contient l'eau-de-vie, dont ils se régalent de tems en tems, & celui dont se sert sa femme pour faire de *la bierre de spruce* tous les samedis : il falloit que le verger fût en état de rapporter du cidre, pour que l'accroissement insensible de la population amenât dans ce nouveau canton tous les artisans nécessaires : tels sont les progrès de nos Sociétés.

Placez-vous, mon ami, au milieu de ces forêts, éloigné de toute espèce de secours, n'ayant pour toute communication, que des sentiers à peine ouverts; point de ponts, point d'écoles ni d'Eglise voisine, vous reposant uniquement sur vos connoissances, votre industrie & votre courage, vous

aurez alors une foible idée de cette foule de détails, de cette fucceffion de travaux, dont le récit vous fatigueroit. J'ai fouvent rencontré plufieurs de ces Colons que les difficultés avoient entièrement découragés. « Tout s'oppofe, me difoient-
» ils, à notre profpérité ; quelquefois les écureuils
» viennent de toutes parts enlever la moitié de
» nos récoltes ; malgré notre vigilance, les cerfs
» viennent manger nos grains, les loups nous font
» une guerre implacable, les oifeaux déracinent
» notre maïs, trois femaines après qu'il eft planté ;
» fouvent des branches defféchées tuent par leur
» chûte nos bœufs, qui paiffent dans les bois :
» l'homme peut-il réfifter à la nature, quand elle
» lui fait ainfi la guerre ? » Alors je cherche à les confoler, j'entre dans leurs peines, je leurs fais appercevoir le terme prochain de leurs travaux : pour les mieux encourager, je me rappele votre éloquence douce & perfuafive, & je cherche à l'imiter. Je raffemble à cet effet toutes les relations de l'Europe que vous m'avez communiquées. Les femmes font les plus difficiles à perfuader. Un jour je me trouvai chez S. K. avec plufieurs de fes anciens amis qui étoient venus pour l'aider. « Gens heureux ! lui dis-je, mille fois plus heu-
» reux que vous ne penfez, il ne manque à votre
» bonheur, que de favoir comment les autres
» Nations de la terre vivent. N'avez-vous jamais
» entendu

» entendu conter aux émigrans nouvellement
» venus, tout ce qu'ils ont souffert avant d'ar-
» river parmi nous? Ecoutez attentivement l'hif-
» toire de leurs malheurs ; c'eſt le ſeul baume
» dont vous ayez beſoin. Vos travaux ne ſont-ils
» pas volontaires? leur but n'eſt-il pas d'établir
» vos enfans? Quel ſentiment plus doux & plus
» conſolant peut vous animer? que vous demande
» la Patrie, l'Egliſe, le Gouvernement ? Ce der-
» nier exigera ſeulement de vous un foible tribut,
» quand ce Canton ſera érigé en Comté. Payez-
» vous des droits ſur la vente de vos grains, de
» vos beſtiaux?.... Je vais vous montrer toutes
» les ſources de votre bonheur civil, & alors
» tous vos gémiſſemens ceſſeront. Rien de tout
» ce qui afflige les pauvres habitans de l'Europe
» n'exiſte ici; nous n'avons ni gênes, ni entraves;
» nos Loix n'ont pas été créées dans la nuit de la
» barbarie & de la ſuperſtition ; nous pouvons
» former des projets, parcourir le grand cercle
» de l'induſtrie humaine, en eſſayer tous les reſ-
» ſorts ; rien ne nous arrête, tout nous y invite.
» L'homme n'eſt-il pas né pour travailler ? En
» Europe, les deux tiers des habitans gémiſſent &
» labourent pour les riches, qui ſont leurs maî-
» tres ; ici, nous travaillons pour nous-mêmes;
» perſonne ne vient demander la dixième de vos
» gerbes ; vous poſſédez la terre telle qu'elle eſt

Tome I.   I

» sortie des mains du Créateur, & elle ne relève
» que de lui ; nous n'avons point à craindre ce
» mêlange de Loix bisarres & de préjugés incon-
» cevables qui, presque par-tout, affligent l'hu-
» manité. En obéissant à nos Loix, l'esprit & la
» raison n'ont aucun sacrifice humiliant à faire ;
» à l'ombre d'une immunité sacrée, vos pro-
» ductions peuvent circuler de main en main,
» jusqu'à celles qui doivent les exporter : cette
» terre, que vous avez acquise, ce canton dont
» vous êtes les premiers cultivateurs, n'est point
» réclamé par un puissant Monarque qui, jaloux
» de sa nouvelle domination, le ravage & enlève
» ses paisibles habitans. Tranquillisez-vous, vos
» fils n'iront point servir dans ses querelles &
» dans ses guerres, un maître qu'ils ne connois-
» sent pas : ils n'engraisseront point une terre
» étrangère des débris de leurs cadavres : heureux
» & libres, ces enfans resteront avec vous, pour
» coopérer au bien de votre famille. Vous les
» verrez peut-être épouser les filles de vos anciens
» voisins : quel plaisir alors ne ressentirez-vous
» pas en les établissant sur cette terre nouvelle
» que vous leur destinez ? Ils deviendront vos
» voisins, sans cesser d'être vos amis & vos en-
» fans ; ils multiplieront votre sang ; vos cœurs
» s'épanouiront en les voyant industrieux & for-
» tunés ; car leur prospérité doublera la vôtre ;

» comme le bonheur de votre famille fait au-
» jourd'hui une partie du bien-être général de
» la Province. A l'avenir tous les obstacles céde-
» ront vos forces réunies ; quelque vaste qu'elle
» soit, aucune entreprise ne vous semblera pé-
» nible ; votre moisson, vos semailles s'exécute-
» ront facilement, & avec toute la promptitude
» que les saisons prescrivent. — Que me dites-
» vous, répondit-il? il y a donc des gens dans le
» monde qui ne possèdent rien, & qui, sans au-
» cune espérance, sont obligés de travailler pour
» les autres ? Je rougis de mes plaintes ; travail-
» lons donc encore quatre ans sans murmurer,
» & nous passerons le reste de notre vie dans la
» joie & le repos. »

Aussi-tôt que l'on a frayé un chemin vers un nouveau Canton, & que quelque riche Colon, attiré par la fécondité du terrein, y a formé un établissement, vous ne sauriez croire avec quelle rapidité la population y augmente. Les gazettes qui circulent dans toutes les Provinces, annoncent par-tout le bonheur des nouveaux habitans, la bonté des chemins & le bas prix des terres. Douze ans après l'arrivée de S. K. dans son canton, qui est une belle vallée arrosée par les ruisseaux coulans de toutes parts des éminences qui l'environnent, cette nouvelle région fut érigée en Comté, & divisée à l'ordinaire en un certain nombre de Districts, munis de Privilèges municipaux, qui sont toujours accordés aux habitans. Leur première Assemblée se tint à la maison de S K. qui fut désignée par un acte de l'Assemblée, pour être le lieu central; il fut nommé tout d'une voix, *Superviseur*, honneur qu'il méritoit bien par ses talens & ses vertus. Les chemins qu'il avoit marqués, furent confirmés, le regiftre du Précinet déposé chez lui, & un de ses enfans en fut appointé Clerc. Rien ne pouvoit être plus flatteur pour ce bon père, que ces faveurs du Peuple. Pour rendre son bonheur complet, Pierre, son fils aîné, épousa la fille du Ministre de l'ancien Etablissement dont ils avoient émigré, qui avoit de tout tems été son ami intime : le père lui concéda par contrat, *la vallée des Châtaigniers*, suivant sa promesse, lui donna sa part des bestiaux qui, avec ceux de la jeune épouse, firent un nombre suffisant pour exploiter sa plantation : il lui aida ensuite à construire une maison commode, & à finir le défrichement de sa terre. Un an après, *Salomon*, son second fils, qui étoit aussi revenu de son apprentissage, épousa la fille qu'il avoit aimée dès sa plus tendre enfance : à son retour, il obtint la belle chûte d'eau, avec les deux cens acres promis; il convertit la dot de sa femme en argent, loua des ouvriers, & bâtit un excellent moulin à farine, dont le *Précinet* avoit grand besoin ; car jufqu'ici, les habitans ne s'étoient fervis que du foible expédient appelé *tubmitt* ou moulin à cuve. Sa fille aînée étoit déjà mariée à un jeune homme, bon maréchal, que le père avoit fait venir quelques années auparavant ; car on ne peut guères fe paffer de l'affiftance de cet ouvrier ; il leur céda un bel emplacement au carrefour des deux chemins, qu'il avoit lui-même marqué, avec deux cens cinquante acres de terre. Sa feconde fille avoit époufé un jeune homme de *Lancefter*, qui depuis quelques années tenoit école dans les maifons des habitans ; il fut enfuite employé fous les ordres de l'Arpenteur Provincial, à tracer les limites de ce nouveau Comté, & des différens Diftricts qui le compofent. Son exactitude & fon habileté lui en méritèrent dans la fuite la place & les appointemens : il leur donna deux cens cinquante acres de terre. Son troifième fils époufa une Allemande, riche & induftrieufe, dont les parens & les frères avoient été tués par les Sauvages; il lui concéda une chûte inférieure, avec trois cens acres, où depuis il a conftruit trois moulins, un à foulon, un à huile & le troifième à fcie. Sa dernière fille fut aimée d'un jeune Miniftre, qui devoit être employé par le voifinage auffi-tôt que les habitans auroient pu bâtir une Eglife & un Presbytère. Quand cela fut exécuté,

il époufa cette fille, à laquelle le père donna deux cens cinquante acres; il leur planta un beau verger, car fon ancienne pépinière renouvelée tous les ans, avoit fourni des plants à tous ceux qui en demandoient. Il ne lui reftoit donc que le plus jeune de fes fils, qui devoit hériter, fuivant l'ufage, de la maifon paternelle & de deux cens acres de terre les mieux nettoyés, avec la même quantité de beftiaux qu'il avoit donnés à tous les autres : ce jeune homme ne s'eft marié que depuis quatre ans : le bon homme eft déjà grand père de dix-fept petits enfans, qui viennent prefque tous les Dimanches le voir & jouer fur fes genoux : j'ai fouvent vu ces dignes parens, environnés de leur jeune poftérité, verfer des larmes de joie. « Eh bien ! ma chère amie, lui dis-je un jour; la » fource de vos larmes eft bien changée : il y a dix-
» fept ans, le travail & la folitude vous affli-
» geoient ; aujourd'hui vous êtes pénétrée de joie
» & de plaifir. » S. K. & fa femme ont ceffé de travailler depuis bien des années : leurs Nègres ont multiplié prefque dans la même proportion que leurs enfans : les vieux fument leurs pipes & fe repofent, ainfi que leur maître : il a diftribué les jeunes parmi tous les fiens, à mefure qu'ils fe font mariés. S. K. a été choifi par le Peuple pour être un des Repréfentans du Comté, pour le-

quel il a obtenu des Loix, des chemins, des ponts & des Réglemens utiles; après en avoir été le Fondateur, il a eu la gloire d'en être devenu, si j'ose le dire, le Légiflateur. Auffi heureux qu'un foible mortel puiffe l'être, il vit dans une maifon charmante, environné de fes enfans, dont il peut voir toutes les maifons; il eft plus le père, le patriarche, l'arbitre du Canton, qu'il n'en eft le Magiftrat. Quelle utile carrière n'a-t-il pas parcourue ? L'humble toit fous lequel fes quatre derniers enfans font nés, fubfifte encore; tous les hivers il achète une grande quantité de cendres, qu'il convertit en foude pendant l'été; fon fecond fils eft devenu marchand, & fon moulin, l'entrepôt de plus de douze mille boiffeaux de bled par an. La population, la vivification de ce Canton a été étonnante; depuis dix ans tout a changé de forme : ce beau miracle de l'induftrie eft l'ouvrage de trente-deux ans de travaux, époque de l'arrivée & du premier établiffement de S. K. qui avoit alors vingt-neuf années de mariage & trois enfans : toutes les familles de ce Canton font auffi heureufes qu'elles puiffent l'être, vu la combinaifon du mal, qui fuit par-tout la fociété humaine; il n'y a que les ivrognes & les pareffeux qui, dans peu, feront obligés de vendre leurs poffeffions, pour faire place à des familles plus induftrieufes.

Il me fit obſerver dans un coin de ſon verger, un boſquet épais d'acacias & de vignes ſauvages, dont les rameaux en ſe courbant, formoient un berceau impénétrable à la lumière du jour : c'eſt ſous ces épais feuillages qu'il ſe repoſera de toutes ſes fatigues ; ce lieu doit être auſſi le tombeau de toute ſa famille ; heureuſement la terre n'en a pas encore été ouverte. Il me fit voir auſſi la ſouche du premier chêne qu'il abattit lui-même le ſecond jour de ſon arrivée ; je lui perſuadai de la faire environner d'un mur, à hauteur d'appui, & ſur une des pierres, j'y ai gravé les paroles ſuivantes :

VOYAGEUR:

Ce que tu vois ici, n'eſt ni le tombeau d'un grand, ni les trophées de la victoire, mais le Monument ſimple de l'induſtrie agricole : tu vois ici la ſouche du premier chêne que S. K. abattit le 27 Avril 1748 ; ce fut auſſi le premier arbre renverſé dans le Comté de *** aujourd'hui ſi floriſſant & ſi bien cultivé.

Adieu,   St. John.

LETTRE
ECRITE PAR IVAN AI-Z,
GENTILHOMME RUSSE,

A un de ses Amis en Europe,

Dans laquelle il décrit la visite qu'il fit en 1769 à Jean Bertran, Botaniste de Pensilvanie, & Pensionnaire du Roi d'Angleterre.

Philadelphie, 12 Octobre 1769.

EXAMINEZ cette Province de tous les côtés; chaque point de vue offre aux yeux de l'observateur charmé, une image du bonheur. Le Voyageur Européen surtout, agréablement surpris de ne plus sentir les atteintes réitérées que l'aspect de la misère porte aux cœurs sensibles, goûte une paix profonde, un calme délicieux qui n'est point interrompu par les mouvemens d'une juste indignation ou par la pitié.

Son ame s'élève en contemplant le doux & magnifique spectacle de la félicité publique. Les solides fondemens qui servent de base au gouvernement & au bonheur des Pensilvaniens, semblent lui dire : « Jouis sans crainte; nous som-

» mes l'ouvrage inaltérable du G^me. Penn,
» de cet homme simple & vertueux, dont la no-
» ble ambition n'aspira jamais qu'à la gloire de
» faire du bien à ses frères, & à leur donner
» l'exemple de l'égalité. O Penn ! toi qui versas
» sur les humains les lumières de la vraie sagesse,
» qui fis de ces heureuses contrées un Temple
» saint dédié à la Vertu, ton nom, à côté de ceux
» de Lycurgue & de Solon, surnagera sur la nuit
» des tems qui engloutit la mémoire & les cri-
» mes des Grands de la terre. »

Pour vous convaincre que dans mes Lettres antérieures, je n'ai point donné de louanges outrées & ridicules à cette célèbre contrée, & que la nature y accorde en général à ses habitans plus de génie, ou plus de dispositions aux Arts & aux Sciences, qu'aux habitans des autres Provinces; je vais vous rendre compte de la visite que j'ai faite dernièrement à *Jean Bertran*, premier Botaniste de l'Amérique. Dès ses jeunes ans, un penchant irrésistible l'entraîna à cette étude & le rendit tel : les Sciences lui doivent plusieurs découvertes utiles, & la connoissance de plusieurs plantes, arbres & arbustes.

Ce que vous m'en aviez dit m'avoit fort prévenu en sa faveur : je savois d'ailleurs qu'il avoit une correspondance très-étendue avec les Botanistes les plus célèbres de l'Ecosse & de la France, & qu'il avoit été honoré de celle de la Reine de Suède.

Sa maison, située sur les bords de la Skullkill, n'est pas grande, mais propre & commode. Quelque chose de singulier au premier aspect, la distingue de celle de ses voisins; une demi-tour bâtie dans le milieu, sert non-seulement à la rendre plus solide, mais y ajoute une place convenable à l'escalier. La disposition des champs, des haies & des arbres de toute espèce, annoncent l'ordre & la régularité qui sont dans l'économie rurale les effets d'une heureuse industrie. Je trouvai à la porte une femme proprement & simplement habillée, qui, sans cérémonie & sans me faire aucune révérence, me demanda avec bonté qui je demandois? Je voudrois voir M. Bertran, lui répondis-je; eh bien, entre & prends une chaise, me dit-elle; je vais l'envoyer chercher. — Non, lui dis-je; je voudrois plutôt avoir le plaisir de me promener dans votre plantation; je le trouverai aisément, si vous voulez m'indiquer à-peu-près le lieu qu'il occupe. — Après plusieurs tours, j'apperçus la rivière de Skullkill, coulant à travers une charmante prairie; je distinguai aisément une digue nouvellement faite, qui sembloit beaucoup rétrécir le lit de ses eaux : après l'avoir suivie pendant quelque tems, j'arrivai à son extrémité, où dix hommes étoient employés à la construire.

— " Pourriez-vous me dire où est M. Bertran ;
" leur demandai-je ? " — L'un d'eux, homme
grave & avancé en âge, ayant un large tablier
de cuir qui lui couvroit la poitrine, & de longues
culottes de toile, levant les yeux vers moi, me
répondit : " Mon nom est Bertran ; me veux-tu
" parler ? — Oui, Monsieur ; je suis venu exprès
" pour m'entretenir quelque tems avec vous, si
" vous pouviez quitter votre travail. — Fort ai-
" sément, me répondit-il ; je dirige mes ouvriers,
" plus que je ne travaille moi-même. " Après
qu'il se fut lavé, nous marchâmes ensemble vers
la maison, où il disparut quelques instans, &
revint habillé fort décemment. — " Votre répu-
" tation & l'hospitalité que vous exercez envers
" les étrangers, m'ont engagé à vous faire cette
" visite, si elle ne vous est point incommode ;
" je serois charmé de passer quelques heures dans
" votre jardin, & de vous faire quelques ques-
" tions. — Le plus sensible avantage que je re-
" çois de ce que tu appèles ma réputation, est
" le plaisir qu'elle me procure de jouir souvent
" des visites de mes amis & des étrangers ins-
" truits. — Il faut absolument différer notre pro-
" menade ; car la cloche nous appèle à dîner. "
— Il me conduisit alors vers une chambre spa-
cieuse, dans le milieu de laquelle étoit une longue
table couverte de plats : les Nègres en occupoient

le bas, les gens de journée le milieu ; venoient ensuite les enfans, parmi lesquels j'étois compris. Le vénérable père & sa femme, assis au haut de la table, présidoient à la tête de cette nombreuse famille : chacun, baissant les yeux, prononça tout bas une courte prière, sans cérémonie & sans ostentation.
» Après la bonne chère de nos Villes, me dit-il,
» ce repas simple & frugal te paroîtra un jeûne
» austère. — Il s'en faut bien, M. Bertran ; au
» contraire, ce repas champêtre me rassure, en
» me prouvant que vous me recevez comme un
» ancien ami, comme une personne que vous
» auriez connue depuis long-tems. — J'en suis
» charmé, me dit-il, & suis fort aise de te voir
» ici ; je n'ai jamais connu l'usage des compli-
» mens & des cérémonies ; rien de tout cela ne
» sert à prouver la bonté du cœur. D'ailleurs,
» notre société a entièrement banni ce que le
» monde appèle les expressions polies & les
» phrases honnêtes ; nous prenons nos amis par
» la main, & nous les traitons comme nos plus
» proches parens. J'ai appris par une lettre que
» j'ai reçue hier du Docteur Phineas Bond, que
» tu es Russe. Quelles raisons ont pu te déter-
» miner à quitter ton pays natal, pour venir
» ici à travers tant de dangers ? — Je suis venu
» y chercher du plaisir & de nouvelles connois-
» sances. — Vraiment, mon ami, tu fais bien

» de l'honneur à notre jeune Province, d'ima-
» giner que tu pourras y voir quelque chose qui
» soit digne de ton attention. — M. Bertran,
» la vue de ce charmant pays m'a déjà ample-
» ment récompensé de toutes mes fatigues ; j'y
» vois le berceau de ces Nations futures qui,
» un jour, étonneront l'univers ; j'y contemple
» le commencement de cette nouvelle législa-
» tion, qui doit faire le bonheur de la qua-
» trième partie du monde. J'ai parcouru vos
» Villes en admirant leur régularité ; la propreté
» & la police y règnent par-tout. Elles sont en-
» core à leur naissance ; elles ne sont encore que
» le berceau de ces Cités magnifiques, dont
» l'origine, enveloppée dans l'obscurité des âges,
» embarrassera la postérité, & se dérobera aux
» recherches des Savans à venir. Vos maisons &
» vos rues, considérées sous ce point de vue,
» rappèlent à ma mémoire la ville de Pom-
» peïa, que j'ai vue il y a peu d'années ; j'ob-
» servai que les trottoirs ou chemins des gens
» de pied avoient été fort usés, par le grand
» nombre des habitans qui jadis y avoient passé
» & repassé. Mais aujourd'hui, quelle distance !
» quelle obscurité ! Maisons, Propriétaires, Ar-
» chitectes, Temples, Palais, Archives, tout a
» disparu. — En vérité, tu es un grand Voya-
» geur pour un homme de ton âge. — Peu d'an-

» nées, lui dis-je, suffisent pour parcourir une
» grande distance; mais il est nécessaire d'avoir
» un jugement éclairé & bien des connoissances
» antécédentes, pour rendre de si grands voyages
» utiles. — Dites-moi, M. Bertran, pourquoi
» vous bâtissez ces digues le long de la rivière
» de Skullkill? à quoi bon tant de travail &
» tant de dépense ? — Ami Ivan, je ne connois
» aucune branche d'industrie qui soit plus avan-
» tageuse à notre Patrie, ainsi qu'aux propriétaires.
» La rivière de Skullkill, il n'y a pas long-tems,
» couvroit une grande étendue de terrein de
» chaque côté; nos plus hautes marées alloient
» quelquefois, à plusieurs milles de distances,
» inonder des terres basses qui infectoient l'air
» du voisinage, & n'étoient bonnes à rien. A
» présent, les propriétaires de ces marécages sont
» réunis & associés par un acte de *notre Assem-*
» *blée*. Nous élisons chaque année un Trésorier,
» & lui payons une somme proportionnée au
» nombre d'acres que chacun possède : le dom-
» mage qui peut survenir à ces terres, est réparé
» aux dépens du trésor. Graces à Dieu, notre
» capital est devenu supérieur aux dégâts que
» causent les inondations & les *rats-muscs*; c'est
» par ce simple expédient que tant d'acres de
» prairies, qui jadis n'étoient qu'un marais in-
» fect, sont aujourd'hui desséchées, affermies, &

» devenues, pour notre Ville, une grande source
» de richesses & l'ornement de ses environs. Nos
» frères de *Salem*, dans le *nouveau Jersey*, ont
» poussé beaucoup plus loin que nous l'art de
» faire ces digues; on leur en donne les dimen-
» sions; & si, par la suite, il arrive quelques
» accidens, la Compagnie est obligée de les ré-
» parer. — C'est une fort belle entreprise, lui
» dis-je, qui fait beaucoup d'honneur à ceux qui
» en ont donné le plan & à ceux qui l'exécu-
» tent. Pourriez-vous me dire à-peu-près à com-
» bien se monteront vos avances, avant que ce
» terrein inondé soit capable d'être fauché ? —
» La dépense, me répondit-il, est fort considé-
» rable, particulièrement quand nous avons des
» ruisseaux à conduire, des souches d'arbres &
» des buissons à couper. Mais telle est la richesse
» de ce terrein, qui a été si long-tems sous les
» eaux; telle est l'excellence du pâturage qu'il
» produit, que le revenu de trois ans nous rem-
» bourse communément toutes nos avances. —
» Heureux le pays, lui dis-je, où le génie na-
» tional se porte vers les choses utiles, où la
» Nature a répandu des trésors plus désirables
» que les mines d'or ! — Tu serois étonné, mon
» ami, s'il m'étoit possible de mettre sous tes
» yeux le produit annuel de ces nouvelles prai-
» ries, en bœufs, en vaches & en chevaux. «

Nous

Nous avions à peine fini de nous entretenir de ces choses, que la partie travaillante de la famille se retira avec une décence & dans un silence qui me plut infiniment. Un instant après, je fus frappé d'un agréable mélange de sons, qui me représentoit un concert de différens instrumens dans l'éloignement. — " Malgré la simplicité pas-
" torale qui règne chez vous, M. Bertran, voici
" le dessert d'un Prince : quelle douce mélodie !
" — Ne t'étonnes pas, ami Ivan; ce que tu en-
" tends est aussi simple que ce que tu viens de
" manger. " — Surpris, je me levai; &, suivant la direction de ces sons agréables, je montai l'escalier qui étoit placé dans la demi-tour : je m'apperçus alors que c'étoit l'effet du vent qui passoit à travers les cordes d'une harpe éolienne, instrument que je n'avois jamais vu. Je le pris de la fenêtre où il étoit placé, & le considérai attentivement ; je m'apperçus bientôt que les cordes étoient toutes à l'unisson, mais de différente grosseur : alors je devinai aisément les raisons sur lesquelles étoient fondés les accords & l'harmonie qui m'avoient tant causé de plaisir à une certaine distance. — Je fus rejoindre mon hôte vénérable : nous bûmes, après le dîner, une bouteille de vin de Madère, sans boire à la santé de personne, sans demander ou prononcer aucun sentiment à la façon Angloise. — De la table

Tome I. K

nous entrâmes dans son cabinet d'étude, où je remarquai au premier coup-d'œil, sur une des murailles, des armes enfermées dans un cadre anciennement doré, avec le nom de *J. Bertran* écrit dessous. " Est-ce que la Société des Amis,
" lui demandai-je, attache sa gloire à ces sor-
" tes d'armoiries, qui, quelquefois, servent de
" distinction aux familles, &, le plus souvent,
" d'aliment à l'orgueil & à l'ostentation ? — Il s'en
" faut bien, me dit-il ; je te dirai ce que c'est.
" Mon père étoit François ; chassé de son pays
" pour n'être pas de la Religion du Roi, il vint
" ici, & apporta ce cadre de l'autre côté de la
" mer : j'en ai pris soin jusqu'ici, parce que c'est
" un meuble de famille, & un monument de
" ses malheurs & de son expatriation. " — De-là nous fûmes dans son jardin qui étoit rempli d'une grande variété de plantes & d'arbrisseaux curieux, parmi lesquels je vis beaucoup de *sensitives*; j'en comptai cinq espèces : il y avoit aussi des *exotiques* dans une serre-chaude ; au-dessus de la porte étoient gravés les vers suivans, tirés du fameux Alex. Pope : *Esclave d'aucune Secte, &c.* Il me dit qu'il avoit plusieurs fois suivi le Général *Bouquet* à *Pittsbourg*, & à d'autres endroits de la *belle rivière Oyio*, comme Botaniste ; qu'il avoit fait des collections très-considérables dans la *Virginie*, dont il avoit examiné les montagnes

& les marais avec la plus scrupuleuse attention; qu'il avoit été envoyé dans la *Floride* par le Roi d'Angleterre, pour en étudier toutes les plantes & toutes les fleurs, & qu'il avoit obtenu de Sa Majesté une pension de 500 guinées.

Ses recherches curieuses & ses observations sur différens sujets, me rendirent sa conversation si intéressante, que le soleil étoit à la fin de sa course, avant que j'eusse pensé à retourner à *Philadelphie*. Que le tems me parut court! depuis long-tems je ne m'étois point trouvé dans une situation plus agréable & plus propre à m'instruire. D'un côté, j'avois fort envie de prolonger ma visite; de l'autre, je craignois que sa longueur ne parût désagréable : mais heureusement, réfléchissant que j'étois chez la famille la moins cérémonieuse & la plus hospitalière (comme sont tous les Membres de la Société *des Amis*), je pris le parti de l'informer simplement du plaisir dont j'avois joui chez lui, & du désir extrême que j'avois de le prolonger, en restant quelques jours avec lui. — " Tu es aussi
" bien venu ici, que si j'étois ton père; tu m'es
" recommandé, &, de plus, tu es un étranger;
" ton désir d'acquérir des connoissances par des
" voyages, ta qualité d'Européen, tout enfin t'au-
" torise à me faire toutes les questions que tu
" voudras, & à regarder ma maison comme la
" tienne aussi long-tems que tu t'y trouveras

» heureux : emploies ton tems avec la plus par-
» faite liberté ; j'en ferai de même. « Je reçus avec la plus vive reconnoiffance fon invitation fimple, mais cordiale. — Nous fûmes enfuite revoir la nouvelle digue, qui fembloit être fon objet favori : ce fut alors qu'il me développa la méthode & les principes d'après lefquels elle étoit conftruite. Nous nous promenâmes à travers les terres qui étoient affermies & déjà couvertes d'herbages : quel plaifir pour un bon citoyen, de fortir d'un marais fangeux pour marcher fur un fol gras & fertile ! quelle leçon d'induftrie pour des Peuples infiniment plus anciens !

» Compte, me dit-il, la quantité prodigieufe de
» beftiaux de toute efpèce paiffant fur ces terres
» confolidées & fermes, qui, peu d'années au-
» paravant, étoient fubmergées par les eaux de
» la rivière ! « De-là nous fûmes voir les champs où les haies plantées à angle droit, les monceaux de pierres proprement entaffées, le treffle en fleur, les barrières bien entretenues ; tout annonçoit la meilleure culture & les foins les plus affidus. Les vaches retournoient alors à la maifon ; leurs mamelles étoient pleines ; leurs jambes courtes fembloient les porter avec peine ; elles avançoient à pas lents, & paroiffoient défirer d'être délivrées de la quantité de lait qu'elles portoient. De-là nous fûmes voir fon verger anciennement planté fur un

sol sablonneux & aride, mais à présent changé en une des plus riches prairies du voisinage. — » Ceci,
» ami *Ivan*, est entièrement le fruit de mon in-
» dustrie. J'achetai, il y a quelques années, le
» privilège d'une petite fontaine à un mille &
» demi d'ici; avec beaucoup de dépenses, j'en
» ai amené l'eau à ce réservoir que tu vois; j'y
» jette souvent de la chaux, des cendres, du fu-
» mier de cheval; ensuite deux fois la semaine,
» dans le printems & l'automne, j'en laisse couler
» l'eau chargée de toutes ses particules végétales.
» Avant que la neige tombe, j'ai soin de cou-
» vrir les endroits les moins fertiles de ce verger
» avec du vieux foin, de la paille, & tout ce qui
» m'est inutile autour de ma grange : par ce simple
» moyen, je coupe annuellement 5300 livres de
» foin excellent par acre, d'un terrein qui autre-
» fois rapportoit à peine de la bruyère. — M. *Ber-*
» *tran*, ceci peut véritablement s'appeler un mi-
» racle de culture. Heureux, mille fois heureux
» le pays habité par une société d'hommes dont
» les travaux réunis concourent, avec cette effi-
» cacité, à l'utilité publique & à la fortune des
» particuliers ! — Je ne suis point le seul qui ar-
» rose ainsi son verger, me dit-il; par-tout où le
» privilège d'une fontaine peut être acquis, tous les
» Cultivateurs de cette Province en font le même
» usage. Avec la terre de mes fossés, j'ai fort en-

» richi mes terres hautes : je sème du trèfle sur
» les champs que je destine au repos pour plu-
» sieurs années, & nous avons trouvé, par expé-
» rience, que c'est un des plus grands améliora-
» teurs. Pendant trois ans, ces champs me four-
» nissent un pâturage abondant : quand il les faut
» labourer, je les couvre alors de vase qui a été
» exposée pendant trois ou quatre années à la ri-
» gueur de nos hivers; par ce moyen, chaque acre
» de terre que je sème me rapporte, année com-
» mune, depuis vingt-huit jusqu'à trente-six bois-
» seaux de froment : je suis la même règle pour
» mon lin, pour mes avoines & mon bled d'Inde.
» — Voudrois-tu me dire, ami *Ivan*, si les ha-
» bitans de ton pays suivent la même méthode,
» ou plutôt quelle est la leur? — Dans le voisi-
» nage de nos Villes, lui répondis-je, il y a beau-
» coup de Fermiers éclairés qui donnent la plus
» grande attention à la culture de leur terre. Nous
» serions trop nombreux, trop heureux & trop
» riches, s'il étoit possible que tout l'Empire Russe
» fût cultivé comme la *Pensilvanie*; d'ailleurs nos
» terres sont partagées si inégalement, & ceux de
» nos paysans qui ont la propriété de celles qu'ils
» labourent sont en si petit nombre, qu'ils ne
» peuvent former ni suivre un plan d'Agriculture
» avec la même vigueur & le même succès que
» vous, Pensilvaniens, qui avez reçu les vôtres

» pour ainsi dire des mains du Maître de la Na-
» ture, qui êtes libres & sans féodalité. O *Amé-*
» *rique!* tu ne sens pas encore tes forces! tu ne
» connois pas encore les faveurs que la Fortune doit
» te prodiguer un jour! Elle sourit à tes Peuples
» gouvernés par de si sages loix, & leur promet une
» prospérité, un pouvoir, une population qui
» étonneront l'Europe. — Ami *Ivan*, notre pays,
» sans doute, est le berceau d'un nouvel Empire:
» le vieux Monde se lassera peut-être de nourrir
» ses habitans; alors ils viendront l'un après l'autre
» pour vivre, pour échapper à la tyrannie & à la
» pauvreté: mais pouvons-nous nous flatter de
» conserver les douceurs de l'égalité fraternelle?
» Hélas! je vois, dans une triste perspective, les
» ambitieux & les grands de la terre nous ap-
» porter leurs sceptres & leurs chaînes. Ah! mon
» ami! la dure nécessité forme les grandes socié-
» tés, & les compose d'une multitude d'hommes
» médiocres & d'un petit nombre d'hommes su-
» périeurs par le courage & les talens: comment
» donc échapper à la tyrannie? ses progrès sont
» lents, mais ils sont sûrs. — Mon cher Monsieur,
» lui répondis-je, la tyrannie ne pourra jamais
» prendre une si profonde racine dans l'Amérique
» que parmi nous; les terres y sont trop sage-
» ment distribuées; tous vos droits municipaux
» ne sont fondés que sur la possession du sol:

» c'est la pauvreté qui fait en Europe des esclaves.
» — Je les plains, me dit-il en soupirant : en
» ce cas, bénissons la destinée qui nous a conduits
» sur cette nouvelle terre. Ami *Ivan*, comme je
» ne doute pas que tu n'entendes la langue la-
» tine, voudrois-tu bien lire cette Epître gra-
» cieuse que la Reine de Suede, *Ulrica*, m'en-
» voya il y a quelques années? La bonne femme!
» n'est-il pas étonnant que de son palais de
» *Stockholm*, elle ait daigné penser au pauvre
» *Jean Bertran*, qui demeure sur les bords de la
» rivière *Schullkill*? — Point du tout, M. *Ber-
» tran*; vous êtes la première personne dont le
» nom, comme Botaniste, ait fait honneur à
» l'Amérique; ce vaste Continent doit produire
» un grand nombre de plantes & de fleurs très-
» curieuses : est-il donc surprenant de voir une
» sage Princesse, amatrice des Sciences, descendre
» quelquefois de son trône pour se promener dans
» les jardins de *Linnæus* ? — C'est à la méthode
» & aux conseils de cet homme savant, me dit-il,
» que je dois celle qui m'a conduite aux connois-
» sances que je possède à présent : la Science de
» la Botanique est si étendue, que les commen-
» çans ont besoin d'un fil pour les guider, & je
» n'en avois pu trouver auparavant. — Voudriez-
» vous bien me dire, ami *Bertran*, combien il
» y a d'années que vous cultivez la Science Bota-

» nique, & ce qui vous a inspiré ce goût? sous
» quel Professeur l'avez-vous étudiée ? — Il s'en
» faut bien, ami *Ivan*, que je sois un Savant;
» toute l'éducation que j'ai jamais reçue, con-
» siste à savoir lire & écrire. Cette petite ferme
» que tu vois, étoit tout ce que mon père m'a-
» voit laissé ; car avant le desséchement des ma-
» rais, j'étois pauvre : ma femme ne m'apporta
» pour dot que beaucoup d'industrie, un excel-
» lent caractère & une grande connoissance des
» choses de ménage. Je me rappèle à peine quels
» furent mes premiers pas vers la Botanique ; cela
» me paroît comme un songe : mais tu peux croire
» ce que je t'en dirai, quoique je connoisse des
» amis qui en ont ri. — Ami *Bertran*, je ne suis
» point de ces gens qui s'amusent à chercher du
» ridicule sur ce qui leur est dit d'une façon hon-
» nête & sincère, & sur-tout par un homme
» comme vous. — Hé bien, je vais te le racon-
» ter. Etant un jour à labourer un de mes champs,
» (.car tu vois bien que je ne suis qu'un simple
» Laboureur) le soleil étoit si chaud, que je me
» retirai à l'ombre d'un arbre, pour y jouir de la
» fraîcheur & m'y reposer. Je jetai par hasard
» les yeux sur une violette sauvage ; je l'arrachai
» machinalement, sans penser à ce que je fai-
» sois ; je l'examinai avec plus d'attention que
» ne le font ordinairement les habitans de la

» Campagne : je fus surpris de voir que cette
» fleur étoit composée de plusieurs parties dis-
» tinctes; les unes étoient perpendiculaires, les
» autres horizontales. *N'as-tu pas honte, dit
» mon esprit, ou quelque chose qui inspira mon
» esprit, d'avoir vécu tant d'années à la Cam-
» pagne, sans connoître ni les vertus, ni les pro-
» priétés de tant de plantes & de tant de fleurs
» sur lesquelles tu marches continuellement?* Cette
» inspiration soudaine alluma ma curiosité; car
» je n'étois pas accoutumé à former de telles
» pensées. Je continuai cependant mon ouvrage
» avec la même assiduité : j'eus beau faire, cette
» nouvelle idée étoit toujours présente à mon
» esprit. Je la communiquai à ma femme, &
» elle me blâma beaucoup, de peur, disoit-elle,
» que je ne m'embarquasse dans de nouvelles
» entreprises peu convenables à notre état; elle
» me dit que je n'étois pas assez riche pour donner
» la plus petite partie de mon tems à de nou-
» velles études qui nécessairement m'empêche-
» roient de vaquer aux soins de ma ferme, qui,
» après tout, étoit mon unique trésor, & le seul
» objet convenable à un pauvre Colon Améri-
» cain. Cet avis prudent ne me découragea pas;
» je pensois continuellement à cette fleur, soit
» que je fusse à table, au lit, & par-tout où
» j'allois. Enfin, je ne pus y résister; le quatrième

« jour de la semaine suivante, je louai un homme
« pour travailler à ma place, & je m'en fus à
« Philadelphie. Je ne savois point de quels Livres
« j'avois besoin ; mais enfin j'expliquai de bonne-
« foi mon intention au Libraire, qui me donna
« ceux qu'il jugea à propos ; il y ajouta une Gram-
« maire latine : j'avois justement trente-trois ans ;
« heureusement, je trouvai dans le voisinage un
« Maître d'Ecole Allemand, qui, dans l'espace
« de trois mois, m'apprit assez de latin pour en-
« tendre *Linnœus*, dont alors j'achetai les Livres.
« Je commençai à botaniser dans mes champs,
« &, en peu de tems, j'appris à connoître toutes
« les plantes qui croissoient dans notre voisinage ;
« de-là je fus visiter la province de Maryland,
« demeurant toujours chez les *Amis* : plus je sen-
« tois que je devenois habile, & plus j'étendois
« mes courses. Après une application constante
« de plusieurs années, je parvins enfin à acquérir
« une connoissance générale de toutes les plantes,
« arbres & fleurs qui croissent sur notre Conti-
« nent. Quelque tems après, mes amis d'Angle-
« terre m'engagèrent à leur envoyer des collec-
« tions de tout ce que j'avois recueilli, & c'est
« ce qui m'a procuré les correspondances dont
« tu as entendu parler. — Devenu plus aisé, j'ai
« cessé de travailler aussi assidument qu'autrefois,
« & rien ne me rend plus heureux que de con-

(156)

» verſer avec ceux de mes amis qui me viennent
» voir.—Si, parmi les plantes & les arbres que je
» connois, il y en a que tu déſires envoyer en ton
» pays, je t'en fournirai avec le plus grand plaiſir. »

Je paſſai ainſi pluſieurs jours chez ce vertueux Citoyen ; la liberté dont je jouiſſois, & les nouvelles connoiſſances dont il éclairoit mon eſprit, me pénétrèrent d'un plaiſir tout nouveau pour moi.—J'obſervai que la paix & le ſilence règnoient entre le Chef & les Membres inférieurs de cette Famille ; ſa façon de commander conſiſtoit à déſirer ſeulement que telle choſe fût faite ; ſes Nègres me parurent ſe comporter avec une modeſtie & une décence qui me ſurprit beaucoup, & que je n'avois preſque point obſervé ailleurs. — Ami *Bertran*, lui demandai-je, par
» quelle méthode, par quels moyens conduiſez-
» vous vos eſclaves ? Il me ſemble qu'ils rempliſ-
» ſent leurs fonctions avec toute l'alacrité & la
» joie des hommes libres & blancs. — Quoique
» nos anciens préjugés & nos opinions erronnées
» ayent été cauſe qu'autrefois nous les conſidé-
» rions comme des êtres faits ſeulement pour
» l'eſclavage ; quoique nos anciennes habitudes
» nous ayent fait malheureuſement perſiſter dans
» une coutume ſi contraire aux principes du
» Chriſtianiſme, & même de la raiſon, depuis
» quelques années notre Société a enfin établi

» parmi nous une règle de conduite fondée sur
» de nouveaux principes ; à présent ils sont libres
» comme nous ; je donne à ceux que tu as vus
» quarante-cinq dollers par année, leur habille-
» ment & ma table ; ils jouissent aussi des pri-
» vilèges de citoyens ; notre Société les regarde
» comme amis, comme les compagnons de nos
» travaux : par ces moyens, & plus encore par
» celui de l'éducation nouvelle que nous leur
» donnons, ils sont devenus en général, une autre
» espèce d'êtres. Ceux que tu as vus à ma table,
» sont des gens fidèles, honnêtes & sages : quand ils
» refusent obstinément de faire ce que je leur or-
» donne, je les congédie, & c'est toute la punition
» que je leur infflige ; eh, ne sont-ils pas hommes
» comme nous ! Les autres Nations les retiennent
» en esclavage, & ne leur donnent aucun prin-
» cipe de Religion, aucunes règles de conduite :
» quels motifs peuvent-ils avoir de se bien com-
» porter, excepté la crainte des châtimens ?
» Quoi ! parce qu'ils sont nés sous un ciel
» d'airain, parce qu'ils sont brûlés & noircis par
» l'ardeur d'un soleil vertical, en sont-ils moins
» des hommes, en sont-ils moins nos frères ?

» Il y a plus de quarante ans que quelques
» Membres de notre Société commencèrent à les
» émanciper. *Antoine Bénézet* publia des Li-
» vres à ce sujet, & parcourut tout le Con-

» tinent, en exhortant à cette action généreu-
» se les *Amis*; & depuis cette époque, nous
» avons trouvé qu'un bon exemple, des avis
» doux & des principes de Religion, pouvoient
» seuls les conduire à la subordination, à la so-
» briété & à l'amour du travail. Nous leur
» avons donné la liberté, & il est bien rare qu'ils
» nous quittent: il font partie de notre famille,
» ils en font membres, & dès l'enfance, nous
» sommes attachés les uns aux autres. J'ai appris
» aux miens à lire & à écrire; ils aiment Dieu,
» le père de tous les hommes, & tremblent à la
» vue de ses jugemens. Le plus vieux des miens,
» qui est le père de tous les autres, fait toutes
» mes affaires à *Philadelphie*, avec une ponctua-
» lité dont il ne s'est jamais écarté: ils vont
» constamment à nos Assemblées religieuses; ils
» participent dans leur santé comme dans leurs
» maladies, dans leur enfance & dans leur vieil-
» lesse, à tous les avantages qu'offre notre Société.
» Voilà, ami *Yvan*, les principes simples & fa-
» ciles qui nous ont donné les moyens de les
» délivrer de ce honteux esclavage, & de la pro-
» fonde ignorance dans laquelle ils étoient aupa-
» ravant plongés. J'espère qu'en peu d'années
» le reste des Américains suivra notre exemple.
» Tu as sans doute été surpris de les voir placés
» à ma table: en les élevant au rang d'hommes

» libres, ils ont acquis cette émulation, sans la-
» quelle nous tomberions nous-mêmes dans
» l'abaissement & la corruption.— Ami *Ber-*
» *tran*, j'avoue que ce que je viens d'entendre
» est beau ; c'est le triomphe de la charité chré-
» tienne, de l'humanité & de la raison. Eh quoi !
» les Académies de l'Europe retentissent annuel-
» lement des éloges de leurs grands hommes, &
» elles n'ont pas encore mis sur leur liste cet
» *Antoine Bénézet* ! Que faut-il donc faire pour
» mériter leurs louanges ? La doctrine que cet
» homme a prêchée avec tant de succès, n'est-elle
» pas utile & consolante pour l'humanité ? *Bénézet*
» est donc un vertueux citoyen, un grand homme
» dans le sens le plus juste de ce mot. Eh quoi !
» l'Europe, la savante Europe, ignore encore la
» propagation de ce généreux système ? elle ignore
» que le premier pas vers l'émancipation des
» Nègres, (émancipation qui tôt ou tard devien-
» dra générale,) a été faite en Amérique, ce
» pays neuf, qui ne nourrissoit il y a cent vingt
» ans que des Sauvages grossiers, ignorans & fé-
» roces ! Quoi ? l'Europe ignore encore au milieu
» de ses lumières, de ses richesses & de ses
» plaisirs, que des milliers d'ames ont ici sacrifié
» à la plus sublime des vertus, la moitié de leur
» fortune ? — Ecoutes, ami *Bertran*, ce spectacle
» si beau & si rare, fait sur mon cœur une im-

» preſſion ſoudaine, mais indélébile ; — je me ſens
» un autre homme ; — dès aujourd'hui je ceſſe
» d'être Ruſſe & Européen, pour devenir ton com-
» patriote & un Américain. — Veux-tu me recon-
» noître & m'accepter pour tel, toi, vertueux Pa-
» triarche de *la Penſilvanie ?* — Si je le veux !
» honnête jeune homme ; un émigrant tel que
» toi, eſt une acquiſition rare & précieuſe ; qu'il
» en arrive comme tu le déſire. — Donnes-moi ta
» main, ami *Bertran*, & que ton *ſerrement* éner-
» gique devienne dès ce moment le ſigne de ton
» conſentement, ainſi que le ſymbole de mon
» adoption. — Je te la ſerre comme compa-
» triote ; c'eſt un genre de plaiſir tout nouveau
» pour moi ; de ce moment je te mets au nom-
» bre de mes enfans. Qui auroit pu prévoir que
» les bords du lac *Ladoga* euſſent procuré à la
» *Penſilvanie* un citoyen auſſi vertueux & auſſi
» eſtimable ! A la première ſéance de notre Aſſem-
» blée, nous verrons ton nom inſcrit ſur la liſte
» de nos Habitans, comme il l'eſt déjà ſur mon
» cœur. — J'en accepte l'augure, ami *Bertran*,
» je jure d'être toute ma vie ton ami, ton diſciple,
» &, ſi je le puis, l'imitateur de tes vertus. — Gé-
» néreux Ruſſe, peux-tu être meilleur que tu ne
» l'es : à la candeur de ton âge, tu joins l'amour
» & l'enthouſiaſme du bien. Je l'aimois déjà, je
» l'avoue ; mais il me manquoit l'exemple frap-
» pant

« pant que je viens de voir ; il me manquoit de
« devenir Membre d'une Société qui, à la sim-
« plicité des mœurs, unit le génie, les connoif-
« fances & la pratique des vertus les plus utiles ; —
« il me manquoit enfin de devenir Citoyen d'un
« pays libre, fage & heureux. Quelle gloire pour
« ce Continent! de quel bonheur ne fe rendroit-il
« pas digne, fi toutes les autres Sectes de Chrétiens
« adoptoient les mêmes principes ! — Alors l'hu-
« manité entière profpèreroit dans toute l'étendue
« de fes Provinces, & l'Amérique Septentrionale
« donneroit à l'univers un fpectacle touchant &
« inftructif. — Voilà précifément, ami *Bertran*,
« la raifon qui m'empêche de voyager dans vos
« Provinces méridionales ; l'état des Nègres m'y af-
« flige, quoiqu'ils y foient infiniment mieux traités
« que dans les Ifles. — Je vois avec plaifir, que
« tu as un cœur tendre & compatiffant, me dit
« *J. Bertran*. As-tu des efclaves dans ton pays,
« continua-t-il ? — Oui, malheureufement, nous
« en avons, ami *Bertran* ; ils ne font point ef-
« claves des familles, mais fimplement efclaves
« du fol qu'ils font obligés de cultiver, & auquel
« ils font fixés. Ce cruel ufage nous vient d'an-
« ciennes coutumes barbares, établies dans les
« tems de la plus grande ignorance & de la plus
« impitoyable férocité ; ces coutumes fe font
« confervées jufqu'ici, malgré les larmes de l'hu-

Tome I. L

» manité, les principes de la saine politique
» & les commandemens de la Religion. — La
» force inconcevable des préjugés, l'orgueil des
» grands, l'ignorante avarice des propriétaires de
» nos terres, tout concourt à faire considérer
» cette classe de nos frères, comme les instru-
» mens nécessaires & indispensables de l'agricul-
» ture : — hélas ! il ne faut cependant qu'un bien
» foible degré de connoissances, pour savoir que
» des mains libres cultiveroient encore mieux la
» terre. — Que viens-tu de me dire, ami *Yvan* ?
» ainsi donc les deux tiers de l'Empire Russe,
» de l'Empire le plus étendu qu'il y ait sur la
» terre, de cet Empire qui nous avoisine de si
» près, ne consiste qu'en esclaves, & l'autre tiers
» en maîtres. Où sont donc tes citoyens, ces
» hommes qui préfèrent le séjour, la prospérité
» de leur patrie, à celle des autres pays ? Peut-on
» aimer sa mère, quand elle n'est que marâtre ?
» Ta patrie ne fleurira, ne s'accroîtra jamais ; ja-
» mais la Russie n'acquerra le poids & la puis-
» sance que la Géographie semble lui donner,
» sous des Loix si peu convenables à la prospérité
» des Sociétés. A quoi la vie est-elle bonne chez
» toi, si la pauvreté, l'esclavage, l'abrutisse-
» ment couvrent & obscurcissent presque toute la
» surface de ton pays ? — Je pense comme vous,
» ami *Bertran* ; je me flatte que le règne pré-

» fent, déjà illuftré par tant d'actions magna-
» nimes & fages, ne fe terminera pas fans cette
» grande & néceffaire émancipation; quel mo-
» ment de gloire pour notre Impératrice! —
» Combien y a-t-il de tems que tu es chez
» nous? — Très-peu, lui répondis-je; mais j'ai
» paffé dix-huit mois à Saint-Chriftophe, & un an
» dans le refte des Ifles. — En vérité, tu parles
» Anglois comme un Anglois même. Quelle fati-
» gue, quel dégoût ne faut-il pas qu'un voyageur
» effuye pour apprendre des langues étrangères,
» pour quitter fes anciens préjugés, adopter les
» ufages & fe foumettre aux coutumes de ceux
» parmi lefquels il réfide. — Cela eft vrai, ami
» *Bertran*; mais le plaifir & la fatisfaction qu'on
» éprouve, fur-tout lorfque l'on rencontre des
» hommes comme toi, font oublier toutes les
» peines, & font une récompenfe fuffifante. —
— Je paffai ainfi mon temps avec ce vénérable
Botanifte. Les converfations qui en remplirent
la mefure, furent très-étendues & fouvent fort
inftructives. Je le fuivis conftamment à fes champs,
à fa grange, à fa digue, à fon jardin, dans fon
étude, & enfin, le Dimanche fuivant, à l'Affemblée de la Société. Elle fe tenoit à la ville de
Chefter. Toute fa famille y fut portée dans deux
chariots; l'ami *Bertran* & moi, nous montâmes
à cheval. — J'entrai dans la maifon où les Amis

étoient assemblés; il y en avoit deux cens à peu-près, hommes & femmes, noirs & blancs. La force involontaire de l'ancien usage me fit ôter mon chapeau; mais me rappelant dans quel lieu j'étois, je le replaçai & je m'assis sur un banc. L'Eglise étoit un bâtiment de plus de soixante pieds, sans aucun ornement ; la blancheur des murailles, la commodité des places pour s'asseoir, la propreté, un grand foyer pour échauffer l'assemblée dans les temps de gelée, furent le sujet de mes observations. Je ne vis point de pupitres, de chaises, de fonts-baptismaux, d'autel & de tabernacle; je n'apperçus ni orgues, ni instrumens de musique, ni sculpture, ni peinture quelconque. C'est une grande salle unie, propre & commode, où ces bonnes gens s'assemblent régulièrement tous les Dimanches. Ils restèrent d'abord pendant une demi-heure dans un profond silence; chacun d'eux, la tête inclinée, paroissoit absorbé dans la méditation la plus profonde. — Une femme Amie se leva enfin, & d'un air modeste, déclara que l'Esprit de l'Univers daignant l'inspirer, elle alloit parler. Son discours fut simple; sa morale saine & utile : elle n'y mêla point ni vaine Théologie, ni citations scientifiques. Son style étoit pur, sa déclamation noble & convenable au sujet: elle y joignit de la sagacité & de la précision. Etoit-ce chez elle un don de la nature ou l'effet d'une longue étude?

ou avoit-elle préparé son discours ? Il n'est guères possible de le supposer, parce que, suivant leur Profession de Foi, ils doivent penser & parler sur le champ. L'Esprit de l'Univers, dont elle étoit venu demander la protection & l'influence, lui avoit inspiré cette sublime morale, & mis sur ses lèvres la plus douce & la plus persuasive éloquence. Elle parla pendant trois quarts d'heure : pendant cet intervalle, personne ne jeta les yeux sur elle. Je n'ai jamais vu de ma vie un plus grand recueillement, une plus grande attention au Service Divin. Je n'apperçus aucune contorsion de corps, comme je l'avois tant de fois entendu dire, aucune affectation : ses gestes, son discours, le son de sa voix, tout en elle étoit simple, naturel & agréable. Je vous dirai de plus que c'étoit une fort belle femme, quoiqu'elle eût près de quarante ans. Quand elle eut fini son discours, chacun rentra dans la méditation, & cela dura encore une demi-heure ; après quoi ils se saluèrent réciproquement en se serrant la main. Ils sortirent ensuite ; & après avoir conversé ensemble, chacun monta à cheval & s'en fut chez lui. Tel est leur systême religieux; sans Hiérarchie, sans Loix coërcitives, & sans Culte extérieur. C'est, suivant eux, le Code des Loix morales de Jesus-Christ, dénué de toutes espèces de cérémonies ; ils se flattent de les suivre dans toute la simplicité avec laquelle elles furent don-

L 3

nées aux hommes. Après leur mort, ils sont enterrés par leurs frères, sans la moindre pompe & sans nulle prière : ils croient qu'il est trop tard de s'adresser à l'Être Suprême pour changer ses décrets éternels & irrévocables. Pour honorer la mort de leurs frères, ils n'élèvent ni tombes ni monumens quelconques; ils ne placent pas même une pierre dans leurs cimetières, pour annoncer à la postérité qu'un tel fut ici couché dans la terre; ainsi, après avoir vécu sous le Gouvernement le plus doux & le plus équitable, après avoir été guidés par ce qu'ils appellent les Loix de la plus simple orthodoxie, ils meurent aussi paisiblement que ceux qui, élevés dans des Religions dont les cérémonies sont augustes & pompeuses, reçoivent pendant leur vie un plus grand nombre de Sacremens, & souscrivent à des articles de Foi plus compliqués & plus étendus. Je fus invité par plusieurs des plus respectables Cultivateurs du voisinage, d'aller passer quelque temps avec eux : la réception amicale & l'hospitalité simple & cordiale que je trouvai dans toutes leurs maisons, m'obligèrent insensiblement de rester près d'un mois chez eux. L'un d'eux, M***, étoit Membre de l'Assemblée : plusieurs étoient Magistrats, & les autres Cultivateurs très-riches. Oui, je conserverai toujours la reconnoissance que je leur dois pour les bontés répétées, & même pour les bienfaits que j'ai reçus d'eux.

Le cinquième jour, j'eus le plaisir de dîner & de souper avec la personne qui nous avoit fait un si bon discours le Dimanche précédent : elle étoit la femme d'un des meilleurs hommes que j'aye jamais connus. Grand Cultivateur, Citoyen éclairé, il avoit une bibliothèque très-bien choisie, où il se délassoit de ses travaux par la lecture. Sa terre, qui étoit excellente, lui étoit venue par héritage en droite ligne, d'un des compagnons du vénérable *Penn*. Cette femme étoit mère de six enfans, quatre filles & deux garçons. Je n'ai de ma vie demeuré dans une famille plus paisible : tout s'y faisoit en silence, & cependant avec gaieté. Elle m'invita à passer une semaine avec elle : jamais invitation ne fut reçue avec plus d'empressement. Ah ! si je pouvois vous raconter nos conversations sur la Religion & la Politique, vous seriez surpris du bon-sens, de la sagacité naturelle qui est si commune aux Américains, & particulièrement aux Membres de cette Société. Je n'ai jamais vu de plus belles filles qu'en Pensilvanie, sur-tout dans la Société des Amis; c'est un fait aussi vrai qu'il est remarquable. Quelle peut en être la raison ? Doivent-ils cet avantage à la tempérance & à la sobriété physique & morale qu'ils ont observées sans interruption pendant le cours de plusieurs générations? à ces mœurs tranquilles & sages, à ce calme des passions ? C'est ce que je ne puis affirmer. Il eſt très-certain que cette Secte ſemble avoir *réobtenu* des mains de la Nature cette beauté primévale qu'elle donna à l'homme dans les jours de ſa première innocence. Il n'eſt pas poſſible de demeurer avec eux, de les comparer à leurs voiſins, ſans être frappé de la régularité de leurs traits & de l'élégance de leurs tailles, particulièrement chez les femmes. Cette Secte a, comme vous le ſavez, ſagement rejeté le luxe inutile des autres nations. Les femmes ſe contentent dans leur habillement de cette admirable ſimplicité, qui ſied ſi bien à leur modeſtie, & devient l'emblême de la pudeur de leur ſexe. Rien ne m'a tant ſurpris, que le mêlange de cette Secte avec ſes pompeux voiſins, ſans avoir juſqu'ici été gagnée par l'épidémie d'un exemple journalier, le plus ſubtil de tous les poiſons. Quoique les Américains ſoient en général une belle race d'hommes, il n'y a point cependant de ſociété qui ait produit tant d'individus ſains, frais, & d'une figure plus diſtinguée. Quant à la vieilleſſe, je n'ai vu nulle part tant d'hommes deſcendre dans la vallée des ans, avec moins de rides, de décrépitude & d'infirmités. Voilà la récompenſe d'une vie tempérée, induſtrieuſe, & d'une jeuneſſe chaſte & ſage. — On retrouve dans l'intérieur de leurs maiſons, dans leurs ſociétés, dans leurs coutumes journalières, le même eſprit qu'on a obſervé dans leur Culte, dans leur Gouvernement & dans leurs Loix;

une douceur, un ton particulier dans leur converfation, & plus encore dans celle de leurs femmes. On peut dire qu'en général elles brillent fans éclat, font folides fans pédanterie, ennemies des bagatelles & des frivolités, fans affectation. — Les Membres de cette Secte reçoivent toujours une bonne éducation ; & comme ils renoncent à tous les Emplois (excepté ceux de la Magiftrature & de Membres de l'Affemblée), ils s'adonnent ordinairement à la culture de la terre, au commerce, & aux connoiffances de l'efprit. On leur a reproché leur attachement à l'état du commerce ; mais on ne dit cela que par la jaloufie qu'excite la vue de leurs richeffes. Les envieux ne confidèrent pas qu'ayant renoncé (particulièrement en Angleterre) aux charges pécuniaires de la Loi, aux brillantes dépouilles, & aux dangers des emplois militaires, à la prééminence de la nobleffe, le commerce & la culture de leurs terres, font la feule carrière qu'ils puiffent fuivre. C'eft avec les fruits de cette double induftrie, que les *Amis* de l'Amérique ont embelli, policé, étendu & enrichi leur patrie. La lecture des bons livres, à laquelle les femmes font accoutumées dès leur jeuneffe, donne à leur converfation un dégré d'intérêt qu'on ne trouve ailleurs que rarement, & un fonds de connoiffances folides qui m'a fouvent furpris. Elles font diftinguées des autres, non-feulement par la fimplicité de leurs vêtemens, mais en outre par l'extrême propreté de leurs maisons, de tout ce qui les environne & de tout ce dont elles font usage. Cette remarque est générale & facile à faire, même parmi les moins aisés. — Le silence & la modestie, une façon particulière de commander à leurs domestiques & à leurs inférieurs ; une conduite égale & tranquille, semble par-tout être le caractéristique de ces bonnes gens. — Quoiqu'en disent les mauvais plaisans, leur prétendue singularité me paroît digne de louange & d'exemple. Si jamais la force de l'éducation a été visible & démontrée, c'est parmi les *Amis*, qui, par ce seul moyen, apprennent à leurs enfans que la propreté, l'ordre, l'arrangement, l'industrie, l'économie, sont des vertus morales. Avec l'assistance de Colons ainsi élevés, conduits sur de pareils principes, il étoit aisé à *Guillaume Penn* de prévoir que sa Province, dont les Loix étoient fondées sur les principes de la tolérance, de l'humanité & de la liberté, ne pouvoit long-tems rester un désert, mais devoit, au contraire, devenir bien-tôt riche & florissante : aussi le *parfum de ses Loix* & la réputation du bonheur civil qu'il venoit d'établir, ne tarda pas à y attirer une foule d'Européens malheureux. Quelles scènes touchantes les premières cinquante années de cet établissement n'ont-elles pas produites ! mais ils n'avoient ni Peintres, ni Moralistes, ni Observateurs.

Dans mes autres Lettres, je ne manquerai pas d'inférer quelques anecdotes qui vous démontreront les raisons qui ont jusqu'ici rendu cette Province la Reine de toutes les autres. Quoiqu'elle soit une des moins anciennes, si on en excepte les deux Florides & la Georgie, la Pensilvanie est précisément sur ce nouvel hémisphère, ce que le pays de Cachemire est dans les Indes Orientales. Cependant les autres Provinces offrent un spectacle plus beau, plus satisfaisant que les ruines d'Italie, qui attirent tous les ans un essaim de Voyageurs, & toute la magnificence des Cours Européennes. Je pars dans peu de jours pour Lancastre, de-là j'irai voir les frontières, & je me rendrai chez vous au commencement de l'hiver au coin de votre feu, où j'oublierai sa rigueur, & je me reposerai de tous mes voyages. Ce sera pour lors que je vous montrerai mon Journal, & vous informerai de toutes mes aventures.

Traduit par St. John.

DESCRIPTION ABRÉGÉE DE LA SECTE DES QUAKERS

OU AMIS;

Anecdote de *Walter Mifflin*, Membre de cette Société.

A Monsieur P. R., Marchand d'Amsterdam.

Vous exigez, mon cher ami, que je vous donne une idée de la Secte des Quakers, Secte qui, comme vous le savez, a été la fondatrice & la législatrice de la Pensilvanie, il y a à-peu-près cent ans. — Pour répondre d'une façon satisfaisante à votre question, je serai obligé d'entrer avec vous dans des détails Théologiques, auxquels je n'entends rien. — Je connois un très-grand nombre de Membres de cette Secte, que j'aime & j'estime, sans avoir beaucoup étudié leurs principes religieux; lisez l'apologie de David *Barcley*, un de leur plus savans apôtres, vous trouverez dans son Livre tout ce qu'il vous importe de connoître.

Pour vous convaincre cependant de ma bonne volonté, recevez l'esquisse suivante, telle que ma mémoire va me la dicter; l'anecdote de Walter Mifflin, servira à prouver combien ils sont fidèles aux principes de leur Secte.

Il n'y en a point eu en Angleterre dont l'origine ait été exposée à tant d'orages ; la haine des Presbytériens & des Anglicans, ne cessa de les tourner en ridicule & de les persécuter, jusqu'à la restauration de Charles second : — leur innocence, la simplicité de leurs mœurs, qui ont toujours été irréprochables, la franchise, la persévérance & le courage qu'ils avoient invariablement montré dans leur conduite publique & particulière, frappa beaucoup ce Monarque ; il eut pitié d'eux, & suspendit plusieurs des loix pénales que le Parlement avoit lancées contre cette Secte.

Heureusement, parmi les personnes qui approchoient souvent du Trône, il s'en trouva qui firent observer au Roi, que jamais un seul individu de ceux appelés Quakers, n'avoit été impliqué dans les différentes conjurations tramées par les Républicains, pour lui ôter le Trône & la vie. — On lui fit observer aussi, que bien différens des Presbytériens, qui, dans l'origine de leur réforme, tenoient leur assemblée dans des caves & des endroits obscurs, les Quakers, au contraire, avoient toujours osé braver les Loix en s'exposant hardiment à leur sévérité, & s'étoient toujours assemblés publiquement, sans avoir montré ni crainte, ni turbulence. — Supérieurs aux terreurs des cachots & des punitions, ils s'étoient armés d'une noble audace, qui ne diminua cependant jamais leur simplicité, leur modestie, & la paix de leurs mœurs.

A peine, par la bonté de Charles, furent-ils sortis de prison, qu'ils s'adressèrent à lui avec toute la liberté chrétienne; ils lui dévoilèrent les mensonges de leurs ennemis qui les avoient couverts d'un opprobre non mérité : — ils appelèrent de toutes ces calomnies au témoignage de la conscience du Roi même, ne désirant point d'autre Juge; ils lui recommandèrent la tolérance & l'humanité, comme les deux plus sûrs garans du Trône auquel il venoit d'être appelé. — Satisfaits de l'abri des loix sages qu'ils exigeoient de lui, ils ne lui demandèrent jamais sa protection particulière & exclusive, référant à l'Etre Suprême tout le bien que leurs écrits pouvoient contenir ou produire. Dans un des Mémoires présentés à ce Monarque, par lequel ils lui prouvèrent qu'il étoit de sa justice, ainsi que de l'intérêt de son règne, de détruire les loix pénales passées contre eux, ils lui dirent, avec une noble liberté : » Tu as goûté de la prospérité,
» *Charles Stuart*, ainsi que de l'adversité ; pen-
» dant bien des années tu as erré loin de ta pa-
» trie, sans pouvoir prévoir si tu y reviendrois un
» jour; tu as souffert la faim, la soif; tu as été
» opprimé : tu dois donc savoir combien l'op-
» presseur est haïssable aux yeux de Dieu, & des
» hommes. — Puisses-tu jouir d'une vie longue &

» profpère ; puiffes tu remplir ta ftation d'Homme
» & de Roi, de manière à te rendre digne de
» la protection divine, de l'amour & du refpect
» de ceux qui t'ont appelé au Gouvernement : —
» tels font les fouhaits & les prières de tes fidèles
» fujets & amis. — «

Rien ne peut être plus fimple que leur fyftême religieux; la crainte de Dieu, l'obfervance des vertus morales, la douceur, la bienveillance, la charité, une attention & un refpect particulier pour les infpirations de l'efprit; un certain dégré d'auftérité dans leurs mœurs, une conduite affable, égale & débonnaire, une probité irréprochable; juftice & équité dans toutes leurs affaires; frugalité à leurs tables, fimplicité & propreté exemplaire dans leurs maifons, ainfi que dans leurs habillemens; voilà quelles font leurs principales nuances morales.

Quand à leur Culte, il n'eft fondé fur aucun établiffement Eccléfiaftique, ni fur aucune Hiérarchie. Parmi eux, il n'y a ni premier, ni dernier; ils font tous égaux; ce font les anciens qui inftruifent la jeuneffe, qui vifitent les malades, encouragent les mourans & enterrent les morts. — Ils n'admettent ni Cérémonies, ni Sacremens; ils adorent Dieu dans le filence & la méditation, à laquelle ils font attachés; ils croyent que les paroles chantées, & la pompe de la mufique, éteignent &

détruisent la véritable dévotion. — Ils ne connoissent dans cette Secte aucunes loix coërcitives ; par conséquent point de foudres spirituels, point d'excommunications : toutes leurs censures consistent à effacer du catalogue des Membres, le nom de celui qui, après trois admonitions, persiste encore dans des choses défendues, tels que les juremens, le jeu, la débauche, &c. La base de cette Société a été posée dans le sein de la liberté même ; ils s'assemblent régulièrement dans leurs Eglises : là, dans le plus profond silence, ils attendent l'inspiration de l'Esprit de lumières. — Comme ceux qui se lèvent pour instruire les autres ne le font jamais par principe de vanité, mais avec le dessein d'être utiles ; ils croyent fermement que cette bonne intention vient d'une Inspiration divine, qui, suivant leurs principes, suscite & dirige toutes les actions vertueuses; ils ne disent alors que ce qui provient d'une notition spontanée, sans aucune étude préparatoire. Les femmes, regardées comme frères, participent à tous les privilèges de la Société, ainsi qu'à celui d'instruire les autres, quand elles se croyent inspirées. — Ils abhorrent le serment ; c'est pourquoi ils renoncent à tous les emplois qui exigent cette cérémonie : de-là leur goût & aptitude pour le Commerce. Ils détestent la guerre, l'usage des armes, ainsi que toute espèce de procès & de violence : les disputes qui arrivent

arrivent parmi eux, font toujours décidées par la fageſſe des anciens, qui deviennent fouvent les arbitres & les pacificateurs de la Société : — ils fe foumettent fans murmures & fans réfiftance à toutes les infultes auxquelles ils peuvent être expofés : — ils ont profcrit de leur Société tous les amufemens mondains, tels que le jeu, les cartes, la mufique, la danfe, les affemblées publiques, les bals, les concerts, & les mafcarades ; leurs plaifirs confiftent dans l'exercice de leurs affaires, dans la lecture, la converfation, dans la fociété de leurs familles, de leurs amis, & de leurs voifins : auffi y a-t-il peu de gens plus véritablement inftruits & hofpitaliers, qu'ils ne le font. — Un jour, dans la Province de Maryland, faifi d'un orage affreux, j'entrai précipitamment dans la première plantation que j'apperçus, c'étoit celle de l'ami ✱ ✱ ✱ ; il me reçu comme une ancienne connoiffance ; j'y foupai, couchai, & déjeûnai le lendemain ; avant de partir, je lui dis qu'étant étranger & inconnu, il ne trouveroit pas mauvais que je lui demandaffe de combien je lui étois redevable ? — » Ami, me dit-il, qui que tu fois, je » ne vends point l'hofpitalité : — deviens l'ami » inattendu de ceux qui s'arrêteront chez toi ; dans » les mêmes circonftances, rends leur le même » fervice pour l'amour de moi, & je fuis fatis- » fait. «

Tome I.   M

Ils fondent leurs principes de ne point jurer sur la Loi du Nouveau Testament, qui nous dit; *Ne jurez point du tout :* précepte qui, selon eux, détruit entièrement l'usage du serment, tel qu'il étoit établi dans l'Ancien Testament : *Verba ligant homines, voce ligatur homo,* disent-ils d'après *Cook* (1).

Ils établissent leurs principes de non-résistance à tous les outrages qu'on leur peut faire, sur un grand nombre de passages de l'Ecriture-Sainte. — Quand à l'inspiration de l'esprit, ils croyent que Jesus-Christ a communiqué aux hommes un degré de connoissance & de lumières, qui éclaire ceux qui ne l'obscurcissent point par une ignorance volontaire. Ce rayon de lumières, dont nous devons implorer à chaque moment l'assistance, uni aux Loix infaillibles de la conscience, est suffisant, disent-ils, pour nous conduire dans toutes les situations de la vie; c'est pour recevoir l'heureux effet de ce rayon, qu'ils s'assemblent souvent, & passent des heures entières dans la méditation; ce qui devient pour eux la source de bonnes intentions, de pensées salutaires, le frein du vice, & le guide de leurs actions. — Bien différens des Calvinistes qui admettent une prédestination, une grâce personnelle & particulière, ils croyent & révèrent une

---

(1) Grand Jurisconsulte Anglois.

grâce libre & universelle venant de Dieu, & accordée à tous les hommes. — Ils sont, parmi nous, ce qu'étoient les *Essènes* parmi les *Juifs*, & les disciples de *Pytagoras* dans l'*Asie* ; ennemis du parjure, des combats, des dissentions & de la guerre; comme ces premiers, ils aiment à cultiver leurs terres à l'ombre de la justice & de l'équité des Loix. Si les Quakers n'étoient pas protégés par la force de la grande société, au milieu de laquelle ils vivent ; s'ils habitoient exclusivement une grande région, comme les anciens Indiens, ils seroient bientôt conquis & dépouillés de leurs richesses, sinon par des Nations venant du *Taurus*, de l'*Immaüs* ou du *Caucase*, du moins par des brigands Européens, aussi peu scrupuleux, quoique très bons Chrétiens.

Ne pourroit-on point leur appliquer ce que Saint Paul disoit jadis de certaines Personnes, dont il recommandoit l'exemple. ,, Leur conver-,, sation est mêlée de timidité, leurs ornemens ne ,, consistent ni dans les tresses de leurs cheveux, ,, ni dans l'or & les pierreries, mais dans la sim-,, plicité du cœur : c'est-là où on reconnoît cet ,, esprit doux & tranquille, qui est d'un grand ,, prix à la vue de Dieu ''. Le fait suivant vous convaincra à quel point le Parlement d'Angleterre respecte & estime cette Secte.

Nulle Personne, vous le savez, ne peut être admise, suivant les loix Angloises, à donner son témoignage, soit dans une Cause civile, soit dans un Procès criminel, sans préalablement s'engager par un serment. Le refus que les Quakers firent de jurer sur quelque prétexte que ce pût être, causa des délais & plusieurs désordres dans l'exécution de la Justice ; amendes, punitions, emprisonnemens, tout fut employé contr'eux en conséquence de ce refus de témoignage ; ils persistèrent néanmoins à n'offrir que leur simple affirmation de *oui* & de *non*. Par respect pour leur probité & leur persévérance courageuse, le Parlement publia enfin une loi par laquelle, l'affirmation d'un Quaker, en matières civiles seulement, seroit égale au serment d'un autre sujet : la même indulgence ne s'étendit point aux matières criminelles ; & en cela même l'honnête Quaker n'est-il pas heureux, puisqu'il se trouve exempté de la tâche douloureuse de concourir à la mort ou à la punition corporelle de ses frères.

Quand les nouvelles d'une grande victoire engagent les Citoyens de Londres à illuminer leurs fenêtres, à participer, par leurs plaisirs, à la joie Nationale, le Quaker, plus Chrétien & plus sage, s'abstient de toutes ces démonstrations de réjouissances publiques ; parce que, ennemis de la guerre,

& regardant tous les hommes comme frères, ils ne voyent dans le triomphe le plus éclatant, que boucheries, que cruautés & blessures ; ils ne voyent dans la victoire, que les grands sacrifices qu'il en coûte à l'humanité ; que les lauriers trempés dans le sang des Vainqueurs & des Vaincus. — Ils sont respectés du reste de leurs Concitoyens, même jusques dans cette exception singulière ; car, ils n'en sont pas moins attachés à leurs patrie, & les Avocats les plus zèlés de la Tolérance & de la Liberté. —

Anecdote de Walter Mifflin.

La grande discipline Militaire de l'Armée Angloise, & le gain de la bataille de Brandywine, ouvrirent enfin les portes de Philadelphie au Général Howe. Sa marche, depuis la *tête de l'Elk*, ainsi que son séjour dans cette Capitale, fut marquée par les incendies, les dégâts & la ruine d'un grand nombre de familles ; celles qui étoient plus éloignées du théâtre de la guerre, ouvrirent leurs maisons aux malheureux qui venoient d'être dépouillés.

Dans ces entrefaites, la *Société des Amis*, habitant les trois Comtés de *Kent*, de *Newcastle* & de *Sussex* (1), fit, suivant l'usage, son assemblée *de*

---

(1) Sur les bords de la rivière Delaware.

Souffrance, dont le but est de recueillir les charités de tous les membres, pour entretenir dans leur trésor les moyens d'assister les indigens & les malheureux de leur ressort : frappés des désastres de la guerre, qu'ils n'avoient jamais vue chez eux, ces bonnes gens doublèrent leurs souscriptions charitables; mais ces secours abondans, furent bientôt épuisés par le grand nombre des malheureux. Ils envoyèrent aux plus nécessiteux tout ce qu'ils avoient, & versèrent des larmes sur le sort de ceux qu'ils ne pouvoient assister. — Plusieurs *des Anciens* montèrent dans leurs chariots, & pendant des semaines entières, ne cessèrent de voyager de plantation en plantation, recueillant tout le lard, les farines & autres provisions que la charité des Colons leur procuroit. Vous seriez étonné de la somme d'argent & de la quantité de hardes, & de choses utiles qui furent ainsi récoltées dans ces champs même, à moitié détruits la par rapacité Angloise.

Pendant qu'ils étoient ainsi occupés, il leur fut inspiré (pour parler dans leur style,) d'envoyer une députation de leur Corps vers le Général Anglois, pour tâcher d'obtenir de lui une plus grande attention à la discipline de son armée, & une suspension d'armes, du moins pendant l'hiver.

Walter Mifflin fut nommé : les difficultés, & même les dangers de l'entreprise, loin de l'intimider, lui firent accepter avec joie la commission qu'on lui offroit; — car quiconque se refuseroit à l'exécution d'une bonne action, dès-lors devenue devoir, se couvriroit du reproche de pusillanimité devant les hommes, & d'un crime aux yeux de l'Être Suprême. — Vous vous imaginerez peut-être qu'un des Généraux Américains lui donna des papiers parlementaires. — Non, mon ami, ces précautions décèleroient aux yeux des Quakers de la timidité dans l'entreprise du bien, & les feroient en quelque sorte participer au grand crime de la guerre. — Sûr de l'estime du Corps par lequel il étoit député, animé par l'espoir du bien qu'il feroit à sa Patrie, s'il pouvoit réussir, *Walter Mifflin* partit. — Il portoit seulement avec lui deux lettres qui annonçoient à ses parens de *Philadelphie*, la résolution prise par les *Eglises Quakères* des trois Comtés (1), Kent, Newcastle & Sussex, & le choix que cette assemblée avoit fait de *Walter Mifflin*.

—Dans l'armée Américaine, il y avoit un Général du même nom de *Mifflin*; ce dernier, avant la guerre, avoit été membre de cette Société; mais, après s'être servi de son éloquence pour animer ses Concitoyens, il avoit été obligé de suspendre la force de ses sentimens religieux, pour prendre

_____

(1) Kent, Newcastle & Sussex.

les armes & venger sa Patrie. — Arrivé aux premiers postes Anglois, *Walter Mifflin* fut saisi & conduit devant l'Officier qui le commandoit. — Qui êtes-vous & où allez-vous, lui demanda-t-il ? — Je m'appèle *Walter Mifflin*, & je vais à Philadelphie. — *Mifflin, Mifflin* ! dit l'Officier; il me semble qu'il y a un certain *Thomas Mifflin* qui se dit un prétendu Général dans l'armée des Rebelles; ne seroit-ce point votre parent ? — Oui, mon ami, c'est mon cousin germain; cela peut-il te paroître un crime ? — Comment oses-tu m'appeler ton ami, toi insigne Rebelle ? Soldats, menez-moi cet hypocrite au corps-de-garde jusqu'à ce que nous le conduisions au Grand-Prévôt, pour y être pendu à son tour. Tu y verras un grand nombre de Rebelles qui, sous l'apparence de l'humilité & de la simplicité Quakères, ont cherché à se glisser dans les lignes Britanniques pour y faire le métier d'espions. — Quoique tu en dises, je ne suis pas un espion; peut-être qu'il me sera permis de le prouver. — Prouver, dit le Capitaine; ah ! ne vous y attendez pas : le procès d'un Rebelle comme vous est bien-tôt fait; une corde, un clou, ou une branche, & deux braves soldats pour le hisser; voilà tout ce qu'il nous faut. — Pourquoi, mon ami, voudrois-tu insulter un homme que tu ne connois pas ? Pourquoi l'accuser d'un crime dont tu n'es pas sûr ? Pourquoi le ménacer d'une punition qu'il ne mérite pas ? Ne suis-je pas ton frère ? — Moi, ton frère ! Dieu me garde d'une pareille alliance. Je suis ton ennemi ; voilà ce que je suis ; & si je vis, tu le verras toi & les tiens. Aujourd'hui que le Roi vous a ôté de dessous le manteau de sa protection, & vous a déclaré Rebelles, vous méritez d'avoir la corde au col, ainsi que vos femmes & vos enfans : oui, vous le méritez sur la proclamation seule de Georges III. — Ton Roi est donc bien cruel, lui dit *Walter Mifflin*, de condamner ainsi à mort tant de personnes qui ne lui ont jamais fait aucun mal ! — Notre Roi est le plus juste & le plus magnanime de tous les Rois de la terre ; il veut purger ce Pays de cette graine républicaine, de ces descendans du vieil Olivier (1), pour le repeupler de gens qui lui seront toujours fidèles. — De quels gens veux-tu parler, lui demanda *Walter* ? — De braves Ecossois, lui répondit l'Officier ? — Combien donc y a t-il que ton Pays est devenu si attaché à la Maison de *Brunswick* ? Est-ce que tu as entiérement oublié les *Stuarts* ? — Ils se sont oubliés eux-mêmes, & n'ont jamais mérité le sang que nos ancêtres ont versé pour eux (2). — Dis-moi donc, brave Ecossois, est-ce

---

(1) Cromwel.
(2) C'est un Anglois qui parle.

que ta Nation voudroit venir nous égorger, fous les drapeaux de ton Roi, avec deffein d'occuper les maifons, de labourer les champs, de faucher les prairies, que nous avons fi chèrement achetés par nos travaux & par nos fueurs ? — Et pourquoi non, M. l'Américain; vous êtes les Cananéens maudits de Dieu, & nous fommes la race favorite. — Ah ! mon cher Ecoffois, les Juifs ont fait bien des chofes qui ne font pas bonnes à imiter. — Soldats, menez cet homme au corps de-garde, il raifonne trop, & mettez-lui les menotes; entendez-vous : ce fera fans doute la première paire de manchettes que M. le Quaker ait jamais portées.

Après avoir été l'objet des railleries & de l'infolence de tous les Soldats, il fut conduit le lendemain midi au Grand-Prévôt; mais comme on avoit trouvé en le fouillant deux lettres adreffées à des perfonnes foupçonnées d'être *wigs*, il fut mis dans un cachot obfcur, & les lettres envoyées au quartier Général. — Elles y furent oubliées pendant long-tems; car les plaifirs les plus infenfés, la bonne-chère, la débauche la plus effrénée, occupoient tellement le *loifir* des Officiers Anglois, qu'à peine avoient-ils le tems de pourvoir aux affaires courantes. — Dix-fept jours après, ces lettres tombèrent dans les mains de Sir William Howe, par l'effet du plus grand hafard. Il crut voir dans ce qu'elles contenoient, quelque chofe de très-myſtérieux. Cette idée étouffant pour un moment ſon indolence, il ordonna qu'on lui amenât le Priſonnier dans les poches duquel on avoit trouvé ces lettres. — Il fut conduit à l'appartement du Général, ayant ſon chapeau ſur la tête. — Sir *William Howe*, un peu ſurpris de cette forme inuſitée, lui demanda ſi ſon nom étoit *Walter Mifflin?* — Oui, dit-il, ami Guillaume Howe, c'eſt mon nom. — D'où venez-vous? — Du Grand-Prévôt. — D'où veniez-vous quand on vous y a conduit? — Du Comté de *Kent*. — Pourquoi êtes-vous venu ici? — Pour te parler. — Dans ce moment le Colonel Balfour, premier Aide-de-Camp, s'appercevant que cet homme avoit l'audace de ſe tenir couvert devant ſon Maître, rempli des préjugés militaires, s'approcha précipitamment du Quaker; & lui ôtant ſon chapeau, dit avec colère: « Apprends, ruſtre Payſan, que perſonne ne parle » au Commandant en Chef de l'armée Britan- » nique la tête couverte, & à plus forte raiſon un » Rebelle & un Priſonnier comme toi ». — Comment veux-tu que je connoiſſe tes coutumes, lui dit *Walter Mifflin*, moi qui n'avois jamais vu un Général Anglois auparavant, & qui toute ma vie ai parlé le chapeau ſur la tête à mes Voiſins & à mes Amis. — Ce chapeau, qui t'a tant offenſé, n'eſt pourtant qu'une partie de mon vêtement: faut-il que j'ôte ma redingote auſſi? — Colonel

Balfour, fufpendez votre mercuriale, dit le Général. — M. *Mifflin*, les Gens de votre Profeffion tiennent-ils leur chapeau toujours fur leur tête par fcrupule de confcience ? — Non, ami Howe ; c'eft la coutume de notre Société qui, regardant tous les hommes comme frères, nous enfeigne que nous leur devons feulement la bonne volonté & la fincérité du cœur, exprimées par le ferrement des mains, fans aucune falutation extérieure. — Vous m'étonnez tout-à-fait, M. *Mifflin* ; je vous croyois fi attaché à cet ufage, que je l'avois cru fondé fur des motifs de confcience. — Il ne l'eft point, ami Guillaume ; mais dis-moi, as-tu été offenfé que je t'aie parlé couvert ? cela n'a pas été mon intention ; je me fuis préfenté devant toi, comme nous nous préfentons devant nos frères, comme nous nous préfentons devant Dieu même quand nous allons dans nos Eglifes implorer fa miféricorde, & y attendre l'influence de fon efprit. — Le traitement que j'ai reçu de ton Aide-de-Camp peut-il ajouter quelque chofe à ton honneur où à ton pouvoir ? — Mon Aide-de-Camp a cru bien faire, M. *Mifflin* ; mais que vous ayez votre chapeau, ou que vous ne l'ayez pas, cela m'eft parfaitement égal ; je n'exige de vous que des réponfes claires & précifes à mes queftions. — *Walter Mifflin*, remettant tranquillement fon chapeau, lui dit qu'il pouvoit compter sur la vérité de ce qu'il lui diroit; que ses questions lui feroient d'autant plus de plaisir, qu'elles lui procureroient l'occasion de lui communiquer les raisons qui l'avoient forcé de venir à Philadelphie pour converser avec lui. — Pour converser avec moi ? qui êtes-vous donc ? qui vous a envoyé ? — Je suis un Cultivateur du comté de *Kent*; je suis envoyé par l'Assemblée des Eglises Quakeres des trois Comtés d'en-bas. — Quoi ! un Cultivateur envoyé par les Eglises Quakeres ? — Ah ! Messieurs les Cultivateurs de ces Comtés & leurs Eglises choisissent un bien mauvais moment; car je me trouve obligé d'être leur ennemi. Que me veut cette Assemblée ? que me voulez-vous vous-même ? — Comme tu es Anglois, il se peut que tu saches que la *Société des Amis* ne se mêle jamais de la guerre, ni d'aucunes contentions publiques ou particulières. — Les disputes nous sont défendues par l'Evangile, qui nous enjoint de regarder tous les hommes comme nos frères; mais en nous recommandant la paix & la fraternité, elle nous ordonne aussi de faire tout ce que nous pouvons pour prévenir & pour empêcher le mal. — Nos frères des trois Comtés, réunis dans notre *Assemblée de souffrance*, ont cru qu'il seroit peut-être possible de procurer une entrevue entre toi & l'ami George Washington; que la conséquence de cette entrevue pourroit régler les moyens d'obtenir une suspension d'armes, au moins pendant l'hiver ; que cette suspension pourroit conduire à la bonne intelligence & à la restauration de la paix. — Persuadés que cette idée est salutaire & sainte, par obéissance à l'inspiration de l'Esprit, d'où proviennent toutes nos bonnes pensées, ainsi que le bien que nous faisons, ils m'ont député vers toi pour te la communiquer ; qu'en penses-tu, ami *Howe ?* — J'approuve votre idée, Messieurs les Quakers ; elle me paroît noble, & peut devenir utile ; qu'elle réussisse ou qu'elle ne réussisse pas, elle vous fera honneur chez moi, & servira à confirmer la bonne opinion que j'ai toujours eue de votre Secte : j'aime à voir que ceux qui ne se mêlent point de la guerre, cherchent à en adoucir les horreurs, & s'occupent des moyens de rétablir la paix. Mais les choses ne sont point égales entre le Général Washington & moi ; dans quatre jours, il peut recevoir des ordres du Congrès ; quant à moi, il me faut plusieurs mois pour obtenir ceux du Roi. — Si cependant nous pouvons nous voir, j'accepterais volontiers une suspension courte, qui puisse donner à nos troupes le tems de se délasser & de jouir d'un peu de repos. — Je vois, par le contenu de vos lettres, que vous ne m'avez rien caché, & qu'elles n'avoient été écrites que pour informer vos Amis de la résolution de vos Eglises & de votre généreuse entreprise : restez à dîner avec moi ; après le repas, je vous ferai expédier les papiers nécessaires pour votre voyage. — Je dînerai avec toi, puisque tu le veux ; mais je ne puis recevoir tes passe-ports. — Et pourquoi non, M. *Mifflin* ? — Parce que nous deviendrions coupables des grands crimes que la guerre occasionne, en nous munissant de passe-ports & d'immunités militaires : je pourrai ressortir de tes lignes comme j'y suis entré ; la bonne œuvre que je poursuis me conduira par-tout, j'en suis sûr, & me donnera le courage dont j'aurai besoin pour supporter les accidens qui peuvent arriver. — Quels singuliers principes ! quoi ! vous aimez mieux vous exposer aux insultes des soldats, à la prison, au mépris, que de prendre des papiers de sauve-garde ? Ces principes ne sont pas bien calculés, M. *Mifflin* ; ils sont contraires à la nature & au sentiment intérieur, qui nous commande la conservation de nous-mêmes. — Je suis fâché que tu ne les approuves pas, ami *Howe* ; ils servent pourtant de base à l'existence de notre Société ; nous les avons scellés de notre sang plus d'une fois ; nous les avons maintenus dans les tems de la plus sévère persécution ; si tu ne les approuves pas, du moins ne les méprises point ; ils sont fondés sur l'idée du bien, sur l'amour de la paix, de la concorde, & sur l'horreur que nous avons de la guerre, le plus grands des maux. — Mais s'il vous arrive quelque fâcheux évènement, que ferez-vous, M. *Mifflin ?* — J'en fupporterai les rigueurs, j'efpère, avec tranquillité & courage. — Tranquillité & courage ? & où les prendrez-vous ? — Dans ma confcience, & dans l'intime perfuafion que nuls obftacles temporels ne doivent m'empêcher de faire le bien. — Et fi je plaçois des foldats à la porte d'une de vos Eglifes, avec défenfe de vous laiffer entrer fous peine de la corde, que feriez-vous ? — Si je croyois que l'efprit m'ordonnât d'y aller, mon devoir feroit alors de ne point réfifter à cette infpiration ; j'irois au péril de ma vie. — Vous vous croyez donc immédiatement infpirés, Meffieurs les Quakers ? — Et pourquoi non, ami *Howe ?* tu l'es toi-même toutes les fois que tu as dans l'efprit de bonnes penfées ; quelle abfurdité y a-t-il à croire que les heureufes idées viennent du Ciel, comme de la fource générale du bien ? quel mal y a-t-il à croire que les bons Génies peuvent être fufceptibles de recevoir un foible rayon de cette grande lumière éclairant tous les hommes qui n'y ferment pas les yeux volontairement ? — Ceci, ami *Howe*, n'eft pas un principe nouveau ; je pourrai t'en démontrer la vérité par les Ecrits de S. Paul, de l'Empereur Marcus Antonius, d'Epictète, & de plufieurs autres grands Hommes. — Vous m'avez

l'air

l'air d'un Docte, M. *Mifflin*; je ne suis pas étonné que vos Eglises aient fait choix d'un homme comme vous. — Il s'en faut bien que je sois savant; je ne possède que la science du bon-sens, l'instruction de nos Ecoles & le fruit de l'expérience. — Vos principes peuvent être utiles à l'ombre de vos vergers, au sein de la tranquillité & de la paix; je ne puis cependant pas m'empêcher de les regarder comme inutiles, & même comme dangereux, dans une société qui ne peut se soutenir que par un effort perpétuel, c'est-à-dire, par ses flottes & ses armées. — Je ne suis pas venu ici pour disputer, ni pour changer ton opinion, ami *Guillaume Howe*; quant à la mienne, elle est la plus sacrée, la plus indélébile de toutes celles qui composent mon caractère moral : comme tu as accepté la proposition que je t'ai faite, je me retire pour continuer mon voyage. — Non, M. *Mifflin*; vous dînerez avec moi, & vous serez respecté à ma table comme vous méritez de l'être : on m'a dit que vous avez émancipé tous vos Nègres; cela est-il vrai ? — Je n'ai fait que ce que je devois faire. — Mais cette émancipation a dû vous coûter beaucoup ? — Il me reste encore une fortune suffisante, & je suis content. — On m'a dit de plus, que vous donnez la laine de cinq cens moutons à ceux qui ont perdu les leurs par les Troupes Angloises. — Puisque tous les hommes font frères, pourquoi les plus aisés ne partageroient-ils pas leurs richesses avec ceux que la guerre a ruinés ? il y a plus de véritable joie à faire le bien qu'on ne pense. — Par quel hasard avez-vous sauvé les vôtres ? — Par le moyen d'une isle que je possède : je les cachai dans les bois de cette isle, lorsque ton frère (1) remonta la rivière avec sa flotte. — Je vous estime infi- niment, M. *Mifflin*; & ces deux actions géné- reuses me rendroient votre ami pour toute ma vie, si nous étions en paix & voisins : plût à Dieu que tous les Américains vous ressemblas- sent ! — Ami *Guillaume*, ce seroit peut-être un mal pour la Grande-Bretagne. — Et pourquoi cela donc, M. *Mifflin ?* — Elle exécuteroit trop aisément tous les projets qu'elle a sur l'Amérique Septentrionale ; car, tu le sais, nous ne pouvons nous opposer aux pouvoirs de ce monde : mais quoique nous nous soumettions aux Gouverneurs de la Terre, nous n'en désirons pas moins ar- demment que les loix soient sages, justes & douces. — Mais ignorez-vous, M. *Mifflin*, que la Grande-Bretagne ne veut que votre bien ? — J'en doute ; car elle cherche à exécuter ici ce que la Nation Angloise n'a jamais voulu permettre à ses Rois. — Vous êtes donc *Wig*, M. *Mifflin ?*

---

(1) L'Amiral Howe.

— Ami *Howe*, tu es le maître de m'appeler comme tu voudras. — Mais que puis-je être ; que veux-tu que je fois, étant né Citoyen de la Penſilvanie ? m'imputeras-tu à crime d'aimer ma Patrie ? — Non, non, je ne vous en fais point un crime ; mon affaire, d'ailleurs, n'eſt pas de prêcher ni de convertir, mais bien de ſubjuguer. — Puiſque c'eſt malheureuſement ton devoir & ton inclination, au nom de l'humanité, mêles dans ta conquête autant de douceur qu'il eſt poſſible ; que tes Soldats, retenus dans les bornes de leur devoir militaire, ne ſoient plus autoriſés à piller & à détruire comme ils ont fait : la clémence fera honneur à tes armes, & t'aidera peut-être à conquérir. Si tu n'es pas Américain, peux-tu oublier que tu es Anglois ? tu ſais ce que ce nom ſignifie : le partiſan d'une liberté équitable & néceſſaire. — Ne ſavez-vous pas, M. *Mifflin*, qu'il y a, parmi nous-autres Militaires, deux caractères diſtinctifs, ſous l'apparence du même individu ? Comme Citoyen Anglois, j'avoue que le Parlement a pouſſé les choſes trop loin ; comme Militaire, mon honneur eſt engagé ; il faut que je rempliſſe, du mieux qu'il me ſera poſſible, les ordres du Roi. — Ce que tu viens de dire m'étonne ſingulièrement, ami *Howe* ; comment un homme peut-il avoir deux caractères ? — comment ſon eſprit peut-il ſe diviſer, & faire commettre à ses mains ce qui répugne à son cœur ? — Il en est pourtant ainsi, M. *Mifflin*; c'est un problème que vous, tranquilles Cultivateurs, ne pourrez jamais comprendre : cependant, je connois plusieurs Membres de votre Société qui ne pensent pas comme vous. — Cela peut être; notre Société ne prescrit aucunes loix; chaque Membre, volontairement uni dans le système de notre croyance, pense & juge des choses de ce monde suivant ses lumières : nos frères n'en sont pas moins partisans de la liberté. — Je suis fort de votre avis, M. *Mifflin*; je serois fâché de voir les Américains esclaves. Je suis charmé que le hasard ait fait tomber vos deux Lettres dans mes mains, puisque cette circonstance a abrégé votre captivité, & m'a procuré le plaisir de connoître un homme aussi respectable que vous l'êtes : c'est l'opinion même de vos ennemis. — Je ne croyois pas en avoir. — C'est le sort de tous les hommes, dit le Général; pourquoi voudriez-vous être plus heureux ? Adieu, M. *Mifflin*; j'ai donné des ordres pour qu'on vous laissât passer; je vous souhaite un bon voyage. — Adieu, *Guillaume Howe*; tu peux compter que je ferai de mon mieux.

Il quitta ce jour même la ville de *Philadelphie*, respecté par les Gardes, étonnés des égards qu'on leur forçoit d'avoir pour un homme à chapeau plat, en habit gris, sans boutons & sans poudre à ses cheveux, & dont les souliers étoient attachés avec des cordons.

Après avoir quitté les lignes Angloises, il fut trouver le Général Washington à son camp de Walley-Forge; il lui communiqua le sujet de sa visite, & l'histoire de son voyage à *Philadelphie*; il fut reçu par son illustre Compatriote à bras ouverts, il fut fêté & caressé par tous ceux qui l'environnoient; tout le monde s'empressa de rendre justice à une idée aussi bonne, & à un projet aussi humain, & quoique le Congrès ne jugeât point cette suspension d'armes avantageuse, *Walter Mifflin* & les Eglises qui l'avoient envoyé n'en furent pas moins complimentés; il retourna chez lui possédant l'estime des deux Généraux, heureux d'avoir fait tout ce qui dépendoit de lui, pour faire réussir l'entreprise qui lui avoit été confiée.

La même nuit que *Walter Mifflin* traversa German-Town, fut marquée par un de ces crimes qui n'est presque compté pour rien dans la grande liste de ceux qu'occasionne une guerre civile. — Le Lieutenant *** du Régiment *** dont l'ame est remplie de l'enthousiasme le plus noir, & l'homme le plus extraordinairement Royaliste que j'aie jamais vu, ne cessoit de se représenter comme méritant la mort tous ceux qui étoient appelés rebelles par la proclamation du Roi. — Un soir

faifi d'un zèle atroce, & d'une fingulière foif de fang, & pouffant la brutalité jufqu'au dernier excès, il quitta fa tente à minuit, accompagné de deux foldats auffi ivres de vin & de cruauté que leur chef; il frappa à la porte de la première maifon de German-Town qu'il rencontra: — qui eft-là, dit le Maître de cette maifon? — Ami, dit le Lieutenant; — je ne connois point d'ami à cette heure-ci, au milieu de deux armées, répondit le Bourgeois: — ouvrez, j'ai quelque chofe à vous dire. — Il defcend en chemife. A peine eût-il mis le pied fur la dernière marche, qu'ils le faifirent, & après lui avoir reproché à l'oreille d'être un Américain & un rebelle, ils le pendirent fans bruit à la porte, où le lendemain les voifins le trouvèrent. — Vous ne douterez pas de la vérité de ce trait, quand je vous dirai que je le tiens de la bouche même de cet Officier, aujourd'hui Capitaine en fecond. — ,, Je revins me coucher,
,, me dit-il, & je dormis tranquillement jufqu'au
,, lendemain; ceci, ajouta t-il, n'eft qu'une égra-
,, tignure en comparaifon de ce qu'a fait notre
,, Général *Grey*, quand il fit percer de coups de
,, bayonnettes, dans une feule nuit, plus de qua-
,, tre cens Rebelles qui étoient endormis......

Adieu.

ANECDOTE
D'UN CHIEN SAUVAGE.

Comté de Carlisle, Pensilvanie.

Dans le Comté de U-Er, voisinage de Wawasing, vivoit un homme avec lequel j'étois fort lié, il se nommoit le *Févre*; il étoit petit-fils d'un François, qui, à la révocation de l'Edit de Nantes, fut obligé d'abandonner sa patrie. Il pouvoit véritablement être appelé le dernier des hommes, car il possédoit la dernière plantation de cette Vallée vers les *Montagnes-Bleues*, (1) chaîne énorme, qui sera toujours, comme elle est aujourd'hui, l'asyle des bêtes fauves; il n'avoit à redouter, en temps de guerre, que les incursions des habitans de ces contrées sauvages : il les connoissoit tous, & en étoit fort aimé. — Une belle chûte d'eau lui avoit donné l'idée d'y bâtir un Moulin, qui étoit le meilleur de la Vallée; le même courant tournoit aussi un Moulin à scie, auquel il apportoit, sur les neiges de l'hiver, les arbres qu'il tiroit des montagnes voisines : — cette eau utile étoit ensuite arrêtée par une industrie assez commune

---
(1) Blue Mountains.

dans ce pays-ci, pour arroſer les champs voiſins, & y faiſoit pouſſer le foin le plus abondant & le meilleur que j'aie jamais vu. — A un demi-mille de ſa porte, couloit la rivière d'*Euſopus*, ſur les bords de laquelle la Nature a formé le ſol le plus riche que je connoiſſe en Amérique, ſi bien connu ſous le nom de *Terre-baſſe*; c'eſt dans cette Vallée, que la fertilité même a pris ſon ſéjour; c'eſt-là où chaque Grange devient un Temple de Cérès.

Cet homme avoit onze enfans, choſe aſſez commune dans ce pays-ci; ils étoient tous ſains & bien-portans; les plus avancés en âge, comme leur père, étoient d'habiles chaſſeurs. Qui pourroit habiter ſi près des forêts, ſans ſavoir inſtinctivement s'y guider & attrapper le gibier qu'elles contiennent! c'eſt ainſi que ceux qui demeurent ſur les rivages de la mer, deviennent Marins. — Tout, avec l'homme, eſt local; ſes vertus & ſes vices, ſes goûts, & même ſes préjugés; il n'y a que la ſaine morale & la vertu qui ſoient de tous les pays : — Malgré la nombreuſe famille que cet homme avoit, il ne ceſſoit d'importuner le Ciel pour avoir le douzième : — ,, Pourquoi,
,, après avoir été père d'onze enfans, n'en ob-
,, tiendrai-je pas encore un ? j'attache, je ne
,, ſai pourquoi, une idée favorite à ce nombre;
,, un enfant ne demande que la culture de deux

„ acres de plus, & une augmentation de six mou-
„ tons ; j'ai assez de terre pour en élever vingt ; les
„ plus âgés aident leur mère à conduire les plus
„ jeunes. — '' Il vivoit avec le produit de son
Moulin, heureux & tranquille ; un de ses fils étoit
Ministre du voisinage Wawasing, qui n'étoit habité que par des Hollandois, descendus des premiers
Colons de *New-Amstel*, aujourdhui *New-York*.

Etant un jour chez ce Colon, le plus jeune de ses
enfans disparut vers les dix heures du matin ; il étoit
âgé de quatre ans : la famille allarmée, le cherchat
dans la rivière & dans les champs, mais inutilement.
Les parens effrayés, envoyèrent chercher les voisins;
nous entrâmes dans les bois, que nous parcourûmes
avec l'attention la plus scrupuleuse : mille fois nous
l'appelâmes, nous n'entendîmes d'autres réponses
que celles des échos sauvages ; nous nous rassemblâmes enfin aux pieds de la montagne des Châtaigniers,
sans avoir pu appercevoir le moindre vestige de cet
enfant. — Je n'ai de ma vie vu une scène plus affligeante.

Après nous être reposés pendant quelques minutes, nous nous divisâmes en plusieurs compagnies;
la nuit vint, sans que nous ayons pu nous flatter
d'aucune espérance ; — les parens, au désespoir,
refusèrent de retourner à la maison : — leur terreur

---

(1) Wawasing,

étoit sans cesse augmentée par la connoissance qu'ils avoient de l'activité & de la rage des Cata-monts, (1) dont les hommes ne peuvent pas toujours se défendre. — Ils se peignoient un loup affamé, dévorant l'enfant de leurs entrailles, & faisant ruisseler sur la terre le dernier sang qu'ils avoient produit : — quelle nuit noire & mélancolique ! elle me sembla durer un mois. — » Dérick, mon pauvre petit Dérick, où es-tu ? où » es-tu, mon enfant ? réponds à ta mère, si tu l'en-» tends ? « Tout fut inutile. — Aussitôt que le jour parut, chacun de nous recommença à chercher, mais aussi malheureusement que le jour précédent : nous étions tous désolés & ne savions que faire. — Heureusement un Sauvage, chargé de Pelleterie, venant du village d'*Anaquaga* (2), passa par la maison de ce Colon, à dessein de s'y reposer ; il fut surpris de n'y trouver qu'une vieille Négresse, qui avoit été arrêtée par ses infirmités. — Où est mon frère, lui demanda ce Sauvage ? — Hélas ! dit la femme noire, il a perdu son petit Dérick, & tout le voisinage est employé à le chercher dans les bois : il étoit pour lors trois heures après-midi. — Sonnes la trompe, tâches de faire revenir ton Maître, je retrouverai son petit enfant. — Aussi-

---

(1) Chats de Montagnes.
(2) Sur la rive orientale de la rivière Susquéhannah.

tôt que le père fut revenu, le Sauvage lui demanda les souliers & les bas que le petit Dérick avoit portés le plus récemment : — il commanda à son chien de les sentir. — Prenant ensuite la maison pour un centre, il décrivit un cercle d'un quart de mille de semi-diamètre, ordonnant à son chien de sentir la terre par-tout où il le conduisoit ; le cercle n'étoit pas encore complet, lorsque ce sagacieux animal commença à abboyer. — Cet heureux son porta sur le champ dans le cœur des parens désolés, quelques foibles rayons d'espérances. — Le chien suivit la piste, & abboya encore ; — nous le poursuivîmes avec toutes nos forces, & bientôt nous le perdîmes de vue dans l'épaisseur des bois. — Une demi-heure après, nous le vîmes revenir. — La contenance de ce chien étoit visiblement changée ; l'air de joie y étoit peint ; j'étois sûr qu'il avoit retrouvé l'enfant : — mais étoit-il mort ou vivant ? — Quelle cruelle alternative pour ces pauvres parens, ainsi que pour le reste de la compagnie ! Le Sauvage suivit son chien, qui ne manqua pas de le conduire au pied d'un grand arbre, où l'enfant étoit couché, dans un état d'affoiblissement qui approchoit de la mort : il le prit tendrement dans ses bras, & se hâta de l'apporter vers la compagnie, qui n'avoit pu le suivre avec la même promptitude ; heureusement le père & la mère avoient été en quelque manière préparés à recevoir leur enfant ; il y avoit plus d'un quart d'heure qu'ils avoient commencé à former quelques espérances ; une foible lueur avoit pénétré dans leur cœur, dès qu'ils entendirent les premiers accens du chien sauvage ; — ils coururent à la rencontre de leur frère, dont ils reçurent leur cher Dérick, avec une extase & un empreſſement que je ne puis vous décrire. — Ah ! mon ami, que cette ſcène étoit belle & frappante à contempler ; les ris ſpontanés, les larmes douces, les éjaculations de reconnoiſſance, les yeux levés vers le Ciel, les monoſyllabes, la joie paternelle enfin s'y développèrent ſous mille nuances différentes, trop ſublimes pour mon foible pinceau.

Mon cœur, qui avoit été ſi long-tems reſſerré par la plus vive douleur & la plus forte ſympathie, fut diſſous en roſée de larmes : — ce fut le mouvement général & unanime de toute l'aſſemblée. — Comme une pluie douce & bienfaiſante, après une grande ſécherèſſe, ranime les plantes languiſſantes, de même les pleurs que nous verſâmes firent évanouir notre ancienne angoiſſe, à laquelle ſuccédèrent les complimens les plus courts & les plus ſincères. — Je me contentai de ſerrer les mains du père dans les miennes avec une honnête énergie, & de prendre dans mes bras la bonne mère & ſon enfant, ſans pouvoir prononcer une ſeule parole. — Après avoir baigné le viſage de leurs enfant avec leur larmes, ils fe jettèrent au col du Sauvage, dont le cœur, naturellement plus dur, s'attendrit néanmoins. — Ce fut la première fois que j'eufse jamais vu un Indien verfer des larmes. Leur reconnoiffance s'étendit même jufqu'à fon chien ; ils n'oublièrent pas de careffer cet animal, qui, par le moyen de fa fagacité, avoit retrouvé leur cher enfant, & qui, guidé par l'impulfion infaillible de l'inftinct, s'étoit montré fupérieur à la maffe réunie de la raifon de tant de perfonnes ; ce chien, humble comme fon maître, fembloit embarraffé & confus. — Mais à quoi bon chercherai-je à décrire mille circonftances touchantes, dont les impreffions font encore gravées dans mon cœur, mais qui échappent à ma plume ; peut-on décrire la moitié de ce qu'on reffent ? Il faut avoir reçu des mains de la Nature le grand privilège de Paternité, pour pouvoir fuivre ces bonnes-gens dans les gradations différentes de la joie qu'ils reffentirent, quand ils s'apperçurent que leur Dérick ouvroit les yeux à la lumière, & avala quelques gouttes de bouillon.

De retour à la maifon, notre ancienne angoiffe fut changée en allégreffe ; chacun de nous fe félicita de ce nouveau bonheur, comme s'il lui avoit été perfonnel ; car chacun s'y étoit intéreffé comme à fon propre malheur. — Le Fèvre ordonna une fête ; — quatre-vingts-trois perfonnes y furent invitées. — Nous passâmes cette nuit, cette mémorable nuit, avec toute la joie que pouvoit en inspirer le sujet ; elle fut animée par les honnêtes libations & par la bonne-chère ; la paix, l'union & la cordialité présidoient à notre table. — L'aventure se communiqua même jusqu'à Monbakus, d'où plusieurs habitans vinrent à cheval vers le point du jour partager avec nous le nouveau bonheur de Dérick le Fèvre & de sa femme. — La maison, quoique grande, put à peine nous contenir; mais le moulin à scie nous fournit des planches avec lesquelles nous fîmes des sièges jusques sous le piassa (1). Les chevaux furent mis dans un champ, où on leur porta du foin : les Nègres du voisinage y vinrent aussi ; car les Noirs, comme les Blancs, partageoient la joie de ces bons Parens, & vouloient les féliciter. — Ce fut une tâche véritablement difficile pour Dérick le Févre : à peine avoit-il le tems d'embrasser & de caresser son enfant qui, pendant toute cette nuit, si différente de celle que nous avions passée la veille, dormit sur les genoux de sa mère, qui, toute obsédée de plaisir, étoit assise au milieu de la plus grande chambre.

Le lendemain le Fèvre, plein de reconnoissance,

---

(1) Espèce de Portique placé devant presque toutes les Maisons.

offrit au Sauvage ce qu'il croyoit pouvoir lui être utile ; mais embarrassé, confus, peu accoutumé à des scènes si bruyantes, il s'étoit retiré dans la grange, d'où à peine put-on le faire sortir. — Enfin, après beaucoup de persuasions, il accepta une carabine de Lancaster (1), de la valeur de 160 livres. Le nom de cet honnête Sauvage étoit Téwénissa ; celui de son chien Oniah : cette circonstance ne fut pas même oubliée. — Vers les dix heures, le Fèvre pria la Compagnie de se rassembler dans la cour : il fit asseoir l'Indien auprès de lui ; & prenant son enfant dans ses bras, il parla ainsi : (vous observerez que ce Colon avoit toute sa vie fait la traite des Sauvages, en connoissoit parfaitement bien la langue & toutes les coutumes :)

— Téwénissa, avec cette branche de wampun, je touche tes oreilles ; Téwénissa, je m'adresse à toi : mon cœur étoit navré, tu en as guéri la blessure. Je pleurois amèrement, crainte d'avoir perdu mon enfant ; tu as desséché mes pleurs, en le retrouvant par le moyen de ton fidèle chien. Vieux comme je suis, j'avois perdu le bâton de ma caducité, la consolation de mes vieux jours ; tu l'as retrouvé, ce bâton & cette consolation. Ma femme & moi nous étions comme deux couleuvres, roides & sans vie ; tu nous as ranimés

---

(1) Ville de la Pensilvanie.

en nous approchant du feu. Que ferai-je pour toi, Téwéniffa ? il y a déjà bien des lunes que tu connois mon cœur ; il y a bien des lunes que, comme homme, tu étois mon ami : aujourd'hui fois mon frère ; — je te reconnois & t'adopte comme tel devant tous ces témoins. — Ecoutes, Téwéniffa, fi jamais tu deviens incapable de chaffer, viens ici y vivre à ta façon ; je t'y bâtirai une vigwham. Je ne t'offre point de terre, tu n'en veux point ; c'eft de toi & de tes ancêtres que nous tenons celle que nous cultivons.— Si jamais tu es bleffé, viens fous mon toit, je fucerai ta bleffure (1) : fi jamais tu es fatigué de ton village & des tiens, viens vivre avec un homme Blanc, que tu as aimé il y a long-tems, & qui aujourd'hui te reconnoît pour frère. Si jamais tu as caufe de pleurer, je deffécherai tes larmes, comme tu as defféché les miennes. Si jamais Kititchy Manitou (2) te prive de tes enfans, ou t'afflige, viens ici, tu y trouveras une peau d'ours ; je te confolerai, fi je le puis. — Comme mon frère adoptif, je te donne cette branche de wampun bleu & blanc. Quand les tiens, à ton retour à Anaquaga, te verront porter ce wampun fur ta poitrine, tu leur diras ce qui s'eft paffé. Quand ton

---

(1) C'eft la méthode ordinaire des Sauvages.
(2) Le mauvais génie.

chien

chien fera vieux & ne pourra plus te fuivre, je lui donnerai de la viande & du repos. Téwéniffa, j'ai fini. — Il prit enfuite le Sauvage par la main, & le fit fumer dans fa pipe, & ajouta en langage Hollandois: mes Voifins & mes Amis, voilà mon frère; que dorénavant le nom de *Dérick*, par lequel mon onzième enfant étoit connu, foit entièrement oublié, comme s'il ne l'eût jamais reçu à fon Baptême, & qu'il ne foit appelé le refte de fa vie, que par celui de fon Libérateur & oncle Téwéniffa.

Toute l'affemblée applaudit à ce qu'il venoit de dire, & par leur approbation fanctifièrent cette nouvelle adoption. — Le Sauvage, qui avoit reçu deux branches de wampun, & qui avoit entendu un difcours, fuivant leur ufage, fe prépara à y répondre; pendant plus d'un quart-d'heure, il fuma fans rien dire, les yeux vers la terre, enfuite il parla ainfi.

Dérick, je te donne une branche de wampun, afin que tu m'entende mieux; avec la même branche, je nettoye le fentier qui mène de notre village à ta wigwham. — Ecoutes, ce que tu m'as dit, eft gravé fur mon efprit; je ne puis être ton frère fans que tu fois le mien; quoique nous ne foyons pas du même fang, tu l'es, & ma wigwham eft devenue la tienne jufqu'à ce que nous

Tome I. O

allions vers l'Ouéft (1); donnes-moi ta main, & fumes dans ma pipe. (Le Fèvre le prit par la main & y fuma) Mon frère, je n'ai rien fait pour toi que tu n'euffes fait pour moi ; c'eft Kitchy Manitou (2) qui voulut que je paffaffe hier devant ta wigwham. — Puifque tu es heureux, je fuis heureux ; puifque ton efprit fe réjouit, le mien fe réjouit auffi. — Quand tu viendras à Anaquaga (3) tu n'iras plus te chauffer au feu de Mataxen, de Togararoca, de Wapwalipen, & de tes autres amis ; mon feu eft dès aujourd'hui le tien ; je t'y donnerai une peau d'ours pour y repofer tes os ; — j'ai fini. — Je te donne cette feconde branche de wampun, afin que tu te reffouvienne de ce que je t'ai dit. — Ainfi finit la cérémonie. L'Enfant, devenu homme depuis, n'a jamais quitté un nom qui étoit devenu le fceau de fa reconnoiffance, ainfi que de celle de fon père. — J'ai vu plufieurs de fes lettres qui étoient fignées Téwéniffa le Fèvre. — Son libérateur & oncle adoptif mourut quelques années après; le jeune homme, par l'aveu de fon père, fut à Anaquaga, où, devant tout le village Sauvage, & le Miffionnaire, qui étoit un

---

(1) Endroit de repos après la mort.
(2) Le bon Génie.
(3) Village Sauvage fur les rives orientales de la rivière Sefquehannah.

Ministre Morave, il adopta pour frère celui des enfans du vieux Téwénissa qui portoit le même nom. — Ce jeune Sauvage n'a jamais depuis traversé les *Montagnes Bleues* sans s'arrêter chez le Fèvre, à qui j'ai entendu dire bien des fois qu'aussi long-tems qu'il vivra, il n'oubliera qu'il doit sa vie au père de ce frère adoptif.

Puisque le récit de cette Anecdote ma conduit à vous donner une foible idée de l'éloquence Sauvage, ne trouvez pas mauvais que je vous envoie le discours suivant, prononcé au village de l'Aigle Blanc (1), en conséquence des propositions que White Eyes, chef des Chèrokees, fit au Congrès en 1776, pour les civiliser par la culture de la terre; je n'ai que la substance de ces dernières propositions, que je vous enverrai si vous vous imaginez qu'elles puissent être intéressantes.

Discours prononcé par Lackawané, pour contrebalancer les mauvais effets qui auroient pu résulter des propositions de White Eyes, Chef des Cherokees.

Celui qui désire voir nos Gens remuer la terre, & faire ce que font les Blancs, — c'est un traître

---

(1.) Sur une des branches occidentales de la rivière Sesquehannah.

de quelque nation qu'il puiſſe être; — ſi c'eſt un Miamis, il eſt traître aux Miamis; ſi c'eſt un Shawanèſe, il eſt traître aux Shawanèſes : dans ſon cœur il hait toutes les Nations qui demeurent ſous notre Soleil. — Celui qui déſire de voir nos Gens amis des Blancs & écoutant leur diſcours, je le dis, — que le reſte de ſa wigwham ſe méfie de lui, — il n'y a rien de bon dans le cœur de l'orateur, ni de celui qui lui prête l'oreille; — ne le ſavons-nous pas ? — Nos pères nous l'ont dit; nous l'avons obſervé dans nos jours; — nous l'avons ſenti. — Qui, parmi nous, dira que *non*, ou voudra nier quelque partie de mon diſcours; — ſi quelqu'un ſe préſente, je m'arrête pour l'entendre. — Mais qu'il s'élève, qu'il s'élève auſſi haut qu'une montagne, afin que ſes paroles puiſſent courir comme le vent. — Mais quand il aura parlé, qu'il ne deſcende pas pour ſe cacher avant qu'on lui ait répliqué. — Perſonne ne parle, — je continue.

Les Blancs ſont déjà parvenus juſqu'aux ſources de nos grandes Rivières, & il y a bien des journées de chemin depuis le grand lac Salé. — Que ſont devenues les Nations qui chaſſoient dans tout ce pays ? Parties pour l'Oueſt, elles n'exiſtent plus. — Où ſont leurs enfans? Ils n'exiſtent plus, les enfans de ces derniers, quelque individu qui ait de leur ſang. Tout eſt mort; il n'y a plus personne dans cette partie que des Blancs, des Blancs sans nombre; on n'y voit plus que des gens du point du jour (1). — Mais les Blancs, on me dira, leur donnèrent des étoffes, des habits, leur montrèrent la parole de leur grand Dieu, qui vaut mieux, à ce qu'ils disent, que celle de notre *Manitou*. — Oui, les Blancs leur ont donné bien des choses, pour des choses de plus grande conséquence; car ces fourbes nous ont toujours trompés. — Ils leur donnèrent de l'eau-de-vie. — Et qui l'a donnée aux Blancs? Le Mauvais-Esprit. — Ils prirent nos terres pour cette eau de vie. — La terre est restée, nos pères sont partis. — L'eau-de-vie leur vient tous les jours, &, malheureusement, il y en a beaucoup parmi nous qui l'aiment. — Ce qui est arrivé la lune dernière, est le père de ce qui doit arriver encore. — Tous ceux qui m'entendent peuvent donc deviner ce que nous deviendrons. — Et parce que quelques-uns de nous sont fous, faut-il que nous périssions tous? — Ceux qui proposeront que nous cessions de chasser pour aller remuer la terre, méritent la mort; car ils haïssent leur propre sang. — Nos terres sont toutes couvertes de bois : c'est-là que nos yeux peuvent voir, & nos oreilles entendre tout ce

_____

(1) Européens.

qui fe paffe autour de nous ; c'eft-là que nous pouvons attraper tout ce qui nous fuit : dans le pays où le foleil luit, nous ne pouvons rien faire, parce que nous n'avons rien à faire. — Il faut donc planter, diront quelques-uns parmi nous ? & moi, je dis : Allons à la chaffe, alors nous ferons toujours guerriers, hardis & ne craignant perfonne ; c'eft pour nous rendre des lâches, que les Blancs veulent nous fixer à la terre. — Alors ils nous gouverneront, & feront tout ce qu'ils voudront. — Voyez les pauvres *Méhicanders*, dans la nouvelle Angleterre, & par-tout ailleurs où nos frères ont refté parmi les Blancs ; font-ils des hommes comme nous ? *Non*, les Blancs ne les confidèrent point, &, dans quelques lunes, il n'en reftera pas un ; ils font devenus oififs ; ils ont ceffé d'être hommes. — Notre Dieu nous a créé pour notre terre, & notre terre pour nous : fi nous quittons nos bois, nous ferons comme des cerfs, tenus dans des endroits fermés ; ni leur chair, ni leur poil, ni leur peau, ne font pas fi bons que celles de ceux qui courent en liberté. — Attachés à la terre, nous deviendrons auffi méchans que les Blancs ; nous mentirons comme eux ; nous apprendrons toutes leurs fraudes & leurs chicannes. — Nous faifons des fautes auffi, je le fais ; mais elles nous font utiles : nous n'avons pas befoin de leurs vertus ; ce font des plumes d'oifiveté & de paix. — Soyons toujours Chaffeurs, & alors nous faurons toujours nous défendre ; l'action de furprendre & d'attraper notre gibier, nous enfeigne à furprendre & à attraper notre ennemi. — Uniffons-nous comme une boule ; mefurons une ligne, & difons : Puifque vous êtes venus, ceci fera votre côté, celui-ci fera le nôtre ; & nous verrons les premiers qui outrepafferont. — Je fuis né Chaffeur ainfi que vous, je veux dire un Guerrier ; comme tel je me fuis toujours montré, & les Blancs le favent bien. — Pourquoi chaffons-nous mieux que les *gens du Point-du-Jour* (1) ? pourquoi nageons-nous mieux ? pourquoi courons-nous plus vîte & plus long-tems ? C'eft parce que nous fommes Chaffeurs. Pourquoi voyageons-nous nuit & jour à travers nos forêts, & que les Blancs s'y perdent ? pourquoi fouffrons-nous avec patience la faim, la foif, les maladies ? C'eft parce que nous fommes des Chaffeurs ; c'eft cela qui nous rend des hommes capables de fouffrir & de mourir. — Que gagnerons-nous en fouillant la terre ? un peu de pain, de viande & d'argent. — C'eft précifément ce qui tueroit nos gens. Au bout de quelque tems, s'ils n'aiment pas leurs voifins, s'ils s'ennuient des Loix ou de leur Chef, ou qu'on vienne

---

(1) Saganash.

prendre leur fubftance, voilà les chaînes qui les arrêtent ; ils ne peuvent emporter leurs terres avec eux, & aller ailleurs planter leurs wigwhams. — Non, ils font attachés ; il faut qu'ils reftent où ils font, & ils faut qu'ils foient gouvernés par ceux qui font un peu plus riches, & ceux-là par ceux qui font plus riches encore, & ainfi de fuite : un homme ainfi placé n'eft plus homme. — Où eft fa volonté, fon indépendance, fa fierté ? Il n'y en a plus : — ce n'eft pas-là le genre de vie qui nous convient. — Celui qui fouit la terre, trouve toujours, au bout de fon champ, la corde qui l'attache ; — au contraire, le Chaffeur peut aller ici, là, par-tout où il veut, il eft libre ; & s'il hait l'eau-de-vie & les Blancs, c'eft un homme. — Prenez-y garde, vous qui m'entendez, j'ai vu bien des lunes, j'ai fait de mon mieux ; & fi tous nos gens, depuis les eaux du *Saguinan*, de *Katavakoui* & d'*Erié*, avoient bien fuivi mes confeils, nous aurions vu une révolution qui nous auroit donné du poids. — Si cette terre étoit faite pour les Blancs, pourquoi leur Dieu ne les y avoit-il pas amenés d'abord ? Si elle eft faite pour nous, pourquoi ne la garderions-nous pas ? pourquoi fouffrir, comme nous faifons, d'être perpétuellement repouffés en arrière, en arrière, en arrière, comme fi nous étions des femmes ? — J'ai parlé.

ANECDOTES.

Permettez-moi de vous envoyer les Anecdotes suivantes; je me flatte qu'elles seront suffisantes pour vous donner une idée des Mœurs & du Gouvernement de la Province de Connecticut (1).

Un Marchand de Northampton fit une très-grande fortune par le commerce, & devint, dans peu d'années, l'homme le plus riche de cette Colonie : son opulence lui fit perdre la faveur populaire dont il jouissoit auparavant, quoiqu'elle n'eût en rien diminué de la simplicité de ses mœurs & de sa vie ; & telle fut la jalousie inspirée par ses richesses, que celui qui, par son esprit & ses connoissances, étoit fait pour devenir Gouverneur, ne put être élu par le Peuple pour le plus petit emploi. — Déterminé cependant à mériter l'estime & la confiance de ses Compatriotes, il sollicita, &, avec peine, obtint la place de Maître d'une Ecole Latine, pour son fils, que celui-ci exerça pendant long-tems à la satisfaction du Public : malgré la fortune de plus de 300,000 liv. dont il devoit jouir un jour, cette condescendance eut l'effet désiré.

---

(1) Une des treize Provinces Confédérées.

Je lui dis un jour : Comment avez-vous pu vous foumettre à folliciter, pour votre fils, une place de 1075 liv. par an, lorfque vous pouviez lui donner une fortune bien fupérieure & entièrement indépendante du Public ? — Mon ami, le fentiment le plus doux dont nous jouiffions, eft celui d'être eftimé de nos Concitoyens, & d'occuper un rang dans notre Patrie ; & qu'eft-ce que ma fortune, après tout ? quel bonheur me procure-t-elle, fi je ne puis entrer pour rien, fi je ne puis être compté pour rien dans la chofe publique ? Or, comme l'exiftence politique des individus eft dérivée de la confidération de nos voifins, il ne faut donc rien omettre pour la mériter. — Vous n'avez donc point d'amour-propre, lui dis-je ? Un Européen de votre fortune ne voudroit jamais fe foumettre à ces mortifications. — Nous avons autant d'amour-propre qu'eux, me répondit-il ; la différence n'exifte que dans l'objet. — Parmi nous, la plus grande mortification eft de n'avoir aucun poids, & par conféquent de n'occuper aucuns emplois municipaux : ma fortune doit néceffairement infpirer la jaloufie dans un pays où le Gouvernement eft fondé fur l'égalité des poffeffions. — Je dois à mes voifins quelque efpèce de dédommagement.

SECONDE ANECDOTE.

Etant un jour chez M. Fefche, Gouverneur de la même Province, il me propofa de nous faire rafer à la boutique du Barbier de la Ville, qui étoit en même-tems, fuivant l'ufage, un des grands politiques du Canton. — Volontiers, lui dis-je. — Mais ne vaut-il pas mieux faire cette opération nous-mêmes au coin de votre feu ? — Non, me répondit-il; cette Boutique eft notre Café; c'eft-là que, par la complaifance, la bonne humeur, les petites faillies, on fe procure quelquefois des nouveaux amis, & qu'on conferve les anciens; c'eft-là qu'on apprend ce qui eft dit de nous & de notre conduite publique, & qu'on fe juftifie en petit comité, fi nous fommes accufés de quelque chofe qui déplaife au Peuple. — Quel efclavage, lui dis-je ! qui voudroit être le Gouverneur de pareils gens ? cela même pourroit s'appeler baffeffe. — Point du tout, me répondit-il; — nous, Gouverneurs, ne fommes-nous pas payés par le Peuple ? Elevé par le Peuple, c'eft donc au Peuple auquel il faut chercher à plaire, & dont il faut obtenir la bonne opinion par notre conduite ; c'eft notre Souverain : & vous, Meffieurs les Européens, n'en faites-vous pas autant, quand vous faites la cour à vos Rois ? Je ne fais auquel des deux il eft plus aifé de plaire.

TROISIÈME ANECDOTE.

Étant un jour dans la partie de la province de l'isle de Rhodes, appelée *Pointe-Judith*, chez une des plus anciennes familles de cette Péninsule, le Maître de la Maison me raconta l'Anecdote suivante.

Le père de mon trisaïeul étoit Capitaine de Cavalerie au service de l'infortuné Charles I; un moment avant la bataille de ***, un des fers de son cheval se détacha; il descendit, & n'eut que le tems de le mettre sur sa tête & de le couvrir de son chapeau, avant le commencement de l'action : dans la mêlée, il reçut un coup de sabre, qui coupa son chapeau & ce fer plus de deux lignes de profondeur. Je conserve soigneusement ces deux objets; voudriez-vous les voir ? — Très-volontiers, lui dis-je. — Je les tins dans mes mains, & considérai avec la plus grande attention ce phénomène de bonheur : sans ce fer placé comme par accident, leur ancêtre auroit péri.

Après la restauration de Charles II, continua-t-il, il sollicita en vain la restitution du bien que Cromwell avoit confisqué : fatigué de l'ingratitude de ce Roi insouciant, il vendit ce qui lui restoit, & vint ici, où il acheta toute la Péninsule, qui depuis a été, comme vous le voyez, subdivisée parmi ses descendans : c'est ici la maison qu'il fit bâtir dans l'année 1667.

QUATRIÈME ANECDOTE.

Etant un jour à New-Plimouth, dans la baie de Massachussets, les habitans de cette Ville, qui est le berceau & le premier établissement de cette Province, me montrèrent une grande pierre platte qui est placée dans le milieu de leur Place publique, comme un monument de l'arrivée de leurs pères, qui débarquèrent de leur bateau sur cette pierre le 24 Novembre 1626. — Long-tems elle resta sur le rivage, où la Nature l'avoit mise, sans que personne n'y attachât aucune estime ; ce n'est que depuis trente ans qu'aux frais du Public elle a été transportée où elle est : il n'y manque qu'une inscription qui puisse informer la postérité de l'origine de cette simple, mais respectable Anecdote. — Je persuadai aux Magistrats de la Ville de la faire exécuter.

CINQUIÈME ANECDOTE.

La dernière fois que je fus à Néwohaven (1), on me fit observer un tuyau de bois, de trois pouces & demi de diamètre, du milieu duquel

---

(1) Ville Maritime de Connecticut.

sortoit un foible ruisseau d'eau limpide & excellente; il étoit placé à moitié de l'élévation du banc, qui pouvoit avoir quinze pieds de hauteur. Il y a peu d'années, plusieurs personnes unirent leurs travaux pour ouvrir la terre, dans l'intention de suivre le tuyau jusqu'à son commencement, & de suivre cette source jusqu'à son origine; mais après l'avoir ouvert & suivi près de soixante pieds, ils furent obligés d'abandonner leur entreprise, la hauteur du terrein ne leur permettant pas de tracer plus avant ce phénomène.

D'où vient l'eau de cette source ? qui a pu creuser & placer ce morceau de bois ? à quelle époque cela a-t-il pu être fait, &c. ? (1)

Sixième Anecdote.

Suivant les anciennes Loix de cette Province, il est défendu de jurer; vous savez qu'elles ont été fondées par les Puritains. Un Matelot Anglois, voyageant un jour, s'arrêta le soir à une Auberge, où, suivant l'usage de cette classe d'hommes, il juroit à chaque moment. L'Aubergiste, qui, suivant la sage Coutume de cette Province, étoit en même-tems Doyen de son

---

(1) Voyez la Description de l'Etat de New-Yorck.

Eglife & Magiftrat, lui dit : —— Ne favez-vous pas, mon ami, que la Loi défend de jurer, & que perfonne n'en eft exempt ? fi, après cette admonition, vous recommencez, je ferai obligé de vous mettre à l'amende. — A l'amende, dit l'honnête Marin ? — mettre un Matelot Anglois à l'amende fimplement pour jurer ? Pardieu, fi le Parlement d'Angleterre s'étoit avifé de faire une pareille Loi, la Grande-Bretagne n'auroit bientôt plus de Matelots ; la bonne efpèce dégéneréroit bien vîte, fur mon ame. — Mon ami, je viens de vous avertir, & vous recommencez encore ? — De combien eft votre amende ? il ne fera pas dit qu'un brave Marin Anglois n'aura pas juré quand il en aura eu envie. — Voyez, M. le Doyen, combien toutes ces piaftres font, & dites-moi honnêtement, après en avoir déduit mon fouper & mon logement, combien de fois je puis jurer, fuivant votre tarif ? demain, je m'embarque, & je n'ai plus befoin d'argent ; une fois à bord, je jurerai gratis tant que je voudrai. — Puifque vous raifonnez ainfi, vous garderez votre argent, mais vous irez en prifon.

ANECDOTE.

Du Saſſafras & de la Vigne Sauvage.

Etant un jour dans les bois de ma plantation, avec ma fille Fanny, j'apperçus un jeune faſſafras de trois pouces de circonférence, & de huit pieds de haut; il étoit jeune, frais & vigoureux. — Une foible vigne s'étoit entrelacée autour de ſa tige, & commençoit déjà à mêler ſes branches avec celles du ſaſſafras. — Quelle ſingulière union, me dis-je à moi-même! — Quel jeu du haſard! — Le premier ſemble avoir été planté pour ſupporter le ſecond. — Qu'auroit fait cette foible vigne ſans l'aſſiſtance & l'appui du ſaſſafras, &c? Toutes ces idées m'en ſuſcitèrent une autre; &, je vous l'avoue, ce fut une des plus agréables & des plus douces qui, depuis long-tems, eût ſaiſi mon cœur. — J'ordonnai au Nègre d'aller chercher les outils convenables, & dès qu'il fut revenu, nous déracinâmes ce phénomène intéreſſant, avec toute l'attention imaginable. — Que veux-tu donc faire de ce ſaſſafras, mon père; nous en avons déjà tant dans nos champs & dans nos haies? — Ma mère rira, quand je lui dirai toute la peine que tu viens de prendre? — Non, non, ma fille, elle n'en

rira

rira point, j'en suis sûr. — C'est pour toi que je travaille, ne me quitte point : — tu verras à quoi je destine cet arbre protecteur. — Je le transportai dans l'intersection des deux grandes allées de mon jardin. J'y appelai toute ma famille (car je voulois que chacun contribuât à cette opération). — Bientôt le trou fut fait, & le sassafras planté. — Aussi-tôt que cette opération fut faite : — viens, ma fille, lui dis-je, en la prenant dans mes bras : écoute bien ce que ton père va te dire; c'est à toi particulièrement que je m'adresse : — grave mes paroles profondément dans ton petit cœur, afin que tu puisses te les rappeler toute ta vie. — Ecoute, — j'ai transplanté ces deux arbres où tu les vois, afin qu'ils deviennent un monument vivant de l'amitié que je te porte. — Puissent-ils reprendre racines, & pousser le printems prochain plus vigoureusement que jamais. — Tu vois bien ce *sassafras* chargé de cette jeune vigne; — c'est moi, *ton père*, qui t'ai si souvent assise sur ma charrue, qui t'ai tant de fois portée à l'école, & où tu désirois aller, & qui te porte encore si souvent sur mes genoux. — Tu vois bien cette *jeune vigne*, dont la tige & les branches sont si heureusement supportées par ce sassafras; — c'est toi, *ma fille* : comme toi, quand tu m'embrasses, quand tu me dis que tu m'aimes, quand tu mets tes bras autour de mon col, de même elle étend ses ra-

Tome I. P

meaux tortueux; elle les attache par une multitude de petits liens, aux branches de son ami & de son protecteur. — Observe, Fanny, tous les deux tirent leur subsistance du même terrein & du même endroit : le ciel ne sauroit verser ses rosées sur l'un, sans faire fructifier l'autre. — Leur union a commencé dès leurs racines qui, comme tu l'as vu, sont mêlées les unes avec les autres. — Elle est devenue plus intime encore par leur accroissement; elle est parvenue du pied vers la tige, de la tige vers les branches. — L'été prochain, tu verras comme leurs feuilles, leurs fleurs & leurs fruits seront entre-mêlés & confondus ensemble ! ce sera alors que le parfum de la vigne, uni avec l'odeur aromatique du sassafras, deviendront un symbole plus frappant encore à tes sens, de notre union & de l'indissolubilité de notre amitié. — Elle ne finira qu'à la mort, comme ce mélange odoriférant ne périra que par l'évaporation. Tel est l'objet de méditation que t'amènera chaque printems.

— Quand j'aurai vécu & que tu seras maîtresse de cette plantation, voici ce que tu diras à tes amis, à tes voisins & à tes enfans : — Mon père planta cet arbre le 4 Octobre 1774; il le consacra devant ma mère & mes deux frères A. & L. comme un monument de son amitié paternelle envers moi. — Il l'appela l'*arbre de Fanny*: ce fut une idée favorite de son cœur. — J'étois avec lui dans ses bois, occupée à écouter ses leçons, lorsque le hasard lui fit découvrir ce sassafras & cette vigne que vous voyez aujourd'hui si grande & si élevée. — Tiens, ma fille, me dit-il, (après les avoir transplantés dans le lieu où vous les voyez aujourd'hui); de même que ce jeune sassafras supporte cette foible vigne, de même je t'ai chérie & supportée dès ta plus tendre enfance ; de même que cette vigne auroit toujours rampé sur la terre infructueuse & méprisée, de même aurois-je été une femme mal instruite & mal élevée, sans son appui journalier, sans les soins qu'il prit de mon éducation. — Puisses-tu (continua-t-il) croître & fleurir sous ce toit paternel, comme ces deux arbres croîtront & fleuriront dans ce nouveau terrein. — Voilà ce que tu leur diras. — Te ressouviendras-tu bien de tout ceci ? — Pour cela oui, mon père ; je n'oublierai jamais ce que je viens de voir, & ce que tu viens de me dire. — Elle scella sa promesse avec ses larmes, auxquelles je ne pus m'empêcher de joindre les miennes; ce furent les plus douces que j'eusse versées depuis bien des années.

— L'anniversaire de ce petit évènement a été régulièrement solemnisé depuis par une petite fête gaie, quoique simple, qu'elle donne à ses voisins. — Nos fêtes, vous le savez, sont toujours accompagnées de danses; ou plutôt nous n'avons point de fêtes sans joie, & notre plaisir est toujours démontré ou exprimé par la danse. — Il n'y en a point dans le cours de l'année auxquelles je me joigne avec plus de plaisir. — Le bon Nègre Décembre, qui depuis long-tems a cessé de travailler, possède encore l'art de nous faire sauter en cadence. — Il prend plaisir à raconter à ceux de mes voisins qui viennent à la fête, tous les détails de ce petit évènement; il n'oublie pas la part qu'il y prit, en m'aidant à arracher & à transplanter ce sassafras; & ma fille l'en aime davantage. — Aussi-tôt qu'elle sera mariée, il compte bien, dit-il, diviser son tems en deux parties égales, & aller passer six mois chez elle; car, dit-il, si je ne puis plus rien faire, je sais mieux qu'aucun Nègre comment il faut que les choses soient faites ; & les avis du vieux Décembre seront aussi utiles à la fille de mon Maître, devenue femme, qu'étoient mes soins, lorsque dans sa plus tendre jeunesse, je la portois dans les champs, je l'enveloppois dans ma redingote, & la faisois dormir au pied d'un arbre, pendant que je labourois. — Je l'aimois comme si elle eût été une petite fille Noire.

— Me pardonnerez-vous l'inconséquence de cette petite histoire; je le sens, elle ne peut intéresser qu'un père ; & vous ne l'êtes pas. — J'oublie pour un moment les malheurs auxquels la guerre m'a condamné, en vous répétant ces heureux détails. — Cette douce réminiscence gonfle & agite encore mon cœur. — Au milieu de l'orage qui m'environne, je n'ai d'autre consolation qu'en vous traçant quelque foible esquisse des beaux jours qui sont passés.

Adieu, ST. JOHN.

Note de l'Editeur. *Cette scène s'est passée entre l'Auteur & sa Fille.*

VOYAGE

A la Jamaïque & aux Isles Bermudes.

J'ARRIVE, & j'ignore quel endroit vous habitez; j'adresse ma Lettre à Philadelphie, parce qu'on m'a informé que vous y passiez beaucoup plus de tems qu'à New-Yorck ou à Boston. — Quelque Amie (1) vous auroit-elle inspiré des sentimens que vous ne voudriez pas avouer, même à un ami? Veuille la destinée qu'il en soit ainsi ! vous deviendriez alors notre compatriote. — Il est très-difficile en effet de converser avec elles, armé de l'égide de l'indifférence; leurs charmes simples, mais puissans, leur ajustement, qui n'admet pour tout luxe que des robes graves &

---

(1) Quakresse.

le plus beau linge, leur maintien doux, décent, sans coquetterie & sans affectation, tout cela forme un ensemble intéressant auquel on ne peut résister ; un Européen sur-tout, né parmi des femmes qui ne sont, à ce qu'on dit, que l'ouvrage de l'Art. Les filles Quakeres sont remarquables, en outre, par l'excellence & la solidité de leur éducation : — les femmes de mérite sont moins communes dans les autres classes. Les premières, loin des danses, des concerts & des plaisirs bruyans, apprennent, sous le toit paternel, la discrétion, la simplicité, & tous les talens utiles & domestiques ; c'est dans ces sanctuaires où, éloignées du bruit & du tumulte, elles enrichissent leur esprit par la lecture, par l'étude & la conversation ; de-là elles sortent pour devenir, non des jolies femmes, (les fleurs d'un jour) mais des épouses agréables, utiles & durables : le calme des passions, la tempérance des désirs & des plaisirs, une frugalité & une propreté extrême, servent de base à leur éducation, ainsi qu'à leur santé. — Est-il donc étonnant que les roses & les lys brillent sur leurs joues ?

J'arrive de la Jamaïque & des Bermudes ; j'ai mille choses à vous raconter : l'objet de mon voyage étoit de recueillir la succession d'un oncle. — J'ai trouvé les hommes bien plus pervers que je ne m'y attendois. — Quel tableau je me prépare à vous faire, quand vous viendrez sous mon toit ! — J'ai éprouvé tant d'ingratitude, que je me suis dit à moi-même : Où sont donc la bienveillance & la bonté ? J'ai été exposé à tant de malice, que je me suis dit : Devenons aussi méchans qu'eux ; repoussons la fraude par la fraude, le mensonge par le mensonge. — L'hypocrisie m'a fait repentir de mon honnête crédulité. — Je jurai enfin dans l'amertume de mon cœur, & je crus qu'il n'y avoit pas un seul homme de probité à la Jamaïque. — J'aime à obliger mes amis & mes connoissances ; je déteste les soupçons, & regarde la ruse comme le premier pas vers la fraude & le crime : ces principes m'ont fait perdre plus de 1200 guinées pendant mon séjour sur cette Isle.

Ah ! mon ami, quel climat, quel étonnante situation des choses, depuis le grand crime de l'esclavage jusqu'aux insinuations trompeuses du Juif Courtier, qui conserve encore tout l'esprit de sa Nation !

Ici, on ne connoît & on n'adore que deux Divinités, la Fortune & le Plaisir ; l'encens qu'on leur offre, coûte bien cher à l'humanité ; les élémens, l'intempérance, les excès entraînent sans cesse une foule d'hommes ; la vie n'y est qu'un délire inspiré par la soif de l'or & la chaleur du soleil, qui force toutes les paſſions vers quelque période prématuré. — La févérité exercée contre leurs Nègres, eſt un champ immenſe arroſé par les larmes & le ſang de ces pauvres Africains. — Je n'ai obſervé d'autres traces de Religion, que leur appréhenſion des tremblemens & des ouragans : la violence des déſirs, excitée par la chaleur du climat & par les richeſſes, a détruit l'influence de ce frein ſecret, fondé ſur la crainte & l'eſpérance. S'il eſt vrai que la Religion vienne de ce premier principe, c'eſt à la Jamaïque où on devroit trouver la dévotion la plus fervente ; on ne connoît d'autres Loix que le Code Inſulaire : mais combien de fois n'ai-je pas entendu les manes plaintifs d'une foule de pères, reprocher à leurs exécuteurs teſtamentaires d'avoir impunément dépouillé leurs pupiles !

Je logeois avec une Angloiſe ; rien ne pouvoit être plus humain que cette femme à ſon arrivée d'Europe : mais telle eſt la contagion de l'exemple & la dureté naturelle du cœur humain, elle eſt devenue depuis, une des plus cruelles Maîtreſſes de l'Iſle ; tous les matins, elle fouettoit ſon nègre de chambre pour n'avoir pas tenu, la veille, ſes deux pouces immobiles ſur le bord d'une table, pendant que cette furie cherchoit à les déplacer par la force de ſon fouet. — Les mouvemens involontaires des nerfs de ce nègre devenoient chaque jour un nouveau crime, & par conséquent la caufe d'une flagellation journalière. — Quelle étrange perverſité !

Quelque tems avant mon départ, je fus recevoir un legs, confié depuis pluſieurs années à un des amis de mon oncle. Je n'étois nullement préparé à prouver mon droit ; car il avoit tous les papiers : je me déterminai donc à être dupe de bonne grâce, & à acheter mon départ à quelque prix que ce fût. — Oui, me dit-il, je vous dois le capital & l'intérêt de trois ans quatre mois ; car je le plaçai comme le mien auſſi-tôt que je le reçus : voici en outre le montant de marchandiſes achetées de votre oncle, dont il n'a jamais été payé, & dont le débit ne ſe trouve point ſur ſes Livres. La vue d'une intégrité ſi inattendue, rappelant ſoudainement mes anciens principes, mouilla mes yeux. — Comptez, dit-il, & voyez vous-même ſi ces trois ſommes ne font pas celle de 113013 liv. ſterling. Surpris de ma lenteur & de mon ſilence ; vous avez, dit-il, ſigné mon reçu ; tout cet or vous appartient, ainſi que ces papiers. — Monſieur, lui dis-je avec des lèvres tremblantes, je vous ai offenſé ; je voudrois vous en demander pardon avant de toucher cet argent. — Offenſé ? — qui ? — moi ? — quand ? — comment ? — Oui, Monſieur, je vous ai offenſé. — Cela ne ſe peut, continua-t-il ; vous

vous trompez certainement; à peine vous ai-je vu depuis votre arrivée fur cette Ifle. — C'eft cependant depuis mon arrivée ici que je l'ai fait. Fatigué du labyrinthe tortueux dans lequel on m'a égaré, j'ai juré dans l'amertume de mon cœur, & cru qu'il n'y avoit pas un feul honnête homme ici, & je vous trouvè intègre dans l'arrangement d'une affaire où vous pouviez fi aifément me tromper; recevez mon excufe. — Je la reçois; mais comment avez-vous pu m'infcrire dans cette déteftable lifte, fans me connoître? — Je n'en ai fait aucune; mais j'ai tant été la dupe de ma bonne-foi Américaine, que j'ai cru que la corruption des mœurs, femblable à vos vapeurs épidémiques, s'étoit répandue par-tout. — Cela n'eft que trop vrai, me répondit-il; — mais placez ici les paifibles & fages habitans de vos Diftricts champêtres, aiguillonnés par les mêmes défirs, foufflés par les mêmes paffions, vivant au milieu de l'efclavage, de l'intempérie des élémens, fur un fol extrêmement riche, bientôt ils cefferont d'être ces Citoyens fi fimples & fi honnêtes; ils deviendront femblables à nous : les vices & les vertus d'une fociété proviennent, en grande partie, de la localité civile & géographique. Quand ma dernière heure fera venue, continua-t-il, le fouvenir amer d'injuftices commifes ne m'occafionnera ni foupirs, ni remords. — Ainfi, lui dis-je, on trouve quelques ames droites & vertueuses au milieu des vices & de la corruption, comme on trouve des diamans au milieu des monceaux de gravier.

Je trouvai, le jour même que je terminai mes affaires, un vaisseau allant aux Bermudes; je m'embarquai pour ces Isles. Quel contraste! quelle immense différence! quelle heureuse comparaison ne fis-je pas entre la riche & superbe Jamaïque, & ce foible asyle de la pauvreté, de la simplicité & de la santé! J'oubliai bientôt, au milieu de cette tranquille solitude, les scènes désagréables de la première de ces Isles; leurs impressions firent place aux réflexions les plus douces & les plus intéressantes.

Tout annonce que ces Isles sont les débris d'une grande Terre. Le second sentiment des Voyageurs est d'être étonné que ces foibles débris n'ayent point encore été bouleversés par la fureur & le poids des vagues immenses qui les environnent: l'Isle de Saint-Georges, la plus grande des Bermudes, est même déjà presque coupée en deux: cet Isthme étroit disparoîtra dans une de ces convulsions, auxquels l'élément voisin est si sujet.

L'examen géographique de cet assemblage d'isles, représente un petit Archipel, où les roches cachées, les islots, les bancs de sables, les bastures peuvent être considérés comme autant d'Isles dont ils sont les fragmens : sur ce monceau de ruines, habitent cependant des hommes, qui ont trouvé dans les dangers même de leur position, la sécurité de leurs habitations. En effet, ce sont des boulevards inaccessibles aux vaisseaux ennemis, dont les naufrages leur procurent souvent des moissons abondantes : ils ne sont cependant pas pirates ; ils recouvrent seulement du fond des eaux, ce que les vagues & les vents y ont précipité.

La sérénité des climats, la simplicité de leurs mœurs, la frugalité de leurs tables, la modération de leurs désirs, la paix sociale enfin, & la tranquillité domestique, peintes sous les plus belles nuances, me ravirent, & me firent bénir le hasard qui m'y avoit conduit. Il faut absolument que vous visitiez cette Isle ; sa perspective intéressante, laisseroit un vuide dans le tableau du Continent dont cet Archipel est un accessoire, quoiqu'à trois cens lieues de distance.

Je ne suis point étonné que le bon Evêque Berkley, (1) frappé du charme inexprimable de ces traits séduisans, ait conçu le projet philosophique & humain, d'établir ici un Collége, où la jeunesse du Continent viendroit s'instruire ; projet digne de l'excellent Prélat qui le conçut dans son voyage d'Amérique : voyage entrepris avec la seule vue de

---

(1) Evêque de Cloyne.

sémer l'essence du bien partout où il trouveroit un sol fertile & convenable. — Sur quelle partie du globe notre jeunesse pourroit-elle trouver un asyle plus propre à l'étude, aux sciences & à la santé; un Séminaire où les mœurs & l'heureuse innocence seroient conservées plus pures? Quel dommage que des difficultés insurmontables se soient opposées à l'exécution d'un plan dicté par la Religion & par l'amour du genre-humain!

Tout ce qui n'est point cultivé est couvert de cèdres rouges, avec lesquels ils bâtissent des Sloops de deux cens tonneaux, bien connus dans toutes ces mers par leur durée, & par la vîtesse avec laquelle ils navigent. — La plupart de ces vaisseaux sont commandés par des Nègres; race d'hommes entièrement régénérée depuis long-temps, non moins par leur séjour sur cette Isle, que par l'éducation qu'ils reçoivent de leurs Maîtres. — Ils aident à les construire, & les navigent ensuite aux Isles, où ils sont preférés à tous les autres pour le cabotage & la contrebande. — Leur adresse comme Marins & Constructeurs, leur fidélité comme Supercargos, la ponctualité avec laquelle ils gèrent les affaires de leurs Maîtres & ramènent leurs vaisseaux, est un spectacle vraiment édifiant. J'ai vu plusieurs de ces Patrons noirs à la table des riches Planteurs de la Jamaïque, traités avec toute la considération que mérite leur intelligence & leur fidélité. Il n'y a peut-être pas de meilleurs nageurs ; j'en ai vu posséder assez d'habileté, de sang-froid & d'audace, pour attaquer les requins à la nage, & les tuer avec leur couteau dans le moment où ce monstre est obligé de tourner sur le dos pour saisir sa proie.

Toutes ces Isles sont composées de couches d'une pierre blanche & tendre, sur lesquelles il n'y a en général que peu de terrein ; ils en bâtissent & en couvrent leurs maisons, & souvent en transportent au Continent. Ils ne cultivent que peu de choses : leur industrie & leur commerce fournit à leurs besoins comestibles. — La culture du cèdre rouge est leur principal objet & leur première richesse : leurs bestiaux & leurs moutons paissent sur les Isles du voisinage. Le plaisir des femmes consiste dans les petites navigations qu'elles font à travers cet Archipel : c'est leur unique façon de faire des visites & de voyager. — La pêche leur tient lieu de bals & de comédies : souvent j'ai passé avec elles des journées entières, dans des bateaux, & occupé, la ligne à la main. La fortune des filles est comptée par le nombre de cèdres ; celle de mon Hôtesse avoit été de 2700. Je ne sais comment les comparer aux fortunes Européennes, parce qu'après en avoir construit des vaisseaux, le prix & la valeur en sont plus que doublés.

Quelle importante & utile leçon un séjour sur

cette Isle ne donneroit-il pas à ces riches & voluptueux enfans de la terre, qui, égarés au milieu de leurs plaisirs, repoussés par la satiété, mènent une vie apathique & passive au milieu de leurs palais & de leurs richesses ? Ici, tout leur or acquerroit une heureuse inutilité; ici, ils trouveroient la santé dans la tempérance, la réforme de leurs mœurs dans l'exemple général; ils y apprendroient enfin le bon-sens de la vie, supérieur à tout l'esprit académique. — Pendant mon séjour sur cette Isle, souvent je m'amusois à contempler, avec une admiration involontaire, le vaste horizon Océanique qui m'environnoit, dont le calme ne fut interrompu pendant onze jours consécutifs, que par les charmans zéphyrs de ces latitudes. Ce spectacle journalier servit de contraste à l'orage du 17 Août: mon admiration, je l'avoue, fut mêlée d'effroi. — Quelle scène ! — Elevé sur un des monticules de l'Isle, j'examinai à loisir la combinaison des trois plus puissans élémens de la Nature : la rapidité étonnante, la splendeur du feu électrique embrasant l'athmosphère; l'impulsion inconcevable de ces mêmes zéphyrs, devenus des vents impétueux, — & la succession de lames énormes élevées par leur souffle à la hauteur des montagnes; ce fut alors que ce chétif asyle me parut foible & petit. — Ce n'étoit en effet qu'un point, comparé avec cette surface immense d'eau, dont la percuſſion ſembloit quelquefois ébranler les fondemens de cette Iſle. — Combien, plus diminutif encore, me repréſentai-je à moi-même, un atome imperceptible placé au milieu du choc de trois élémens déchaînés, n'adhérant à la terre que par ma foible gravité ! Je déſirois cependant retourner ſur un Continent plus étendu & plus aſſuré, qui ne pût périr que par une exploſion générale du globe. — Après ſept mois d'abſence & dix-ſept jours de traverſée, j'ai revu enfin ma Patrie, nom précieux & touchant : j'ai joui du plaiſir enchanteur de revoir toute ma famille ; depuis, j'ai partagé la ſucceſſion de mon oncle avec mes frères & mes sœurs, quoique par ſon teſtament tout m'appartînt. — Leur étonnement m'a cauſé quelque affliction ; c'eſt la ſeule que j'aye reſſentie depuis pluſieurs années.

ANECDOTE

ANECDOTE

DE LA FAMILLE DES WILLIAMS X...

LA ville de Springfield, comme la plupart des villes de la Nouvelle-Angleterre, n'est remarquable que par l'industrie de ses Habitans. —Une ville, en Amérique, ressemble à une autre; & comme elles ne sont point fortifiées, & que nous avons peu de manufactures, la culture particulière du sol, la perfection de quelques moulins, un ouvrage à fer, une qualité particulière de fromages, de beurre ou de bestiaux; voilà les objets qui peuvent fixer l'attention d'un Voyageur.

Ici tout le monde laboure la terre, depuis le plus pauvre jusqu'au plus riche; la différence de fortune consiste seulement dans la différence d'acres possédées, & dans l'habileté de les cultiver : ces bonnes gens s'imaginent qu'il ne peut y avoir d'autre genre de bonheur que celui d'être un bon Cultivateur. — Ah! me disoit l'autre jour un jeune homme de mes amis, je compte m'embarquer à Hastford pour aller aux Isles; si je suis assez heureux, dans quelques années d'ici, j'acheterai une Plantation; alors je me marierai, & vous verrez comme je serai heureux & content. Le Ministre de cette ville n'a ceſſé depuis trente ans de leur fournir les meilleurs exemples de conduite & d'agriculture. Qui ne connoît de réputation le ſavant Eliot, ce digne Eccléſiaſtique, ce vertueux & utile Citoyen? Qui n'a pas lu ſes Ouvrages Agricoles? — Pendant mon ſéjour dans cette ville, j'ai converſé avec les principales familles; par-tout j'ai obſervé des maiſons décentes, propres & commodes; par-tout j'ai trouvé que les habitans travailloient avec la même aſſiduité, comme s'ils ne faiſoient que de s'aſſeoir dans les bois, & de commencer leur carrière. J'en marquai ma ſurpriſe à mon ami P—ers. Vos enfans, lui dis-je, ſont déjà d'un certain âge, ils ſont tous induſtrieux; pourquoi, dans votre vieilleſſe, ne fumez-vous pas votre pipe en paix au coin de votre feu? A quoi ſert-il donc ici de vieillir? — Il eſt vrai que mes enfans ſavent mettre la main à tout; nous travaillons plus par l'habitude d'être occupés, que par eſprit d'avarice. Quant à moi, que ferais-je les bras croiſés? — Bientôt je mourrois ſi je ceſſois d'agir; mon appétit & mon ſommeil ſont achetés par mes fatigues journalières. Croiriez-vous que j'ai encore aſſez de vanité pour me croire ſupérieur à notre jeuneſſe dans bien des articles? Ma femme ne fait jamais de ſi beau fil qu'avec le lin que j'ai nettoyé; je ne dormirois pas tranquille, ſi je n'avois moi-même ſemé tous mes grains. — Béniſſez le Ciel, honnête

Colon, d'avoir reçu de lui un goût si simple & si naturel, & une constitution si vigoureuse. On m'a dit que vous êtes la première Personne qui ait commencé le défrichement de cette belle Terre ? — Cela est très-vrai ; j'ai même aidé à nettoyer celles que j'ai données aux enfans que j'ai établis dans mon voisinage. Quand je suis fatigué, je vais les visiter, & rien ne nous réjouit tant le cœur que de voir notre sang fructifiant sur terre & se multipliant autour de nous. — Que vous êtes heureux ! Combien y a-t-il que cette Ville a été bâtie ? — Cinquante-un ans. — Quoi ! avez vous déjà été sur cette Terre cinquante-un ans ? — Non, je n'y suis que depuis quarante-trois années. — Quelle suite de travaux n'avez-vous pas accomplis, ainsi que vos voisins ? car par-tout je vois les champs bien entourés de pierres ; vos maisons sont larges & bien peintes ; vos vergers annoncent la prospérité ; vos prairies sont vertes & unies comme les anciennes prairies de l'Europe : de quels moyens vous êtes vous donc servi pour accomplir tant de choses ? — De l'assiduité & de la persévérance ; pendant les nuits de lune, ma femme & moi nous allions ensemble entasser & brûler le bois que j'avois coupé pendant le jour : aussitôt que nos enfans ont été assez forts, ils nous ont aidé. — Ah ! si ce n'avoit été les Sauvages du Canada qui, pendant la dernière guerre avec les François, brûlèrent ma maifon & ma grange, je ferois encore bien plus à mon aife que je ne fuis; mais Dieu a fingulièrement béni nos travaux depuis, &, grâces à fa bonté, ils fe font tous bien comportés. — Où étiez-vous quand les Sauvages arrivèrent? — J'étois dans ma maifon; je n'eus que le tems de conduire ma famille dans notre eftacade (1), & même je n'aurois pas eu cette bonne fortune fans le délai qu'ils firent chez notre infortuné voifin Williams. — Quelle cruelle deftinée! Comment cela arriva-t-il? — Ce jour-là il alla malheureufement labourer un des champs les plus éloignés de fa maifon; il mena avec lui fes trois enfans, fa femme étant allée à l'enterrement d'une de fes tantes. — La plus jeune étoit une fille de trois ans; il l'enveloppa dans fa redingote au pied d'un arbre; le fecond garçon de fept ans conduifoit les chevaux; le troifième, qui en avoit dix, marchoit à côté de la charrue, & avoit foin des bœufs. A peine avoit-il tracé fon premier fillon vers les bois voifins, qu'une volée de fufils fut tirée par les Sauvages qui y étoient cachés; il n'y eut que le cheval fur lequel étoit monté le fecond enfant qui fût tué. Williams, fenfible au danger de fa fituation, abandonna fon harnois, & prenant dans

___

(1) Dans l'origine de toutes les Villes de la Nouvelle-Angleterre, on bâtiffoit toujours un fort de pieux.

ſes bras le plus jeune des garçons, s'enfuit avec précipitation vers l'arbre où repoſoit ſa fille ; l'aîné diſtrait par la terreur, ſe frappa le pied contre une ſouche; il conjura ſon père de s'arrêter & de le ſecourir. Quoique ſenſible au danger du plus petit retard, il s'arrêta cependant, & l'enfant bleſſé lui ſauta ſur le dos : ainſi chargé, il mit en uſage toute la célérité dont il étoit capable. Dans ce moment, les hurlemens (1) des Sauvages qui le pourſuivoient, éveillèrent ſa fille, qui, toute effrayée, courut vers ſon père : c'étoit l'enfant de ſon cœur. La vue de cet objet chéri lui fit accélérer ſes pas, quoique peſamment chargé, & redoubla, s'il eſt poſſible, l'agitation tumultueuſe de ce moment terrible. Il arrive enfin, ſaiſit ſon cher enfant qu'il embraſſe avec avidité : ſans perdre un inſtant, il cherche à s'élancer par-deſſus les paliſſades de ſon champ ; mais, manquant ſon jet, il tombe en arrière : alors les Sauvages, comme un vautour qui s'élance ſur ſa proie, redoublèrent leurs pas, & lui ouvrirent la tête avec leurs toméhauks (2), dans l'inſtant où il ſe relevoit. Ces trois malheureux enfans furent noyés, inondés du ſang de leur père, qui couloit à grands flots de cette terrible bleſ-

---

(1) Warhoop.
(2) Petites haches.

sure. — Quel spectacle pour des hommes ! Ils ne tuèrent cependant pas les enfans ; ils se contentèrent de les attacher au pied d'un arbre, pendant qu'ils brûloient les maisons & les granges que vous voyez de l'autre côté de la rivière : aussitôt que nous fûmes assemblés, ils s'enfuirent.

Les deux garçons furent rachetés à la paix ; mais habitués à la vie sauvage, ils ne voulurent point rester avec leur mère ; plusieurs fois ils essayèrent de s'échapper : elle fut enfin obligée de les envoyer aux Isles, où le second mourut : l'aîné occupe aujourd'hui la plantation de son père. Toutes les prières, toutes les sollicitations des parens de la fille, n'ont jamais pu la persuader de revenir : elle a épousé un Sauvage ; elle dit qu'elle est heureuse, & qu'elle n'a besoin de rien. — Tout extraordinaire que ce fait puisse vous paroître, nous en avons mille exemples. — Quelle peut être la cause d'un goût, d'une apostasie si singulière ? Le progrès ordinaire de l'espèce humaine est de l'état sauvage à l'état civilisé : ici, nous voyons cet ordre renversé.

Si vous voulez, nous irons voir le voisin Williams, continua mon ami ; il vous fera voir ce fait recordé dans les Registres de notre Ville. — J'observai que le récit de cet homme étoit interrompu par des soupirs profonds ; il sembloit se reprocher d'avoir été, en quelque sorte, la cause de la mort de son père. Il me dit que, ayant été blessé à la tête, il ne put marcher; sur quoi les Sauvages se déterminèrent à le brûler : en conséquence de cette résolution, ils l'attachèrent à un arbre, & obligèrent son frère d'apporter le bois qui devoit le consommer. Un instant avant le commencement de la cérémonie, un des Sauvages hurla, & annonça qu'il hurloit pour la mort d'un fils qu'il avoit perdu il y avoit sept lunes; il m'adopta : c'est à cette adoption providencielle que je dois ma vie. Dans ce grand cercle de situations, de dangers, que produisent souvent les scènes variées de cette vie, celle-ci est, je crois, une des plus amères. Puisse l'Etre suprême délivrer mon plus cruel ennemi d'une situation semblable !

L'HUMANITÉ
RÉCOMPENSÉE.

Les détails d'une action humaine & généreuse, au milieu des fureurs d'une guerre civile, ressemblent à ces insectes luisans (1) qui voltigent sur la surface de nos prairies au milieu de nos orages. Qu'il est doux d'en avoir à raconter !

(1) Glow-Worms.

Avant même que le premier sang eût été répandu à Boston, le zèle bouillant & amer du Lord Dunmore, Gouverneur de la Virginie, accéléroit par tous les moyens possibles, les progrès déjà violens de l'animosité & de la haine des Colons de cette Province. — Quelque tems avant l'époque où il fut obligé d'abandonner son Gouvernement, il donna le commandement d'un cutter de seize canons à M. I-s.—G-t., mon ami intime, avec ordre de croiser sur les côtes de la Caroline Septentrionale, & d'intercepter les vaisseaux venant de Charles-Town. — Plusieurs vaisseaux Anglois avoient auparavant commis des dépradations sur ces mêmes côtes, pour se procurer des vivres qu'on leur refusoit par-tout. — Mon ami se trouvant pendant sa croisière dans la même nécessité, mouilla au milieu de la Baie de ***, & fut à terre, dans son canot, accompagné de huit hommes armés. — Il chemina vers la première Plantation qu'il apperçut. A peine y fut-il entré, que la Maîtresse de la maison lui tint le discours suivant :
« — Vous voilà donc encore, voleurs & pirates
» Anglois ? que vous avons-nous donc fait qui
» puisse vous engager à venir de si loin nous piller
» & détruire nos maisons ? — Je n'ignore pas
» ce que votre Gouverneur Ecossois vient de faire
» dans la Virginie. Forcés de vous embarquer,
» vous n'avez donc plus d'autres ressources que de

» venir désoler nos côtes isolées & sans défense ?
» Allez, allez-vous-en dans votre Patrie, & dites
» à vos gens que nous ne voulons plus de vous ».
— Que vous ai-je donc fait, ma chère femme ?
vous m'insultez avant que j'aye ouvert la bouche :
ai-je l'apparence d'un voleur & d'un assassin ? — Je
suis venu à terre pour acheter les provisions dont
j'ai besoin ; & vous me couvrez d'injures avant
que je vous aye communiqué mes propositions.
— Vendez-moi les moutons & les volailles que je
vous demande, & comptez que, quelle qu'ait été
la conduite de mes Compatriotes, mon intention
est de vous payer honnêtement ce que vous exigerez. — Frappée de ce discours, auquel elle ne s'attendoit pas, elle lui fit mille excuses, & lui demanda ce qu'il désiroit avoir ? — Six moutons &
autant de volailles que vous voudrez nous délivrer, répondit-il. — Le marché fut bientôt conclu, & le tout honnêtement payé. « Ah ! dit-elle,
» si tous les Anglois en eussent agi ainsi, nous
» serions encore amis ; — mais pour vous prouver que je ne suis point ingrate, recevez l'avis
» le plus salutaire que je puisse vous donner. —
» Dès que mon mari vous a apperçu, il a monté
» à cheval & est allé assembler le voisinage. Hâtez-vous ; les circonstances où vous êtes n'admettent aucun délai : ils peuvent arriver à l'instant ». — Mon ami profitant de l'avis de cette

femme, se rembarqua précipitamment. — A peine furent-ils à une portée de canon du rivage, qu'il apperçut trente-sept hommes bien montés ; ils vinrent au bord de la mer, tirèrent leurs fusils, & leur dirent une foule d'injures. Par le moyen de sa lunette, il observa une femme qu'il crut reconnoître pour la Maîtresse de la Plantation qu'il venoit de quitter. — Son humanité & sa générosité se trouvoient ainsi heureusement récompensées.

Le même ami étant à bord de la frégate la Galatée, allant à l'expédition de Penobscot, fut envoyé visiter un petit vaisseau qui, après deux heures de chasse, avoit amené : il y trouva cinq familles qui, ruinées par les malheurs de la guerre, alloient à la rivière de Kennébeck y chercher un nouvel asyle & la paix. A peine fut-il arrivé sur le pont, que les femmes & les filles, les larmes aux yeux, se jetèrent à ses genoux, & implorèrent la clémence du Capitaine (1). — Nous n'avons à bord, dirent-elles, que quelques lits échappés à l'incendie de nos maisons, quelques ustensiles de labourage & peu de provisions : cette cargaison n'est pas assez riche pour des Anglois. — Nous avons, il est vrai, dix-sept brebis & trois cens livres de fromage ; prenez-les, &, pour l'amour de Dieu, ne saisissez pas notre vaisseau, qui fait la seule &

_____

(1) Reid.

unique richeſſe de plus de trente perſonnes : c'eſt tout ce qui nous reſte de ce que nous poſſédions ; car nous avons abandonné nos terres, & vos amis ont brûlé nos maiſons. — De retour à bord de la Galatée, il fit un tableau ſi touchant de l'état où étoient ces malheureuſes familles, que le Capitaine, à ſa prière, leur fit ſignal de hiſſer leurs voiles & de pourſuivre leur route. — Ah ! mon ami, m'a-t-il dit pluſieurs fois, quel excellent baume ces deux actions généreuſes ont mis dans mon cœur, navré par des circonſtances antérieures ! quel plaiſir doux & durable je déduis de ce charmant ſouvenir ! — Pourquoi les hommes ſe privent-ils d'une jouiſſance ſi intime, & commettent-ils tant d'actions horribles, qui ne manquent jamais de les tourmenter par les remords & les regrets ?

PENSÉES

Conçues en entrant dans un Hôpital Militaire.

Anecdote d'un Soldat reconnoiſſant.

QUI peut entrer dans un Hôpital Militaire, ſans être vivement affecté à l'aſpect des maux

produits par la guerre ? Oserai-je approfondir les pensées qui viennent m'accabler à la vue de ce grand théâtre de misère? oserai-je les écrire? Hélas ! ce qui se passe dans les Hôpitaux est plus affligeant pour l'humanité, que toutes les horreurs d'un champ de bataille. Dans la chaleur du combat, la douleur des blessures n'est point accompagnée de cette langueur, de cet accablement qui la rend insupportable. Mais voyez ce Soldat intrépide que l'on traîne à l'Hôpital ; dans ce moment, il s'évanouit comme un foible enfant : ce généreux enthousiasme qui soutenoit son héroïsme, qui suppléoit aux forces de son corps, cette source du vrai courage est tarie ; elle s'est écoulée sur la terre avec son sang. — A peine est-il entré, que son ame est flétrie, pour la première fois, par la pusillanimité, suite de la fièvre dévorante & des douleurs aiguës. Il gémit, il pleure, & demande en vain, à ceux qui l'environnent, quelques sentimens d'humanité, quelqu'attention. — ,, Hélas !
,, se dit-il à lui-même, si j'étois dans mon pays,
,, parmi mes parens, on auroit soin de moi : mais
,, sous ce ciel étranger, environné de personnes
,, dont les cœurs sont endurcis par le spectacle habituel des maux, je me trouve isolé au milieu
,, de la foule ; la longueur des jours, l'insomnie
,, des nuits me tourmentent, m'excèdent ; je suis
,, également accablé de mes douleurs & de celles

« des autres. » — Sa santé, ses membres & sa vie étoient son unique trésor ; il en a fait le sacrifice ; que pouvoit-il offrir de plus ?... Cependant, exposé à une mal-propreté dégoûtante & aux insectes qui le dévorent, confié aux soins d'un Chirurgien négligent, ce brave Soldat, qui a contribué, de son sang, au triomphe, à la gloire, à la puissance de son Chef ou de sa Patrie, n'en reçoit, pour tout salaire, qu'un grabat, un foible abri qui le défend à peine des injures de l'air.

Le système d'humanité qu'ont adopté les Européens dans leurs guerres, devroit, ce me semble, se déployer, sur-tout dans les Hôpitaux, & influer sur l'approvisionnement des vivres, sur le traitement des malades & des blessés. C'est dans ces Maisons de Charité que j'aimerois à voir la générosité nationale éclater dans toute son étendue ; c'est-là que l'assiduité du Pasteur zélé, l'habileté des Médecins, l'attention des Gardes devroient démontrer l'intention bienfaisante des Gouvernemens ; c'est-là, sur-tout, qu'il faudroit prévenir les monopoles cachés, qui renversent souvent les meilleurs établissemens : quel bonheur alors pour le Citoyen, de voir ces infortunés devenir sensibles à la reconnoissance de la Patrie, & trouver quelque adoucissement à leurs peines ! La théorie de ces établissemens est toujours séduisante ; mais l'administration souvent remplie de fautes énormes.

Combien de fois n'arrive-t-il pas que les Médecins sont sans expérience, les médicamens composés de mauvaises drogues, que les Gardes sont des femmes dures & sujettes à l'ivrognerie ? combien n'en ai-je pas vu, sourdes à la voix de la douleur, dormir au milieu des gémissemens ?

Prenons pour modèles les Hôpitaux de Québeck & de Montréal; ils sont dirigés par des Religieuses dont j'ai plus d'une fois admiré la douceur & la tendre charité. — Quel zèle que celui qui se consacre à l'assistance des malades ! c'est un emploi digne de la Couronne divine à laquelle elles aspirent. Qu'il est beau de les voir donner leur vie, les beaux jours de leur jeunesse, à l'emploi dégoûtant de penser des corps infectés, des blessures & des ulcères ! L'assiduité de ces femmes, leur propreté, le doux son de leur voix, les grâces de leur figure, répandent autour d'elles la consolation, le bien-être & la santé. Nos Hôpitaux ne sont point si bien tenus, quoiqu'ils soient dirigés avec le plus grand soin & aidés des secours de la charité la plus fervente : je ne connois que celui de Philadelphie qui puisse leur être comparé ; il a été fondé, vous le savez, par les Quakers, & peut être regardé comme le plus propre, le plus commode, le mieux gouverné de tout le Continent. On dit que dans plusieurs Royaumes, les Hôpitaux sont des gouffres qui engloutissent tout ce qui prend refuge dans leur enceinte ; des asyles trompeurs, où la mauvaise administration, le défaut de charité & l'affreuse cupidité poignardent & tuent. — Si j'étois réduit à n'avoir ni feu, ni lieu, & que je tombasse malade, j'irois d'abord à Montréal ; si je ne pouvois y être admis, je m'adresserois aux bons Quakers : on me guériroit, ou je mourrois en paix. — Permettez-moi de joindre aux observations précédentes, une Anecdote qui semble avoir quelque analogie à ce sujet ; que je la place où je voudrai, elle doit plaire à un cœur généreux comme le vôtre.

EXTRAIT

D'une Lettre du Docteur M.—r

A Abany, 18 Novembre 1778.

QUELQUES affaires m'ayant appelé ici, j'allai visiter l'Hôpital où étoient plusieurs malades de notre armée ; j'observai avec plaisir qu'il n'y avoit point d'épidémie. En passant dans la grande salle du milieu, j'apperçus un Soldat dont la contenance me frappa ; il me regardoit très-attentivement : enfin il m'appella ; je m'approchai, &, m'étant assis sur son lit, je lui prêtai l'oreille. Je suis étranger, me dit-il ; cependant, ne pourrez-vous ajouter foi aux paroles d'un Soldat Américain?.... Le tems de mon engagement est presque fini ; j'ai un désir extrême de retourner dans ma famille, parce que j'ai ouï-dire que mon frère est mort. — J'ai trouvé un homme pour me remplacer dans le Régiment : mon père possède un bien considérable dans la Virginie ; que penserez-vous de moi, si je vous demande 100 piastres ? avec cet argent, je puis payer la somme dont je suis convenu, sortir de cet Hôpital & rejoindre mes parens. — J'ai le plus grand désir de quitter ce canton avant la chûte des neiges, qui est très-prochaine : nous n'avons point de Postes ; il ne me reste par conséquent aucun moyen d'informer mes parens de ma fâcheuse situation. — Frappé de cette demande hardie, mais honnête, j'examinai attentivement les traits de son visage ; je consultai l'impression secrète que produisit sur moi sa physionomie : je crus voir le caractère de l'honnêteté, & je lui accordai la somme qu'il m'avoit demandée. — La surprise que ma facilité lui causa, lui coupa la parole pendant un moment ; mais bientôt il versa des larmes qui le soulagèrent extrêmement ; c'étoient celles de la plus vive reconnoissance : il en baigna mes mains, & me remercia de la façon la plus énergique. Quelques jours après, il vint me voir, m'informa plus particulièrement de l'état de sa famille, re-

nouvela

nouvela les protestations du paiement au premier Février suivant. — Je n'avois nulle inquiétude, & s'il ne m'avoit jamais rendu la somme que je venois de lui prêter, je n'aurois pas tout perdu; car j'avois joui d'un plaisir exquis dans l'action que je venois de faire, & j'en jouis encore quand j'y pense. — Je crois voir encore tous les gestes de ce jeune homme, tous les traits de son visage exprimer le retour de l'espérance & du bonheur; je crois encore entendre le cri de sa reconnoissance, s'élever vers son bienfaicteur & vers le Ciel.

Cinq semaines après son départ, je reçus une lettre de son père, de sa mère & de son oncle, dont je vous envoie une copie, (car aussi longtemps que je vivrai, j'en conserverai l'original.) Dites-moi, je vous prie, ce que vous pensez des offres qu'ils me font, & ce que je dois faire? — Si j'accepte ce retour étonnant de leur gratitude, je serai regardé comme un mercenaire qui n'a obligé qu'à dessein d'augmenter sa fortune; si je refuse entièrement, ne pourra-t-on pas m'accuser d'orgueil? Je ne sais que faire : irai-je demeurer & vivre parmi des étrangers, en vertu de cette singulière adoption? Je m'exposerai peut-être aux reproches de mes amis; car ce n'est pas l'opinion du public que je redoute. Informez-moi, je vous prie, de votre opinion. *Adieu.*

Tome I. R

Virginie, Culppeper County, 27 Décembre 1778.

J'AVOIS deux fils, l'un a déjà péri dans ces tems orageux, mais il est mort en défendant sa Patrie; l'autre alloit disparoître aussi, & vous l'avez conservé en lui donnant les moyens de venir rejoindre ses parens : déjà affligé par la mort du premier, je devenois de jour en jour plus malheureux, par la crainte de ne revoir jamais le second. Sans vous, peut-être serions-nous aujourd'hui sans enfans. — Mais, dites-nous, quel est le motif qui vous a déterminé à cette généreuse action; à choisir notre enfant parmi tant d'autres qui méritoient également votre attention ? — Bénie soit la main invisible qui vous a conduit secrètement vers son lit, & vous a fait écouter attentivement ce qu'il avoit à vous proposer. — Il nous a informé que ce jour étoit le 14 d'Octobre; qu'il soit dorénavant l'époque d'une joie annuelle dans ma famille : je le consacre, afin qu'il soit distingué des autres par les remercîmens les plus fervens à l'Etre Suprême, par une suspension de travail, par les plaisirs innocens. — Mes esclaves partageront avec nous la joie inspirée par ce doux souvenir : permettez qu'ils entrent pour quelque chose dans cette reconnoissance générale; ne méprisez pas la part qu'ils y pren-

nent, car ce sont des hommes, & je les ai toujours traités comme tels. — Vous avez procuré à notre fils la santé, la liberté, le plaisir de revoir ses parens; que de bienfaits ! Heureusement ce jeune homme a beaucoup d'amis & de parens, sans cela le poids de sa reconnoissance seroit trop difficile à supporter. Il m'a dit que vous n'aviez jamais été père; vous ne pouvez donc connoître ma joie, ni les sensations paternelles qui transportent mon cœur; la soigneuse Nature les cache, comme un trésor, à ceux auxquels elle n'a point donné d'enfans. Nous ne nous connoissons pas, il est vrai; mais les hommes vertueux sont unis par les liens d'une consanguinité intellectuelle. — Dorénavant, regardez-moi comme votre ami; je ne négligerai rien pour mériter ce nom : par la Loi de la Nature, je suis le père de mon enfant; vous êtes le père adoptif que la Nature lui a donné dans le moment critique de l'abandon & de l'indigence; nous sommes donc frères : fasse le Ciel que cette union nouvelle soit à jamais durable !......
Venez nous joindre, venez partager avec nous la possession & la jouissance de tout ce que nous avons : vous êtes déjà incorporé dans notre famille : — venez prendre possession de cette chaise, qui vous attend à notre table. — Ma femme ! — mais qui peut exprimer les chagrins, l'affliction, la joie, la

surprise, l'amour & tous les différens mouvemens de la sensibilité maternelle! — Ce n'est que par le *serrement* énergique de ses mains, par ses larmes, ses sourires, que vous pourrez recueillir toute l'étendue de sa reconnoissance : non-seulement notre famille entière, mais tout notre voisinage, auquel votre nom est déjà devenu cher, vous recevra comme vous le méritez, & vous convaincra qu'il y a encore des ames qui n'ont pas perdu, dans les cruautés de cette guerre, les sentimens qui distinguent les hommes vertueux. — Pour vous convaincre que cette Lettre n'est pas formée de paroles vagues, inspirées par la joie soudaine de sentimens qui bientôt s'évaporent & s'oublient ; pour vous convaincre que l'impression faite sur nos cœurs par votre générosité, sera aussi durable que le service que vous nous avez rendu ; le porteur de cette Lettre, qui est le fils de mon frère, vous délivrera un contrat authentique & légal de la moitié de la Plantation de ***, accompagné d'un Nègre que je vous donne, d'un second venant de mon fils, d'un troisième venant de la mère de ma femme, & d'un Esclave que vous offrent chacun de mes frères. Ce Contrat, ainsi que le Billet de vente, comme vous le verrez par l'endossement, sont signés, scellés & recordés, suivant la Loi. — Cette nouvelle propriété est irrévocablement la vôtre.

Heureux si notre sol, notre gouvernement, notre climat, peuvent vous persuader de résider parmi nous ! — Unissez ce petit présent à votre fortune; venez demeurer en Virginie, où vos talens, votre mérite & votre humanité sont déjà connus, & vous procureront tous les avantages que peut produire l'estime d'une famille reconnoissante, & d'un voisinage éclairé. — Puisse le Messager que j'envoie vous trouver sain & sauf, & vous amener dans nos bras.

WILLIAM. ARTHUR. SUSANNAH.

DESCRIPTION
D'UNE CHUTE DE NEIGE,

Dans le Pays des Mohawks, sous le rapport qui intéresse le Cultivateur Américain.

Germanflats, 17 Janvier 1774.

L'Homme, doué du plus foible dégré d'intelligence, ne peut habiter quelque climat de la terre que ce soit, sans faire, même involontairement, les observations les plus utiles sur les différens phénomènes qui perpétuellement le menacent & l'environnent; la moindre sensibilité suffit pour être frappé d'un mêlange d'effroi & d'admiration à la vue des combats des élémens. Ces orages électriques, qui embrâfent & qui bouleverfent l'atmofphère; ces inondations défolantes, ces ouragans deftructeurs, ces gelées fubites & pénétrantes, ces chûtes de neige qui, dans une nuit, couvrent toute une région, ces jours de chaleurs brûlantes: comment contempler toutes ces chofes, fans fe demander à foi-même où réfide la caufe de tant de merveilles; quelle eft la main qui les dirige? Que l'Homme eft foible en comparaifon de tout ce que la Nature a mis fur fa tête & fous fes pieds!

Parmi les caractères phyfiques, naturels à ce climat, nul ne m'a paru plus frappant que le commencement de nos hivers, & la véhémence avec laquelle fes premières rigueurs faififfent la terre; rigueurs qui defcendent du Ciel, & deviennent une de fes plus grandes faveurs: car, que ferions-nous fans le volume immenfe de nos neiges bienfaifantes? Grâces à leur chûte, nous recueillons abondamment les fruits de notre culture. Ce déluge d'eau congelée eft, malgré fa rigoureufe apparence, comme un vafte manteau qui protège & échauffe les herbes & les grains de nos champs. Ce moment influe fur tout le gouvernement des animaux d'une grande ferme; forcés d'abandonner l'herbe

& les pâturages de nos champs & de nos prairies, ils passent soudainement aux fourages, aux grains, & aux autres provisions que l'Homme a rassemblées, lorsque la végétation enrichissoit la surface de la terre. — Voici le période où les fonctions d'un grand Cultivateur deviennent plus étendues & plus assujettissantes. — Il faut qu'il tire de ses magasins toutes les branches de subsistance dont il a besoin; il faut qu'il prévoie si ses provisions seront suffisantes pour maintenir tous ses bestiaux, pendant le cours de ce long engourdissement, qui souvent comprend la moitié de l'année; il faut qu'il partage chaque classe d'animaux, de peur que les plus forts n'incommodent les plus foibles; il faut qu'il cherche l'endroit le plus convenable pour les abreuver, la voie la moins glissante; il faut qu'il ouvre des chemins de communication, qu'il joigne son traîneau à ceux de ses voisins, pour affaisser la neige de la grande route, & la tenir ouverte; qu'il sache prévenir les maladies, les accidens, & y remédier quand ils arrivent. — Que de prévoyance, de connoissances & d'activité pour l'approvisionnement de sa maison, l'habillement & la nourriture d'une famille considérable, pendant l'espace de cinq mois! Comme les animaux de la Plantation, les Maîtres de cette famille ne peuvent plus tirer leur subsistance que des farines moulues & serrées avant les gelées, des viandes salées, fumées & difposées avec foin, par l'induftrie de fa femme : ah ! voilà le vrai tréfor du Cultivateur Américain ! Qu'il laboure, qu'il s'épuife en fueurs; qu'il faffe produire à la terre les fruits les plus exquis & les meilleurs grains ; fi l'économie de fa femme ne correfpond point à fa vigilance, il ne verra point de bons mets fur fa table, il portera du linge ou des habits plus groffiers, pendant que fon voifin, plus heureux, quoique moins riche, fera nourri d'une façon fimple, mais exquife, & vêtu avec la décence & la propreté poffibles. Avec une femme vraiment induftrieufe, il n'y a pas un de nos Colons qui ne vive plus heureufement qu'aucuns Cultivateurs Européens.

Auffitôt après la chûte des feuilles, nos différentes récoltes, telles que celle des pommes de terre, maïs, topinambours, &c. rempliffent le cours des journées Américaines. Les Sauvages nous ont communiqué leurs lumières locales. — Il nous eft aifé de prévoir quel hiver nous aurons par le nombre des feuilles qui couvrent les épis du maïs, par le procédé des écureuils, quand ils les enlèvent de nos champs, &c. Tout homme prudent doit fe préparer à la faifon la plus rude que la nature puiffe nous donner; les détails qui font alors néceffaires, vous furprendroient; il faut d'abord examiner attentivement les étables, les appentis, les cours de granges, les hangards, les divifions dans lesquelles les beſtiaux doivent être enfermés, les rateliers portatifs ou fixes, les auges, les mangeoires, &c. Il faut réparer ce qui dépérit, remettre en place ce qui eſt néceſſaire ; les approviſionnemens de paille de maïs, de foin, de paille ordinaire, exigent des endroits sûrs & convenables à l'abri de la pluie & de la neige.

Les cochons bien engraiſſés vont nous procurer les proviſions de l'été prochain, ainſi que les différens mets que les femmes habiles ſavent en tirer. Le bœuf va nous nourrir de la meilleure des viandes ; après tant d'années de ſervices, il s'offre enfin en ſacrifice ; ſon ſuif réjouit & éclaire la famille ; ſa peau couvre nos pieds & les garantit des pluies, des boues & des gelées ; ſon poil & ſa bourre donnent à nos plafonds une ſolidité nouvelle : la nature ne pouvoit créer un animal qui pût nous être plus utile. Les pommes deſſéchées, les fruits, le cidre, le beurre, les farines différentes, tout doit être prêt & en sûreté au-dehors comme au-dedans.

Les grandes pluies viennent enfin & rempliſſent les ſources, les ruiſſeaux & les marais, pronoſtic infaillible ; à cette chûte d'eau ſuccède une forte gelée, qui nous amène le vent de nord-oueſt ; ce froid perçant jette un pont univerſel ſur tous les endroits aquatiques, & prépare la terre à recevoir cette grande maſſe de neige qui doit bientôt fuivre : les chemins auparavant impraticables, deviennent ouverts & faciles. Quelquefois après cette pluie, il arrive un intervalle de calme & de chaleur, appelé l'*Eté Sauvage* ; ce qui l'indique, c'eft la tranquillité de l'atmofphère, & une apparence générale de fumée. — Les approches de l'hiver font douteufes jufqu'à cette époque ; il vient vers la moitié de Novembre, quoique fouvent des neiges & des gelées paffagères arrivent long-tems auparavant.

Quelquefois nos hivers s'annoncent fans pluies, & feulement par quelques jours d'une chaleur tiède & fumeufe, par le hauffement des fontaines, &c. Dans ce cas, la faifon fera moins favorable, parce que les communications, dont on a tant befoin, feront moins libres ; c'eft alors qu'il faut s'applaudir de fa prévoyance ; car il feroit trop tard de remédier aux chofes négligées. Bientôt le vent de nord-oueft (ce grand meffager du froid) ceffe de fouffler ; l'air s'épaiffit infenfiblement, il prend une couleur grife ; on reffent un froid qui attaque les extrêmités du nez & des doigts ; ce calme dure peu ; le grand régulateur de nos faifons commence à fe faire entendre ; un bruit fourd & éloigné annonce quelque grand changement. — Le vent tourne au nord-eft ; la lumière du foleil s'obfcurcit, quoiqu'on ne voie encore aucuns nuages ; une nuit générale femble approcher ;

des atomes imperceptibles defcendent enfin; à peine peut-on les appercevoir; ils approchent de la terre comme des plumes dont le poids eft prefque égal à celui de l'air. — Signe infaillible d'une grande chûte de neige.

Quoique le vent foit décidé, on ne le fent pas encore; c'eft comme un zéphyr d'hiver; infenfiblement le nombre ainfi que le volume de ces particules blanches devient plus frappant, elles defcendent en plus grands flocons; un vent éloigné fe fait de plus en plus entendre, accompagné comme d'un bruit qui augmente en s'approchant. — L'élément glacé fi fort attendu, paroît enfin dans toute fa pompe boréale; il commence par donner à tous les objets une couleur uniforme. — La force du vent augmente, le calme froid & trompeur fe change fouvent en une tempête, qui pouffe les nues vers le fud-oueft avec la plus grande impétuofité : ce vent heurle à toutes les portes, gronde dans toutes les cheminées, & fiffle fur tous les tons les plus aigus, à travers les branches nues des arbres d'alentour. — Ces fignes annoncent le poids, la force & la rapidité de l'orage. — La nuit arrive, & l'obfcurité générale augmente encore l'affreufe majefté de cette fcène : fcène effrayante pour ceux qui ne l'ont jamais vue. Quelquefois cette grande chûte de neige eft précédée par un frimat qui, comme un vernis brillant, s'attache à la surface de la terre, aux bâtimens, aux arbres & aux palissades. — Phénomène fatal aux bestiaux! Mélancoliques & solitaires, ils cherchent quelque abri; & cessant de brouter, ils attendent, le dos au vent, que l'orage soit passé.

Quel changement subit! du soir au lendemain le tableau de l'automne a disparu; la nature s'est revêtue d'une splendeur universelle; c'est un voile d'une blancheur éclatante, contrastée par l'azur des Cieux. — Des chemins bourbeux & pleins de sang, deviennent des chaussées glacées & solides. Que diroit un Africain, à la vue de ce phénomène du nord; lui qui a passé sa vie à trembler sous les éclairs, sous les foudres du tropique, & à brûler sous son soleil vertical?

L'allarme est répandue de tous côtés; le maître, suivi de tous ses gens, court vers les champs où sont les bestiaux; les barrières sont ouvertes; il les appèle & les compte à mesure qu'ils passent devant lui. — Les bœufs & les vaches, instruits par l'expérience, savent retrouver l'endroit où l'hiver précédent ils avoient été nourris. — Les plus jeunes les suivent; tous marchent à pas lents. — Les poulains, d'une approche difficile, lorsqu'ils étoient libres & sans contrainte, soudainement privés de cette liberté, deviennent plus doux & plus dociles à la main qui les approche & les caresse. — Les moutons, chargés de leurs toisons, dont le poids est augmenté par la neige, avancent lentement ; leurs cris continuels annoncent leur embarras & leur terreur. — Ce sont eux qui fixent nos premiers soins & notre première attention. — Bientôt les chevaux sont conduits à leurs écuries, les bœufs à leurs étables ; le reste, suivant l'âge, est placé sous les hangards & sous les divisions qui leur sont assignées. — Tout est en sûreté ; il n'est pas encore nécessaire de leur donner du foin, ils ont besoin de l'aiguillon de la faim pour manger volontairement le fourrage desséché, & oublier l'herbe dont ils se nourrissoient la veille.

Le Ciel soit béni ! tout est à l'abri de l'inclémence de l'air; l'œil vigilant du Cultivateur a présidé à chaque opération, &, comme un bon maître, il a pourvu au salut de tous ; nul accident n'est arrivé. — Il revient enfin chez lui, non sans beaucoup de peine, marchant sur une couche de neige qui a déjà rempli les chemins. Ses habits simples, mais chauds & commodes, sont couverts de frimats & de glaçons ; son visage, battu par le vent & les floccons de neige, est rouge & enflé. — Sa femme ravie de le voir revenu avant la nuit, l'embrasse en le félicitant ; elle lui offre une coupe de cidre mêlé avec du gingembre, & pendant qu'elle prépare les vêtemens dont elle veut qu'il se couvre, elle lui raconte les soins qu'elle a pris aussi de ses canards, de ses oisons & de toutes ses autres volailles. — Département moins étendu, à la vérité, mais non moins utile.

La douceur de cette conversation est traversée par un souci qui la trouble. — Les enfans avoient été envoyés le matin à une école éloignée; le soleil luisoit, il n'y avoit nulle apparence de neige; ils ne sont point encore revenus : où peuvent-ils être ? Le maître a-t-il eu assez d'humanité, pour rester avec eux & prendre soin de son petit troupeau, jusqu'à l'arrivée du secours ? Ou bien, ne pensant qu'à lui-même, les a-t-il abandonnés ? Elle communique ses pensées allarmantes à son mari, qui, déjà en secret, partageoit ses inquiétudes; il ordonne à un des nègres, d'aller à l'école avec *Bonny*, la vieille & fidèle jument, dont la fécondité lui a été si utile. Tom-Jom vole, obéit, la monte sans selle & sans bride, & la précipite à travers l'orage & le vent : les enfans étoient à la porte, attendant, avec impatience, le secours paternel; le maître les avoit laissés. — A peine ont-ils reconnu *Tom le bon nègre*, qu'ils poussent un cri de joie; elle est augmentée par le plaisir de s'en retourner ; à cheval, après en avoir placé deux derrière, il met le troisième devant lui. *Râchel*, la fille d'une pauvre veuve du voisinage, voit, les larmes aux yeux, ses camarades pourvus d'un cheval & d'un nègre ; cruelle mortification ! car il y en a pour tous les âges. *Râchel* va-t-elle rester seule, leur dit-elle? Ma mère n'a ni monture, ni esclave; c'est la première fois que l'enfant est devenu sensible à sa situation, & qu'elle a fait de semblables réflexions. — Sa pauvre mère fait les vœux les plus ardens pour qu'un charitable voisin daigne la ramener; car elle ne sait comment abandonner ses deux vaches & sa genisse, qui, fuyant l'orage, viennent d'arriver des bois; ses cinq brebis qui la suivent, & lui demandent, par leurs longs bêlemens, un abri contre la neige & le vent. — Le Ciel exauce ses prières. Le Nègre touché des pleurs de *Râchel*, & pour plaire aux enfans de son maître, après plusieurs essais, la place sur le col de *Bonny*. — Il la tourne enfin vers l'orage, (car ils alloient à l'est) tous s'écrient & ont peur de tomber; mais bientôt enhardis, ils s'attachent à Tom, qui devient leur point d'appui. — *Bonny*, connoissant la riche cargaison dont elle est chargée, avance lentement, avec une patience & une adresse admirable; à chaque pas, elle lève les jambes au-dessus de la neige, & marche avec la timidité de la prudence.

Ils arrivent; le père & la mère impatiens & inquiets, s'étoient déjà avancés jusqu'à la grande barrière; ils prennent chacun un enfant dans leurs bras. — Quelle joie réciproque! L'idée du danger évité l'augmente encore. — On les secoue, on les brosse, on les change, on les réchauffe, on les plaint, on les embrasse; la peur, la neige & l'effroi disparoissent. — Alors le biscuit au lait, le bon fromage, le gâteau de pommes, la tasse de thé bien sucrée, sont mis sur la table : ils sont heureux, & vous auriez partagé leur bonheur, j'en suis sûr, si vous aviez été témoin de cette petite scène. Le genre de vie des Cultivateurs Américains en produit beaucoup de semblables. Ne seroit-il pas étonnant que, dans ce pays d'hospitalité & d'abondance, la petite Râchel n'eût pas partagé, avec ses camarades, le plaisir de la bonne chère & la joie d'un bon feu ? On la réchauffe aussi, on la console, on la nourrit, & elle oublie les réflexions qu'elle avoit faites à la porte de l'Ecole. Pour rendre cette action généreuse plus complète encore, on la renvoie chez elle sur la même monture & sous les soins du même Nègre. Les remercîmens, les sincères bénédictions de la pauvre Veuve qui se préparoit à aller chercher sa fille, ne payent-ils pas suffisamment la peine qu'on avoit prise ? Tom revient enfin; tout est à l'abri, sain & sauf : — Dieu soit loué ! Dans ce moment, le soigneux nègre Jacques entre dans la salle, portant sur ses hanches une énorme bûche; sans quoi, nos feux ne peuvent ni durer, ni donner de la chaleur. — Tous se lèvent & font place; les grands chenets sont ôtés; le feu est fait; la mère nettoie elle-même son âtre avec

la

la plus grande attention. — La famille se replace & s'asseoit pour jouir de cette chaleur bénigne. — Le repas, après tant d'opérations laborieuses, conduit au silence & au sommeil; les enfans alternativement s'endorment & s'éveillent, les morceaux à la main. — Le père ouvre la porte de tems en tems, pour contempler le progrès de la neige & du vent. — A peine ose-t-il mettre la tête dehors; quelle obscurité, quelle nuit noire, dit-il à sa femme! je ne puis voir les palissades qui ne sont qu'à deux perches d'ici; à peine puis-je distinguer les branches de nos acacias; je crains qu'ils ne cassent sous le poids... Grâces au Ciel, j'ai pensé à tout, &, demain matin, je soignerai bien mes bestiaux, si Dieu m'accorde la vie.

Les Nègres, amis du feu, fument leurs pipes & racontent leurs histoires dans la cuisine : bien nourris, bien vêtus, heureux & contens, ils partagent la joie & le repos de leurs Maîtres, & s'occupent à faire leurs balais, leurs jattes & leurs grandes cuillers de racines de frêne. — Tous rassemblés sous le même toit, au sein de la paix, ils soupent, ils boivent leur cidre; insensiblement ils parlent moins & s'endorment. — Quand la fureur de l'orage redouble le bruit de la cheminée, ils se réveillent subitement, & regardent à la porte avec un effroi respectueux. — Mais pourquoi s'inquiéter? c'est l'ouvrage du Tout-Puisfant; & ils vont se coucher, non sur des grabats de tristesse & de pauvreté, mais sur de bons lits de plumes, faits par la Maîtresse. Là, chaudement étendus entre des draps de flanelle, ils jouissent d'un repos heureux, acheté par les fatigues du jour. — L'Etre Suprême n'a nul crime à punir dans cette famille innocente : pourquoi permettroit-il que les rêves terribles, les visions de mauvais augure affligent l'imagination de ces bonnes gens ? A peine le jour a-t-il paru, que le Cultivateur se lève, appèle ses Nègres : l'un s'emploie à allumer du feu dans la chambre, pendant que les autres vont au hangard & à la grange. — Mais comment y parvenir ? la neige est profonde de deux pieds, & elle tombe encore; ils n'ont point le loisir d'ouvrir les passages nécessaires : ils y arrivent comme ils peuvent; car les chemins & les sentiers ont disparu, & la neige amoncelée par le vent dans certains endroits, présente des obstacles qu'on ne peut franchir.

Les bestiaux qui, pendant la nuit, étoient restés immobiles sous une neige adhérente, soudainement ranimés à la vue du Maître, se secouent & s'approchent de toutes parts pour recevoir leur fourage. Que de soins cette vie n'exige-t-elle pas ! Après avoir contemplé ce grand cercle d'actions qui embrasse l'année entière, qui peut s'empêcher de louer & d'estimer cette classe d'hommes si utiles

& si dignes de la liberté qu'ils possèdent! ce sont eux qui, répandus sur le bord de ce Continent, l'ont fait fleurir par leurs charrues & leur industrie: ce sont eux qui, sans le secours dangereux des mines, ont produit cette masse de richesse commerçable, ces branches d'exportation qui font aujourd'hui notre richesse; richesses qui n'ont été souillées ni par la guerre, ni par la rapine, ni par l'injustice: ce sont eux dont la postérité remplira ce Continent immense, & rendra cette nouvelle partie du monde la plus heureuse & la plus puissante. — Puissent les pauvres & les désœuvrés de l'Europe, animés par notre exemple, invités par nos Loix, venir partager avec nous nos fatigues, nos travaux & notre bonheur.

— Après avoir nourri les bestiaux, il faut chercher des places commodes pour les abreuver. Il faut, avec des haches, ouvrir des trous dans la glace; il faut écarter la neige, pour se procurer une approche commode & non glissante. — Cela est fait; mais cela ne suffit pas. Les anciens animaux marchent les premiers à travers le sentier qu'ils se frayent eux-mêmes; le reste suit à la file: les plus jeunes & les plus foibles derrière. — L'expérience & l'instinct leur enseignent merveilleusement la place que chacun doit occuper. — Dès que les vétérans ont bu, il faut les chasser par une autre route; car ils resteroient au bord du trou des heures entières, &

empêcheroient les autres d'en approcher. Plus il fait froid, plus leur nourriture est grossière : le meilleur fourage est réservé pour le tems du dégel, qui relâche leurs dents & les affoiblit. Quelle santé, quelle vigueur le froid ne donne t-il pas aux animaux, pourvu qu'ils soient bien nourris ! Les chevaux sont à l'écurie pendant la nuit ; mais ils sont dehors pendant le jour, & ne sont jamais malades. Les plus délicats des bestiaux sont les moutons ; quand la neige dure long-tems, ils sont sujets à devenir aveugles. Le seul moyen de prévenir cet accident, est de balayer leur cour, afin d'en ôter toute la neige, & de leur donner des branches de pin.

Mais il arrive souvent qu'après ces grands orages, après même que les chemins ont été battus, le vent de Nord-Ouest (tyran de ces contrées) souffle avec son impétuosité ordinaire : alors il soulève le nouvel élément, qu'il emporte & répand de toutes parts. La Nature semble ensevelie dans un tourbillon d'atomes blancs. Malheur à ceux qui voyagent en traîneaux ; ils cessent de discerner les objets ; ils perdent leur chemin : les chevaux couverts de neige, ainsi que le Voyageur, s'égarent & s'enfoncent dans des endroits où ils ne peuvent plus toucher la terre avec leurs pieds. — Le chagrin, l'inquiétude & le froid rendent ces situations dangereuses. Je m'y suis trouvé une fois ; j'eus à peine assez de courage pour chercher une maison, où j'abordai heureusement. Quoique ces nuages de neige ne soient pas si dangereux que les sables soulevés de l'Arabie, ils ne laissent pas cependant de faire périr bien des hommes tous les hivers. — A bien des égards, cette seconde tempête est plus nuisible que la première : souvent elle emporte la neige de certains côteaux, & laisse le grain exposé à la fureur de la gelée. Soulevée comme la poussière, la neige tombe dans les chemins qu'elle rend impraticables ; elle s'accumule devant les maisons, tourmente les bestiaux & suspend les voyages. —Poussée par la force de ce vent terrible, elle pénètre par-tout. — Alors les habitans dont les traîneaux rassemblés avoient battu & ouvert les chemins, se réunissent une seconde fois. — C'est l'ouvrage le plus pénible que les chevaux puissent faire ; mais ces communications sont essentielles : il faut aller au marché, à l'église, au moulin, au bois ; il faut aller voir ses voisins pendant cette saison de joie & de fêtes.

Le bûcher formé pendant l'automne est bientôt épuisé pour alimenter nos feux : il faut s'en procurer une provision proportionnée aux besoins de la famille. La prudence nous indique même la nécessité de pourvoir à ceux de l'été, opération dure & laborieuse ; car quand la neige est profonde, un arbre tombé disparoît, & ce n'est qu'avec beaucoup de peine, qu'on le coupe en morceaux de huit pieds de long, pour le charger fur le traîneau. Pour fimplifier cette opération, on s'adreffe à fes voifins, fi l'on jouit de leur eftime; ils s'affemblent volontiers & fe rendent mutuellement fervice. J'ai eu fouvent vingt traîneaux dans un jour, qui m'ont charié plus de foixante-dix cordes de bois. — C'eft alors que la Maîtreffe n'épargne rien de ce que la cave, le grenier, la maifon à fumée produifent de meilleur : c'eft un jour de fête deftiné à reconnoître le fervice effentiel que nous rendent nos voifins. L'induftrie de la femme, fon adreffe à apprêter les mets, fon goût, fa délicateffe, tout eft mis en ufage dans les *frolicks*. — C'eft ainfi que dans un heureux voifinage, toutes les familles fe fourniffent de bois. Il en eft de même pour nos écoles : chaque père fe trouve le jour marqué avec les autres, & contribue à y apporter la quantité de bois requife. Si quelque veuve en eft dépourvue, comme fouvent cela arrive, la charité & la bienveillance ne manquent jamais de lui fournir fon bûcher. Le bois ne coûte que la peine de le couper & de l'apporter; mais cela même eft très-confidérable. — Quand les tempêtes du Nord-Oueft font finies, nous jouiffons alors d'un tems froid & ferein qui dure pendant bien des femaines. Le foleil luit fans nuages, & rend cette partie de la faifon non-feulement utile, mais agréable. Alors nous portons nos bois aux moulins à scie; nos bleds, nos farines & nos viandes salées aux magasins construits sur les différentes rivières qui mènent à la Capitale. — Vous voyez quel important usage on fait de cette saison : je n'aimerois pas à vivre sous un climat où l'homme n'auroit pas tous les hivers une bonne neige & un tems froid & serein. On transporte aisément sur le traîneau (cette machine ingénieuse), les bois, les charpentes, les planches, les assantes, les pierres, la chaux pour les bâtisses, tout ce qu'on en a vendu, tout ce qu'on en a acheté; c'est le charroi le plus expéditif, le plus simple & du meilleur marché : deux chevaux traînent aisément quarante boisseaux de bled, & trottent deux lieues à l'heure.

Il en est bien autrement quand nous allons visiter nos amis : c'est ici la saison qui plaît davantage aux femmes & aux enfans. Par un froid excessif, qu'augmente encore la vîtesse de nos chevaux, la femme la plus délicate, les enfans les plus jeunes, tous oublient la sévérité du Nord, & n'aspirent qu'au plaisir d'aller en traîneau. — C'est alors que les portes de l'hospitalité Américaine sont ouvertes; chacun attend ses amis : les grands travaux sont suspendus; il n'y a plus qu'à profiter de la neige : telle femme, dont les parens demeurent à une grande distance, enchaînée chez elle par les soins de son ménage pendant l'été, attend les rigueurs de l'hiver avec la plus grande impatience; & voit tomber la neige avec la plus grande joie; elle ne cesse alors d'importuner son mari, & il obéit avec plaisir.—On prend les plus grandes précautions pour se garantir du froid, & on ne manque jamais d'emmener tous les enfans : quatre grandes personnes & quatre jeunes peuvent aisément se transporter dans ce qu'on appelle *traîneaux d'Albany*, fort supérieurs à ceux qui sont faits à la manière Angloise. — Mais si la distance est grande, il faut s'arrêter à cause du froid. Toutes les portes s'ouvrent au Voyageur la nuit comme le jour. — Sans cela, qui pourroit voyager?—Malheur à celui qui refuseroit un asyle dans ces momens-là. — On se réchauffe au feu de l'inconnu; il vous donne du cidre & du gingembre, qui est le remède à tous les maux. On arrive enfin : une autre compagnie nous a précédés peut-être ; — n'importe : — le cœur de l'Hôte, sa maison, les écuries sont grandes, tout y abonde ; car l'Américain ne se refuse rien, & consomme dans l'hiver la moitié des fruits de l'été. — Plus on est ensemble, & plus on est heureux : chaque mère une fois réchauffée, endort comme elle peut l'enfant sur son sein, & le couche dans la chambre voisine ; alors on se rassemble autour du feu, où chacun raconte les nouvelles de son canton. — Que l'on est aise de se revoir ! comme on s'embrasse ! comme on se serre les mains ! comme on babille ! quelle joie vive & pure ! Vous en avez goûté une fois, de ces fêtes d'hiver... dites-moi, la foible image que j'en retrace ne vous plaît-elle pas encore ? C'est ainsi que j'ai passé les plus heureux momens de ma vie, au sein de la liberté, de l'aisance, de la douce familiarité & de l'amitié. Environné de ma petite famille & de celle des autres, le bruit des enfans, leurs jeux, leurs querelles & leurs larmes, n'empêchent point les parens de se réjouir, de boire, de manger & d'être heureux. Ces fêtes ne valent-elles pas bien vos Opéra, où on dit que les Acteurs s'ennuient pour vous amuser : nous, plus fortunés, nous nous amusons nous-mêmes.

— Délicieux momens, quand reparoîtrez vous ! Hélas ! l'union, la concorde, la fraternité dont nous jouissions alors, sont remplacées aujourd'hui par les noirs soucis, par les pleurs, les jalousies, la guerre avec tous ses meurtres & tous ses incendies. Je veux les oublier, & m'épanouir le cœur, en m'occupant de plus douces images.

Mais comment peut-on remplir son tems sans les cartes & le jeu ? Je réponds à cette question par une autre. Que deviendrions-nous, si nous étions condamnés à nous amuser avec des morceaux de papier peint, qui ne servent qu'à souffler & à agiter toutes les passions ? Qu'il est aisé de se réjouir quand on est avec des amis, quand nos femmes &

nos enfans augmentent la joie en la partageant !
Les hommes, la pipe à la bouche, pensent, fument
& parlent de l'intérêt politique de leur Canton,
de leur Député ou Représentant, de sa conduite
dans l'Assemblée Provinciale, de celui qui doit le
remplacer à la prochaine élection, du prix des denrées, de l'état des Loix, d'un grand défrichement
qu'on va faire, des saisons ; que sais-je ? de tout
ce qui intéresse l'Homme, le Citoyen, le Cultivateur.

Les femmes, de leur côté, ne manquent pas de
sujet : dans quel pays ne trouvent-elles pas à causer ? Leurs laines, leur lin, l'emploi qu'elles en ont
fait pour vêtir leurs familles, leurs teintures différentes, leurs vaches, leurs fromages, leur beurre,
les mariages de leurs enfans & du voisinage, mille
autres sujets intéressans pour elles, occupent leurs
esprits & fournissent à leurs conversations. La bouteille, si nécessaire dans cette saison, échauffe les
hommes, les unit, introduit parmi eux la liberté
& la familiarité : — les moins babillards apprennent
à parler, & les plus mélancoliques à s'égayer. Le
soir vient, il nous manque encore un plaisir ardemment desiré par les jeunes gens, & auquel les pères
& mères participent bien souvent ; — c'est la danse :
le vieux Nègre de la maison, *César*, qui dans sa
jeunesse a fait danser le grand-père & la grand'-
mère, aujourd'hui simple spectateur, possède en-

core le grand art de faire sauter en cadence, & c'est tout ce qu'il faut : charmant exercice qui, sous les auspices de l'amitié & de l'hospitalité, nous anime & nous rajeunit. — Le souper vient, chacun aide à le préparer ; car il ne consiste qu'en un petit nombre de plats : la fatigue donne la faim, la faim satisfaite conduit au sommeil, & la journée se trouve passée au sein du bonheur. Répondez-moi, les Princes & les Grands de l'Europe savent-ils s'amuser comme nous ?

Le nombre des personnes qui quelquefois remplissent nos maisons, obligent, quand il n'y a point assez de lits, à les multiplier en les étendant sur le plancher. Le lendemain on se relève sans soucis & sans remords ; — alors chacun va voir les chevaux, les abreuver & les nourrir. Les femmes, occupées de leur thé jusqu'à onze heures, soignent leurs enfans : elles apportent toujours leurs ouvrages, il est vrai, mais cela étoit bien inutile. — L'épanouissement du cœur, la conversation, l'assistance qu'il faut donner à la Maîtresse de la maison, la bonne-chère, &c. consomment tout le tems. Quand la joie & le plaisir viennent visiter l'hospitalité, l'industrie n'est guères admise. — Le bœuf qui, pendant l'été, nous a prêté toute sa force, jouit comme les hommes du repos de cette saison. C'est actuellement le cheval dont nous nous servons : plus vif & plus prompt, sa vîtesse sur la neige est incroyable ; j'ai souvent trotté quatorze milles dans une heure : leurs fers sont garnis de pointes d'acier qui leur tiennent le pied ferme sur la glace la plus serrée.

Un hiver neigeux & froid est donc pour nous de la plus grande importance, soit pour l'expédition de nos affaires, soit pour nos plaisirs. Ces hivers nous manquent rarement. Que deviendroit la végétation de nos climats froids sans cet heureux repos de la Nature ? elle seroit bientôt épuisée. — D'un autre côté, c'est une saison dispendieuse ; on n'y fait rien d'utile, si ce n'est de battre le bled & nettoyer le lin. Il faut que tous les Membres de la famille soient bien vêtus ; mais cette réflexion ne diminue rien à notre bonheur : nous sommes sains & robustes ; les climats du Sud avec toutes leurs richesses n'ont rien qui puisse compenser ces avantages : tels sont les hivers du Pays des Mohawks ; jugez de ceux du Canada. *Adieu.*

PENSÉES
SUR LA GUERRE CIVILE.

Histoire de Joseph Wilson.

29 Août 1777.

L'IMAGE d'une Société bien organifée me fournit toujours les fpéculations les plus agréables, parce que tous les Membres qui la compofent, jouiffent d'une paix & d'un bonheur permanent; le bien y eft plus fréquent que le mal, & c'eft alors que l'homme peut fe réjouir des facrifices qu'il a faits pour entrer dans l'état focial.

Quel que foit l'objet, hélas! c'eft dans le fang & les crimes que les premiers fondemens de tout édifice politique font pofés : comment perfuader à l'innocent Laboureur, au fimple Artifan, de prêter l'oreille aux nouveaux principes, fans enflammer leurs paffions? Pour les rendre utiles, il faut les agiter, & leur donner une énergie qui eft toujours funefte aux mœurs : les Loix font réduites au filence, ou bien tout les oblige alors à prononcer de faux oracles & à fanctifier les crimes. La Religion, avec toute fa puiffance, quitte la terre & s'envole vers le ciel ; le vuide formé dans le cœur humain, eſt bientôt rempli par les paſſions analogues aux circonſtances : c'eſt alors que l'homme, laiſſant derrière lui toute eſpèce d'entraves, eſt livré à l'action, à la réaction d'une foule de mouvemens nouveaux qu'excitent des préjugés différens. Quel tableau ! qui peut le décrire ? vous l'exigez cependant. — Mon cœur, vivement agité à la vue du mal, bouleverſé par les ſenſations les plus vives, me ſuſcite une foule d'idées confuſes ſans doute, mais reſſemblantes, dans leur incorrection même, à la ſource d'où elles proviennent, & ma plume les retrace avec fidélité, ſans que mon foible génie y ait la moindre part. Le feu de la guerre civile, quel que ſoit le motif de cette guerre, s'enflamme en un inſtant lorſque tout eſt prêt ; c'eſt une conflagration qui ne brûle que lorſqu'elle eſt générale ; ce n'eſt plus qu'un vaſte théâtre ſur lequel, il eſt vrai, éclatent les grands talens : l'Orateur, le Politique, le Guerrier, qui brillent & qui combattent dans la cauſe publique, ne ſont devenus tels que par la force des circonſtances, & par cette efferveſcence qui échauffe & étend tous les eſprits. — Mais j'ai peine à ne pas trouver, dans la paiſible retraite du cabinet, des motifs de douleur, égaux à l'objet de nos eſpérances. — Pardonnez ce dernier ſentiment ; il vient de l'homme, & non du

Citoyen. — Aujourd'hui, le courage & la sagesse cessent d'être estimés en raison de leur éclat naturel ; ils le font par les effets qu'ils produisent. La rareté des grands crimes honore les Américains : ah ! s'ils eussent connu le stylet & le poison d'Italie, quelles tragédies funestes n'aurions-nous pas vues ! Un homme, borné comme je le suis, pourroit-il vous représenter la gradation qui nous a conduits du respect des Loix aux tumultes, à l'outrage, à l'anarchie, à l'effusion du sang ? pourroit-il décrire cette multitude d'objets, tous également étonnans, également intéressans pour l'humanité, & peindre les scènes multipliées qui se présentent de toutes parts ? Hélas ! vous ne verriez que, comme des nuages puissamment agités, des météores enflammés, des éclairs affreux, la foudre menaçante, les convulsions d'un grand Continent, un naufrage général : telle est l'image de notre situation. Voilà pourtant le prix énorme dont nous nous préparons à acheter la liberté des générations futures. — Après tout, un si grand bien peut-il coûter trop cher ? — Semblable à une vapeur épidémique, la haine contre l'Angleterre s'est emparée de presque tous les cœurs ; la douce perspective d'une Agriculture étendue, de projets prospères, d'établissemens florissans, de populations nouvelles, a disparu pour faire place aux commotions, aux assemblées, aux fureurs de la guerre, à la soif de la vengeance.

La guerre civile est un champ qui, au milieu de la nouvelle récolte, produit toujours les plus mauvaises herbes, la haine amère, l'implacable vengeance, les divisions les plus cruelles. Hélas ! combien n'ai-je pas vu de Citoyens, jadis amateurs de la paix & de la tranquillité, soudainement convertis en animaux furieux, détruisant, par un principe de férocité plus encore que par des motifs de rapine, & souillant ainsi la cause qu'ils avoient épousée. Mais pourquoi m'étonner de ce phénomène politique ? Il en a été ainsi dans tous les âges & parmi toutes les Nations ; par-tout on voit les mêmes effets, dès que le Tribunal des Loix est renversé, dès que le méchanisme de la subordination est arrêté, dès que les liens sociaux sont rompus. — Ce n'est pas d'aujourd'hui que l'on a vu le fils armé contre le père, le frère devenir l'ennemi de son frère..... Pourquoi donc contemplai-je les scènes qui m'environnent avec une affliction si profonde ? pourquoi me causent-elles des sensations si aiguës ? C'est que j'aime ma Patrie en homme qui n'a que des lumières ordinaires ; c'est que je déplore l'effet que cette guerre aura sur nos mœurs, qui jadis faisoient notre richesse, & nous distinguoient de toutes les Nations de la terre. — Pourquoi ma carrière n'a-
t-elle

t-elle pas été terminée avant cette révolution, ou pourquoi le moment de ma naissance n'a-t-il pas été différé ?... Je remarque cependant avec plaisir que ces scènes cruelles & sanglantes, qui révoltent la nature, sont très-rares, & proviennent plutôt de l'impulsion d'une vengeance particulière, que de plans réfléchis.

La situation des habitans de nos frontières est plus déplorable que je ne puis vous la dépeindre; l'imagination ne peut concevoir, la langue ne peut décrire leurs dangers & leurs calamités. — Les échos de leurs bois ne répètent plus, comme auparavant, les coups de hache, le bruit des arbres qui tombent, les chansons joyeuses du Laboureur; ce ne sont que les accens de la mélancolie, les cris du désespoir, les gémissemens des veuves & des enfans qui, échappés aux flammes, déplorent le sort de leurs maris & de leurs pères. On ne voit plus que ruines, que champs déserts, bestiaux devenus sauvages, prairies abandonnées.... Quelques Districts, plus malheureux encore que les autres, sont exposés en même-tems aux incursions des Sauvages, aux déprédations inévitables des Partis envoyés pour les défendre, à la rage de la discorde qui naît de la diversité des opinions; les maisons, tour-à-tour attaquées & défendues, sont quelquefois converties en petites citadelles: c'est le moment des scènes les plus effrayantes

& les plus cruelles. — Le sang des hommes, des femmes, des enfans & des soldats, ruisselle au milieu des flammes qui consument tout, & qui, après être éteintes, ne laissent appercevoir, pour tout débris, que les ossemens de nos Concitoyens. Jugez, par cette foible esquisse, de la fermentation & de la fureur de ceux qui habitent ces cantons infortunés;... jugez de quel œil ils doivent regarder ceux qui sont soupçonnés de favoriser le parti du Roi, parti dont le couteau meurtrier s'élève pour les égorger toutes les nuits... Il y a trois semaines que le bel établissement de Peenpack a été détruit de fond en comble; j'ai vu les flammes, j'ai entendu les cris aigus des habitans qui périssoient :... il y a cent ans & plus qu'il a été fondé par des Familles Françoises, bannies de leur Patrie au tems de la révocation de l'Edit de Nantes. — Cet Etablissement présentoit à l'œil la réunion de tout ce que l'industrie des habitans & la fertilité de la terre pouvoit produire d'agréable & d'enchanteur; c'étoit une chaîne de plantations sur la pente douce d'une colline très-étendue, terminée au Sud par la belle rivière de Mahakamack, à la distance d'un mille & demi. Cet espace contenoit le meilleur sol connu; — la fertilité n'en avoit point diminué depuis un siècle. Au Nord, des maisons s'élevoient en gradins réguliers, les énormes montagnes bleues; des édifices élégans en belles pierres, de vastes granges qui ne pouvoient contenir toutes les moissons, les tas de l'abondance élevés dans les champs, l'aisance des Cultivateurs, dont les moins riches recueilloient six cents boisseaux de bled tous les ans: voilà le tableau de cette Contrée. — L'ennemi sort du sein des montagnes le 17 Août, &, en trois heures, tous ces monumens d'industrie sont anéantis; un instant voit périr l'ouvrage d'un siècle de travaux. Quel bien cette destruction a-t-elle fait à la Grande-Bretagne? Impitoyable marâtre! crois-tu fonder ta gloire & ton triomphe sur les ruines de nos maisons? si tu ne peux nous conquérir, pourquoi vouloir nous brûler? tu ne fais que graver plus profondément dans nos cœurs le désir de secouer ton joug, & la haine implacable que nous te portons. En vain veux-tu renouveler, dans les champs de l'Amérique, les scènes du Bengale, où la soif de l'or a converti tes Citoyens en tigres? Nous ne sommes pas des Indiens; le courage que nous avons apporté de ton Isle altière, servira à réprimer ton orgueil & à rendre ta vengeance impuissante. Le flambeau de tes Sauvages ne consumera pas notre énergie, comme ils incendient nos maisons; notre résistance n'en sera que plus ferme & plus éclatante; chaque plantation détruite est une pierre de plus ajoutée à la grande arche de notre liberté & de notre indépendance.

T 2

La Milice, assemblée en peu de tems, couvrit si bien les Etablissemens voisins de Peenpack, que Brandt & ses Sauvages furent obligés de se retirer : elle étoit partie d'Anaquaga sur la rive orientale de la rivière Susquéhannah. Un des détachemens de cette Milice, en s'en allant, fut informé que deux Sauvages & un Blanc avoient été apperçus traversant les bois à l'est de la Délawarre, s'acheminant vers New-Yorck, chargés sans doute d'y porter la nouvelle de la brillante expédition qu'ils venoient de faire; que ces Sauvages & leur guide avoient logé chez Joseph Wilson, habitant connu, depuis le commencement de la guerre, pour un Royaliste. Ce récit enflamma le cœur des Miliciens au plus grand degré de rage & de vengeance, & leur inspira le ressentiment le plus violent contre cet infortuné. Ils s'acheminent vers sa maison; il étoit alors occupé dans ses prairies : soudain ils l'environnent & l'accusent; il le nie, ce crime, avec le ton solemnel de la vérité : à l'heure même quelques-uns du parti veulent le massacrer à coups de bayonnettes, comme leurs amis venoient d'être assassinés par les Sauvages; le Capitaine s'y oppose.....
J. Wilson fit & dit tout ce qu'il put pour se justifier : mais ses juges armés étoient trop passionnés; ils le croyoient coupable. Le désir unanime sembloit cependant être qu'il confessât le

crime dont il étoit accusé ; ce défir étoit fondé fur des traces d'ancienne juſtice qui n'étoient point encore effacées : mais, loin d'avouer, il perfiſta à nier, & prit le Ciel à témoin de la vérité de ce qu'il venoit de leur dire. Ce déni ne fervit qu'à les iriter davantage, à leur perfuader de plus en plus qu'il étoit criminel : ils réfolurent de le forcer à l'aveu qu'ils exigeoient, en le fufpendant à une corde attachée à fes deux pouces & à fes orteils, punition qui, quoique fingulièrement barbare, a cependant été très-fréquente depuis le commencement de cette guerre. Dans cet état cruel, il protefta fon innocence avec plus d'énergie encore qu'auparavant ; il leur dit qu'il facrifieroit volontiers fa vie, puifque c'étoit leur intention de la lui ôter ; mais que les tourmens & les douleurs ne lui feroient jamais confeſſer ce dont il n'étoit point coupable, action dont même il avoit horreur. — Dans ce moment, fa femme, informée de cette fcène tragique, arriva les yeux ruiffelans de larmes, l'effroi & la terreur peints fur le vifage ; elle fe proſterna contre terre ; elle embraffa les genoux du Commandant ; elle fe fervit enfin de tous les moyens poffibles pour toucher leur cœur, pour exciter leur compaffion, & pour obtenir que fon mari fût délivré de l'état horrible où il étoit. Quelle fituation pour une femme ! Mais, loin d'avoir égard à fa détreſſe, à ſes ſupplications, ils refuſèrent de l'entendre, & l'accusèrent d'avoir participé au crime abominable de ſon mari : elle atteſta le Ciel, vers lequel elle éleva les yeux & les mains, qu'elle en étoit entièrement ignorante, & que jamais leur maiſon n'avoit ſervi d'aſyle aux bouchers & aux conflagrateurs de leur Patrie. Ses pleurs, ſes gémiſſemens, ſes prières, les cris aigus du pauvre infortuné, prévalurent enfin : il fut détaché après une ſuſpenſion de ſix minutes, intervalle qui paroîtra bien long à quiconque y réfléchira. Pendant quelques momens, un ſpectacle ſi touchant ſembla adoucir la violence de leur fureur, comme, dans une grande tempête, la force du vent ſemble quelquefois s'affoiblir ; mais l'inſtant d'après, il ſouffle avec une impétuoſité redoublée. — Un de la compagnie, plus féroce que les autres, ſe leva ſoudainement ; il leur repréſenta le meurtre récent de leurs parens, de leurs amis, l'incendie général de leurs maiſons & de leurs granges : la peinture de toutes ces ſcènes terribles ranima leur fureur : convaincus que J. Wilſon étoit celui qui avoit donné aſyle aux Incendiaires, ils réſolurent enfin de le pendre. Voilà donc l'innocence expoſée aux mêmes dangers que le crime, ſituation devenue très-commune : demain, la même perſonne peut être punie pour des ſentimens & des actions qui, aujourd'hui, auroient été louables. Auſſi-tôt que la seconde sentence de l'infortuné Wilson fut prononcée, il en appela à l'Être suprême, le créateur des cœurs; il renouvela les protestations les plus solemnelles de son innocence; il avoua en même-tems son attachement à la cause du Roi, qui étoit fondé sur la force de l'habitude & sur un ancien respect. Il leur jura qu'il ne s'étoit jamais opposé aux mesures du Congrès; que ses opinions n'avoient jamais sorti de sa maison; que, dans la retraite & le silence, il s'étoit résigné à la volonté du Ciel, sans avoir eu la moindre intention de s'armer contre sa Patrie; que, dans la sincérité de son cœur, il détestoit cette espèce de guerre atroce, qui n'avoit d'autre but que de désoler, de ruiner & de massacrer tant de familles innocentes, dont le seul crime étoit d'habiter les frontières. Il finit par les supplier, au nom de Dieu, la source de toute justice, de le conduire en prison; où il seroit puni juridiquement, s'il étoit coupable, & où son innocence seroit manifestée, s'il ne l'étoit pas. Je ne suis pas un étranger, leur dit-il; vous me connoissez tous; vous êtes mes voisins; vous savez que je suis un homme toujours occupé chez lui, qui a toujours mené une vie paisible, sobre & tranquille; voudriez-vous, sur une information vague, m'ôter la vie? Pour l'amour de ce Dieu qui juge tous les hommes, permettez-moi d'avoir un procès juridique. La prévention étoit trop profondément enracinée, pour qu'ils puffent le croire ; l'état paffif dans lequel il étoit refté depuis le commencement de la guerre, n'avoit fervi qu'à animer fes voifins contre lui : *Contra nos qui non pro nobis*, eft la devife de nos jours. — Les grands rifques qu'ils venoient de courir, les cruautés exercées fur leurs parens & leurs amis, toutes ces circonftances fermèrent les cœurs à l'humanité. — Ils lui imputèrent comme un nouveau crime, d'avoir ofé fe juftifier ; c'eft pourquoi ils confirmèrent unanimement la fentence de mort qu'ils avoient prononcée, lui offrant cependant la vie, s'il vouloit confeffer quel homme blanc fervoit de guide aux deux Sauvages qui alloient à New-Yorck. — Il protefta, en élevant la voix, qu'il n'en avoit aucune connoiffance ; &, voyant que fon fort étoit déterminé, il s'avança vers ceux qui préparoient la corde fatale, & bientôt il fut fufpendu à la branche d'un arbre. Cette exécution n'ayant point été l'action d'une juftice tranquille & délibérée, mais bien l'effet des paffions les plus vives, il ne vous paroîtra pas étonnant qu'ils aient oublié de lui attacher les bras & de lui voiler le vifage.

Les efforts qu'il fit auffi-tôt qu'il fut fufpendu, l'agitation de fes mains qui, inftinctivement, cherchoient à fe délivrer de la corde, les contorfions du vifage, qui accompagnent néceffairement cet état terrible, & mille autres circonstances trop affreuses pour être décrites, présentoient à leurs yeux un spectacle horrible qui, dans les exécutions ordinaires, est caché au Public. Mais tel est l'effet du ressentiment, tel est l'effet de la vengeance, telle étoit leur persuasion de son crime, que cette scène pathétique, ces images révoltantes ne produisirent aucun effet sur leur cœur, & n'y rallumèrent point le flambeau de l'humanité.

Pendant qu'ils rassasioient ainsi toutes leurs passions, pendant qu'ils contemploient leur ennemi expirant, la Nature marchoit à grands pas vers sa dissolution ; le moment fatal approchoit, comme l'annonçoit le tremblement des nerfs, l'agitation affoiblie de ses membres, la disposition perpendiculaire de ses mains devenues immobiles ; les ombres de la mort couvroient déjà la face de cet homme..... La force de tant d'objets touchans détermina enfin quelqu'un du parti à demander qu'il fût détaché :... cela fut exécuté dans un instant, & bientôt après il fut saigné. A l'étonnement de tout le monde, il donna quelques signes de vie, & insensiblement ouvrit les yeux à la lumière. Le premier effet du retour de sa raison, démontra quels avoient été les objets qui l'avoient occupé dans ses derniers momens : à peine put-il parler, qu'il s'informa tendrement de sa femme ; (heureuse dans son malheur, elle s'étoit évanouie quand la sentence fut prononcée, & étoit étendue sur la terre à une petite distance) presqu'au même instant son attention fut fixée par la vue de ses enfans, qui étoient tous accroupis à la porte de sa maison, glacés de crainte, & l'effroi peint sur le visage. Ce fut alors que sa poitrine se gonfla, & peu après se soulagea par des soupirs : il ne versa point de larmes ; leurs sources, ainsi que celles de la vie, avoient presque été desséchées. Grand Dieu ! as-tu donc destiné le cœur de l'homme à souffrir tant de maux ? Oui, sans doute, puisque tu lui as donné la force de résister à des sensations si cuisantes sans se briser.... A peine fut-il revenu à la vie, qu'ils recommencèrent à lui ordonner d'avouer le crime dont il étoit accusé ; il le nia avec la même fermeté qu'auparavant : ils se repentent de leur humanité, ne veulent point absoudre, quoiqu'ils ne puissent convaincre ; ils arrêtent de le pendre une seconde fois. — Il leur reprocha avec douceur & amertume, la cruauté de la mort à laquelle ils le condamnoient. — Lorsque les malfaicteurs n'ont qu'un moment à souffrir, pourquoi ne voulez-vous pas confesser que vous avez donné l'asyle à nos ennemis ? — Je suis innocent, leur répondit-il ; pourquoi avouerai-je, à la face du Ciel, ce qui n'est pas vrai ? — N'avez-vous point peur de Dieu & de ses jugemens ? — Je le répète pour

la dernière fois, je fuis innocent; faites de moi ce que vous voudrez. — Que dites-vous, compagnons, dit le Capitaine ? — Il eſt coupable, & mérite la mort, répondirent-ils. — Ah! ſi vous m'aviez laiſſé ſuſpendu, je n'exiſterois plus; cette cruelle tragédie ſeroit terminée : faut-il donc que je meure une ſeconde fois ? O Eſprit de l'Univers ! toi qui connois le fond de mon cœur & mon innocence, aides-moi à la prouver..... Ici, il pleura amèrement, en jetant ſes regards ſur ſa femme & ſes enfans; la force de ſes ſenſations le rendit, pendant quelques inſtans, ſtupide & immobile : il s'approcha enſuite de ceux qui ſe préparoient à le pendre. — Arrêtez, dit le Commandant. — J. Wilſon, c'eſt l'opinion de tous ces gens, vos compatriotes & vos voiſins, que vous êtes coupable ; c'eſt leur volonté que vous perdiez la vie, ainſi que le méritent ceux qui ſont traîtres à leur Patrie : nous vous donnons dix minutes pour faire votre paix avec Dieu. — Puiſqu'il faut que je meure, que ſa volonté ſoit faite, &, s'agenouillant auprès de ſa femme, il prononça la prière ſuivante ; les ſentimens en ſont fidélement rendus, quoique ma mémoire ne m'ait pas permis de me rappeler ſes propres paroles. » Grand Dieu, dans ce moment de tribu-
» lation d'eſprit & de détreſſe corporelle, par-

» donnes-moi les péchés que j'ai commis, donnes-
» moi une portion de grâce suffisante pour sup-
» porter jusqu'à la fin mon sacrifice, & pour
» que je puisse quitter ce monde avec la con-
» fiance d'un Chrétien & le courage d'un homme;
» ne méprises point les élans d'un cœur qui n'a
» jamais commis de grands crimes, quoiqu'il ait
» pu t'oublier quelquefois. Toi qui, sans l'assis-
» tance des paroles, connois la sincérité de mes
» sentimens, j'ose en appeler à toi pour la ma-
» nifestation de mon innocence; reçois le re-
» pentir d'une minute comme une compensa-
» tion pour des années de fautes & de péchés:
» n'ayant plus que quelques minutes à vivre, je
» saisis la dernière pour recommander à ta bonté
» paternelle ma femme & mes enfans. O toi,
» Maître de la Nature! voudras-tu condescendre
» à devenir le protecteur de la veuve & le père
» des orphelins? c'est-là, tu le sais, le bien le
» plus fort qui m'attache à la terre, & qui rend
» si amer le sacrifice que je vais faire. « — Le
Capitaine, touché de cette prière, lui dit : Il se
peut que vous soyez innocent; pour le présent,
nous nous contenterons de vous conduire à la
prison de ***, où vous resterez enfermé jusqu'à
l'arrivée des Juges ; si vous êtes coupable, que
les Loix vous punissent ; je désirerois que nous

n'en n'eussions point agi avec tant de précipitation : qu'en dites vous, compagnons ? j'ai peur que cet homme ne soit innocent. — Soit fait comme vous le proposez, répondirent-ils : puisse-t-il être innocent. — Joseph Wilson les remercia avec une voix tremblante & foible ; la révolution occasionnée par ce changement soudain de la mort à la vie, pensa lui être fatale. Il étoit sur le point de s'évanouir, lorsque celui des Soldats qui l'avoit saigné peu auparavant, rouvrit la piquure : cette seconde opération lui fut de la plus grande utilité : on lui accorda de retourner chez lui, & de s'y reposer jusqu'au lendemain. Pendant cet intervalle, sa femme sembloit être couverte du voile de la stupide insensibilité ; son cœur, épuisé par la force des sensations, avoit pour ainsi dire cessé de sentir, & étoit devenu indifférent à toutes impressions : cet état d'engourdissement lui sauva la vie. Elle étoit assise sur le tronc d'un arbre, la tête cachée dans ses mains, ses mains appuyées sur ses genoux, sa coëffe tombée & ses cheveux épars, sans la moindre émotion, les yeux fixés : elle avoit entendu prononcer la seconde condamnation de son mari, & même s'étoit jointe à ses prières... Mais où trouverai-je des expressions & des paroles pour peindre sa joie, & ce premier sourire qui annonça le retour de la sensibilité ?

Sa joie parut tenir de la frénésie; elle se calma ensuite par les pleurs (rosée salutaire que la Nature nous a donnée pour adoucir l'amertume de nos douleurs); aux larmes succédèrent les cris inarticulés, les monosyllabes les plus éloquentes, qui, tour-à-tour, exprimèrent l'excès du plaisir, la ferveur de la reconnoissance, les transports les plus vifs vers le Ciel, & mille autres nuances qu'il est plus aisé de concevoir que de décrire. Ils s'embrasèrent avec toute l'angoisse du sentiment, sans pouvoir prononcer une seule parole : c'étoit un mélange de plaisir, d'affliction & de tendresse, qui auroit touché les cœurs les plus endurcis. Elle courut ensuite vers la maison pour amener les enfans retenus par la timidité, & que le père appeloit en vain de sa voix affoiblie : ils vinrent aussi vîte que leurs forces leur permettoient. — Père, qu'est-ce qu'il y a donc eu? qu'est-ce qu'il y a donc eu? il y a long-tems que nous avons pleuré pour vous & pour notre mère. — Embrassez-moi, mes chers petits, embrassez-moi; car votre père croyoit qu'il ne jouiroit plus jamais de ce plaisir : mais Dieu l'a voulu; sa Providence a parlé au cœur de nos voisins; embrassez - moi encore, mes chers enfans; votre père est malheureux; mais il n'est pas coupable.... Ils l'écoutèrent avec une attention proportionnée à leur entendement, & leurs larmes recommencèrent à couler : ce furent les dernières de cette touchante aventure.

L'humanité elle-même prendroit plaisir à peindre une pareille scène : elle fut si puissamment énergique, qu'elle pénétra jusqu'au fond du cœur des Spectateurs, & y ramena le repentir & la pitié. Telle est, mon ami, la nature du cœur humain : au spectacle le plus terrible, à la plus affligeante catastrophe que les discordes civiles puissent produire, succéda la scène la plus édifiante, de laquelle un honnête-homme pût désirer d'être le témoin. O Vertu ! tu n'es donc pas une chimère ? tu existes, sublime présent du Ciel ! tu reposes secrètement au fond du cœur de tous les hommes, toujours prête à réparer les effets du vice & à honorer le genre-humain, quand tu n'es pas terrassée par la force des passions !

Le lendemain, J. Wilson fut conduit, dans un charriot, à ***, où, quelque tems après, il fut juridiquement absous. Il retourna chez lui, où, depuis, il a vécu en paix : ses voisins, devenus plus calmes, se sont sincèrement repentis de l'outrage qu'ils lui avoient fait, & n'ont rien oublié pour le convaincre de la vérité de leurs regrets, en lui donnant sans cesse des preuves de leur amitié & de leur estime. Mais l'injustice qu'il a soufferte, peut-elle jamais être réparée ? Il vit, & est devenu un monument animé de ce que produit quelquefois la fureur des guerres civiles..... Hélas! combien de scènes aussi touchantes ne pourrois-je pas décrire parmi les deux partis, si je ne craignois de fatiguer votre ame!

Adieu, ST. JOHN.

LA FEMME DES FRONTIÈRES.

Comté de Carlisle, Pensilvanie.

QUELLE distraction terrible n'a pas causé l'Armée du Général Burgoyne, depuis son arrivée à Tycondéroga, quoiqu'il fût si humain! avez-vous entendu parler du meurtre de Mademoiselle *Mac Crea*; (1) le jour du passage de l'Armée Angloise étoit le jour où elle devoit épouser un Officier Anglois; jour fatal. — Sa jeunesse, sa beauté, sa douce modestie, sa parure simple, mais élégante & naturelle, tout contribuoit à la rendre singulièrement frappante, & digne de respect & d'admiration; elle fut cependant sacrifiée, non à une ja-

―――――――

(1) Le Frère de cette Demoiselle est actuellement Capitaine dans le Régiment de la Reine, Commandé par le Colonel *Simcoe*.

lousie

louſie brutale ; mais à une émulation féroce du courage & de fierté. — Deux Sauvages, qui étoient entrés dans ſa maiſon enſemble, ſe diſputèrent long-temps lequel des deux feroit préſent d'une ſi belle captive au Général Burgoyne; tous deux étoient également forts, également déterminés à la regarder comme leur priſe; le combat ne ceſſa qu'au moment où l'un d'eux conçut l'idée barbare de détruire l'objet qui l'avoit occaſionné : mon foible pinceau ne peut qu'eſquiſſer un évènement ſi épouventable. — Hélas! que diriez-vous, ſi vous pouviez voir, comme moi, les dégâts, les incendies, les pertes que cette armée a occaſionnée juſqu'à ſa Capitulation de Saratoga? vous frémiriez, j'en ſuis ſûr. —

Je rencontrai accidentellement l'autre jour une ancienne connoiſſance : — depuis le commencement de cette guerre, il a été un des conflagrateurs le plus acharnés, & un des principaux acteurs de ces ſcènes ſanglantes qui, pendant trois ans, ont déſolé nos frontières : ſcènes qui rarement ſont accompagnées de danger pour les aggreſſeurs, car tout ſe fait ou dans la nuit, ou par ſurpriſe. — ,, J'ai peur, me
,, dit-il, que je ne puiſſe mourir en paix, quand le
,, moment en ſera venu : — Je ne puis plus être
,, ſeul, ſans que mille images effrayantes ne ſe
,, préſentent à mon imagination : lorſque j'étois

Tome I. V

» employé dans ces expéditions, je ne reſſentois
» pas plus de remords, que *ſi j'avois été occupé*
» *à détruire autant d'arbres inutiles ?* — Je ſuis ac-
» cablé de réflexions involontaires, qui m'affligent
» & m'oppreſſent ; je porte avec moi un poids de
» mélancolie & de chagrin, qui augmente tous les
» jours ; mon cœur, *ah ! mon cœur,* quelquefois il
» palpite comme ſi c'étoit pour la dernière fois :
» — je jouis cependant d'une bonne ſanté.

» Une horreur ſecrète, mais toujours préſente,
» m'accompagne juſques dans mon lit ; ce lit où,
» auparavant, je jouiſſois d'un ſi doux ſommeil.

» J'entends journellement la voix du grand nom-
» bre d'enfans que j'ai vu périr en tettant des ſeins
» que le déſeſpoir avoit deſſéchés : J'entends à
» chaque moment les malédictions, les impréca-
» tions des pères déſolés, les gémiſſemens & les
» ſanglots des mères que j'ai vu réduites à des cir-
» conſtances que je n'oſe vous retracer. — Voilà
» les principales idées qui m'agitent & me con-
» vulſent le cœur.

» Ah ! cette fille infortunée que je — parce
» qu'elle voulut s'échapper après avoir été faite
» priſonnière : je la vois encore étendue ſur la
» terre, nue & ſanglante, telle que je l'aban-
» donnai aux oiſeaux de proie : je n'ai pratiqué,
» dans le cours de cette guerre, qu'une ſeule

» action généreuse ; j'y fus forcé par je ne sais
» quel motif ; cette action me procure le seul *bau-*
» *me* que je tâche d'appliquer aux plaies de mon
» cœur.

» Dans l'expédition de ***, nôtre parti étoit
» composé de vingt-trois personnes, cinq blancs
» & dix-huit Sauvages de la plus mauvaise espèce ;
» nous arrivâmes vers les derniers bois de cet
» établissement, au soleil couchant : nous n'ap-
» perçumes personne dans les champs ; de-là nous
» conclûmes que les habitans ayant fini leurs ou-
» vrages, étoient retirés dans leurs maisons ; nous
» en contâmes huit : après nous être divisés en au-
» tant de compagnies, il fut résolu de nous cacher
» dans les bois jusqu'à la nuit noire, & que nous
» entrerions dans ces habitations tous à la fois.
» — Dieu me garde de vous répéter ici les dif-
» férens détails de cette boucherie, où il y eu tant
» de sang innocent répandu. — J'entrai précipitam-
» ment dans celle qui m'avoit été assignée. — Le pre-
» mier objet que j'apperçus, fut une femme décem-
» ment habillée, d'un aspect doux & tranquile ;
» elle donnoit le sein à deux enfans, berçant en
» même-temps un troisième : à peine fus-je en-
» tré, qu'elle se leva & s'avança vers moi. —
» Je connois votre intention, me dit-elle ? —
» commencez par ces petits innocens, afin qu'ils
» ne soient point exposés à mourir de faim quand

» Je ne ferai plus ; tuez-moi comme vous avez tué
« mon pauvre vieillard de père & mon mari, au
» mois d'Avril passé : — je suis fatiguée de la vie.
» — En disant ces dernières paroles, avec sa main
» droite elle ôta hardiment le mouchoir qui
» couvroit son sein, pressant en même-temps ses
» deux enfans de sa gauche, & avec un noble cou-
» rage, elle me présenta son sein nud & palpitant.
» J'étois armé d'un casse-tête, & au moment de
» le plonger, lorsqu'une impulsion soudaine &
» involontaire m'arrêta : — brave femme, pour-
» quoi vous tuerai-je, lui dis-je ? votre père &
» votre mari étant déjà morts, vous avez dû assez
» souffrir ; puisse, au contraire, Dieu vous ai-
» der : — Frappez, me dit-elle ; comment osez-
» vous prononcer son nom ? Vos compagnons
» seront bientôt ici, & ce délai ne servira qu'à
» détruire mon courage & à prolonger ma misère.
» — Je les entends, les barbares, — les bouchers ;
» — je les entends ; — je reconnois les cris de ma
» pauvre cousine *Susanne*, dans la maison voisi-
» ne : — Ah ! Dieu père universel, pourquoi
» nous as-tu ainsi abandonnés ? — Elle pleura
» amèrement : — son aspect, ses larmes & son
» courage me désarmèrent entièrement : j'étois
» arrêté comme une statue, ma main encore
» levée, & mes yeux fixés sur elle ; — dans ce
» moment, mon cœur se gonfla ; je pleurai aussi ;

» je n'avois pas versé de larmes depuis plusieurs
» années. Non, brave & chère femme, lui dis-je;
» je ne veux point vous tuer, je ne veux pas même
» toucher un des cheveux de votre tête. — Ces
» trois enfans vous appartiennent-ils ? — La Nature
» m'en a donné deux, me répondit-elle; la mère
» du troisième fut tuée au mois d'Avril passé, en
» défendant son mari qui étoit malade : — les cris
» aigus de ce pauvre enfant, abandonné dans son
» berceau, entre les cadavres de son père & de sa
» mère, dont le sang étoit répandu sur le plan-
» cher, me forcèrent d'aller à son secours, aussi-
» tôt que les voisins (qui s'étoient cachés dans les
» bois) les eurent enterrés, & je l'ai allaité depuis.
» — Et vous l'avez allaité depuis ! — vivez, fem-
» me généreuse, vivez ; puisse le présent que je
» vous fais de votre vie, devenir aujourd'hui la
» récompense de votre humanité, en donnant
» une partie du lait de votre sein à ce pauvre or-
» phelin !

» Le reste du parti me joignit bientôt, chargé
» du butin ensanglanté qu'il avoit fait; ce ne fut
» qu'après les plus grands efforts, que je pus ob-
» tenir la vie de cette pauvre femme. — Son
» mari avoit été rebelle, & les femmes des rébelles
» ne méritoient pas de vivre. — Sa situation pen-
» dant ce débat barbare, étoit terrible; son cou-
» rage l'abandonna, elle fut saisie de convul-

» fions violentes ; le spectacle touchant qu'elle
» montra en tombant & s'agitant sur le plancher,
» joint aux cris de ses trois enfans, m'aida enfin
» à faire naître, dans le cœur de mes compa-
» gnons, quelques idées d'humanité & de com-
» passion. — Nos ordres étoient positifs, & nous
» enjoignoient de tout détruire. — Lisez-les,
» & voyez si je puis être justifié devant Dieu &
» devant le monde. — Je les lus, & levant les
» yeux vers le Ciel, vers le Ciel, où réside la
» justice & la miséricorde la plus incompréhensi-
» ble aux hommes, je lui rendis son papier. «
Ainsi finit notre conversation.

C'est ainsi que la Grande-Bretagne nous traite. Dites-moi, (quoique vous soyez Anglois,) est-ce là le chemin qui mène à la conquête ? Nous sommes des victimes dévouées à son ambition, à sa vengeance : — c'est le sang de nos femmes & de nos enfans, qu'ils ont ordonné de répandre, pour être ensuite mêlé avec les cendres de nos maisons. (Un Mohawck (1) a pour cet effet passé la mer, a été bien accueilli du Roi, en a reçu une Commission de Capitaine) &c. Les ennemis souvent enferment les malheureuses victimes qu'ils surprennent, dans leurs habitations, & contemplent avec une joie féroce & diabolique, l'incendie qu'ils ont

_____

(1) Joseph Brandt.

allumée, au milieu de laquelle tout périt. — Ainſi dans moins de dix-huit minutes ai-je vu diſparoître quatorze perſonnes qui furent brûlées dans une des plus grandes habitations du voiſinage de ***; j'ai moi-même aidé à chercher les os de pluſieurs habitans, parmi les décombres de leurs maiſons, afin de les couvrir de terre. — Triſte & mélancolique cérémonie!

C'eſt en conſéquence de ces cruautés inouies, que j'ai perdu un des meilleurs amis que j'aie jamais eu; (1) il poſſédoit une ample fortune, il étoit Lettré, induſtrieux, humain & hoſpitalier; il reçut une balle à travers le corps, en revenant à cheval de viſiter un voiſin : à peine fut-il tombé, que ces barbares lui enlevèrent la chevelure, lui fendirent la tête, après lui avoir ouvert le ventre, & le laiſſèrent dans cette ſituation, où peu de temps après il devint un ſpectacle horrible à ſa femme, qui le cherchoit. — Epouſe infortunée, les larmes abondantes que j'ai verſées avec elle, n'ont pu diminuer l'amertume des ſiennes : — ni la raiſon, ni la religion n'ont eu depuis le moindre effet ſur ſon eſprit; ſon déſeſpoir eſt ſans borne; elle accuſe le Ciel d'abandon & d'injuſtice, en permettant que les innocens tombent avec les coupables. — En

_____
(1) Mr. R. T.

vain j'ai essayé d'adoucir quelques-uns des traits d'une scène si cruelle : — elle ne veut rien entendre; *quiconque veut me consoler, est mon ennemi*, me répondit-elle ? Elle se plaît, au contraire, à peindre cette funeste tragédie avec les couleurs les plus noires, & la plus sombre énergie : la mort, dont elle implore à chaque moment le trait bienfaisant, peut seule effacer les impressions profondes qu'ont produit le meurtre de son mari.

Hélas ! ni notre foiblesse, ni notre manque de conséquence, ni nos lacs, ni nos montagnes, ni nos rivières ne nous ont procuré le moindre abri. — Nos nouveaux ennemis pénètrent par-tout ; à peine laissent-ils derrière eux les plus petites traces des établissemens florissans qu'on leur a fait promettre de détruire. — Si quelque dégré de modération eût pu prévaloir, (modération si utile & si nécessaire, même dans les guerres les plus justes,) un nombre prodigieux de familles innocentes auroit été épargné, dont le sang a cimenté, d'une façon plus forte encore, la haine implacable de l'Amérique vers l'Angleterre. — Si la clémence étoit bannie du centre de la guerre, le Philantropiste l'auroit retrouvé avec plaisir, vers les extrêmités; quelque partie de ce grand Continent auroit été sauvée du naufrage général : — on auroit observé avec admiration la bénignité de la main qui prétendoit châtier; & comme preuve de son humanité, des milliers de familles auroient resté en paix dans leurs établissemens éloignés.

Si je me suis tant étendu sur les détails de ces calamités inférieures, si j'ai négligé de vous entretenir de celles qui ont dévasté nos plus riches Etablissemens, qui ont réduit nos Villes en cendres, c'est que les possesseurs de Plantations longtems cultivées ont des amis, des parens, des ressources qui, en quelque façon, adoucissent leurs malheurs; au contraire, ceux dont je viens de vous entretenir, ceux qui tracent les derniers sillons de nos Provinces, qui cultivent l'extrémité de nos Districts les plus éloignés, quand ils sont une fois ruinés, ils le sont pour toujours : — ils doivent par conséquent devenir, aux yeux de l'humanité, des objets beaucoup plus dignes de compassion & de pitié.

Adieu ST. JOHN.

LA FILLE GÉNÉREUSE.

L'AUDACE de l'entreprise, la sagesse des vues & des combinaisons, le courage & la persévérance dans la conduite & l'exécution de cette grande rénovation; voilà les traits qui caractérisent nos Législateurs : les Anecdotes particulières, choisies avec discernement, vous feront connoître la Nation. — Fidèle à ma promesse, je n'ai peint que ce que j'ai vu, & même le Ciel m'en est témoin; je n'ai choisi que les scènes les moins atroces, celle du moins où la vertu, en répandant sa douce lumière, diminue l'horreur & les ténèbres du crime.

Le Colonel J. S., fut enfermé dans les prisons de New-York, lorsque j'y étois moi-même; le hasard nous fit habiter le même appartement; c'étoit un Colon fort riche, descendu d'une des premières familles Européennes qui abordèrent sur l'Isle de Nassau; (1) il habitoit le District de Soupthampton, dans le Comté de Suffolk, la partie la plus orientale de cette Isle. Quoique âgé de soixante-sept ans, il étoit cependant encore frais & vigoureux : le lendemain de son arrivée, nous le priâmes, suivant notre usage, de nous raconter son histoire.

Pendant plusieurs années, nous dit-il, j'ai été Magistrat & Colonel de la Milice de notre Canton; je pris les armes au commencement de cette guerre, & conduisis l'élite du Régiment à l'armée Américaine, peu de tems avant qu'elle s'opposât au débarquement & aux progrès des troupes Angloises, sous le Général Howe. — Vous connoissez le sort de la fatale journée du.... où la discipline des Mercénaires l'emporta sur le zèle,

(1) Isle-Longue.

le courage & le patriotisme. —O Ciel ! faut-il qu'un Européen, à six sols par jour, puisse vaincre & détruire impunément des Citoyens combattant généreusement pour leur Patrie ? Quelques jours après, le Général Anglois publia une proclamation, qui invitoit tous les habitans de notre Isle à mettre bas les armes, & à signer une convention qui leur assuroit la protection de l'Armée Angloise, & la tranquillité : ma femme, mes deux filles, mon âge, tout m'obligea à me soumettre à cette dure extrémité. — Ah ! si j'avois eu dix ans de moins, j'aurois fait comme tant d'autres qui abandonnèrent leurs biens & leurs maisons pour passer dans l'Etat de Connecticut, & se joindre à ceux qui n'avoient pas encore subi le joug.

Le mois d'Avril passé, le Général Cl—on vint chasser dans nos cantons, il choisit ma maison pour sa demeure ; elle est située au fond d'une baye, dont la pêche m'appartient, ainsi que les terres voisines : je ne suis défendu du Détroit (1) que par une péninsule assez étendue. Un jour étant à ma porte, avec ce Général : —j'admire, me dit-il, la situation de votre habitation, & de vos champs : vous devez mener ici une vie heureuse ; le gibier, le poisson, la navigation, la fertilité de vos terres, tout, ce me semble, concourt à vous

---

(1) New England Sound.

rendre riche. Combien d'enfans avez-vous ? Cinq, lui dis-je ; mais je n'ai que deux filles avec moi. N'êtes-vous point exposé aux incursions des gens de Connecticut, qui, à ce qu'on m'a dit, traversent souvent le *Sound* pour venir piller ? — Je suis, comme vous le voyez, entre deux feux ; plusieurs connoissant ma situation, m'appellent Wig, pour venir enlever mes bestiaux ; d'un autre côté, les Américains de Connecticut appellent Torys tous ceux qui se sont soumis à votre domination, & viennent souvent exiger de grandes contributions : telle est ma situation ; malgré les richesses dont je jouissois avant la guerre, à peine pourrois-je vivre sans le poisson que nous prenons tous les jours. Votre état est vraiment malheureux, continua-t-il ; si jamais il vous arrive quelque chose, je vous rendrai service. — Quelque tems après, son Excellence me quitta.

Le 20 du mois suivant, vers les six heures du matin, étant dans ma grange, occupé à nettoyer du lin avec mes Nègres, j'apperçus de loin cinq personnes mal vêtues, &., en apparence, très-affligées ; — elles cheminoient vers moi. — Qui êtes-vous, mes amis, leur demandai-je ? d'où venez-vous, & où allez-vous ? — Nous venons de Connecticut, où nous désirons bien retourner : nous nous embarquâmes, il y trois jours, à Guilford, à dessein de prendre *** prisonnier, à qui le Gouverneur Tryon a donné la Plantation que j'ai abandonnée. — Informé de notre approche, il s'est défendu à travers les fenêtres ; trois de nos compagnons ont été tués, & quatre sont blessés : ils sont actuellement sous la garde de deux de nos compagnons ; sachant que vous êtes dans le fond du cœur bon Américain, malgré le sort qui vous met sous la domination Angloise, nous sommes venus implorer votre assistance, & vous demander un peu de linge pour penser leurs plaies, & quelques provisions. — Comment prétendez-vous savoir quelles sont mes opinions politiques ? Je suis vieux, je n'en ai plus, ma situation d'ailleurs m'expose aux déprédations des deux partis ; je ne sai que faire ; restez ici un moment. Je fus consulter ma femme, à laquelle je racontai toutes les circonstances de cette affaire. Que peux-tu faire, mon ami, me dit-elle ? Il faut leur donner de bonne grâce, ce qu'ils peuvent exiger par force ; ne sont-ils pas sept personnes armées ? crois-moi, prends ce jambon & ces deux tourtes, & pries-les, au nom de Dieu, de ne jamais revenir : peuvent-ils ignorer le mal qu'ils font à leur patrie, sous prétexte de satisfaire leur vengeance particulière ? — les Anglois se réjouissent d'avoir un prétexte aussi spécieux pour exercer leurs brigandages. — Je leur délivrai les provisions & les avis de ma femme, & ils s'en furent pénétrés de reconnoissance.

Le lendemain, à la même heure, étant occupé au même ouvrage, j'apperçus cinq perfonnes, cheminant du même côté; ils avoient l'uniforme des Réfugiés de la Peninfule de Loyd : — cet habit, de mauvais augure, m'effraya beaucoup. Quelle nouvelle y a-t-il encore, dis-je à mes Nègres? ces gens font comme les Turkey Buzards, ils ne paroiffent qu'où il y a du carnage & de la proie : — Nous reconnoiffez-vous, dit l'un d'eux ? — Oui, lui dis-je, vous êtes les mêmes perfonnes auxquelles je donnai hier à cette heure de la viande & du pain. — De la viande & du pain, répéta-t-il ? — Tu nous aurois donné de ton fang, fi nous t'en avions demandé, infigne rebelle : non content d'être traître au meilleur des Rois, tu trahis également la parole que tu as donnée, en fignant la Proclamation de ne point affifter les ennemis, & tu nous affiftas hier, nous prenant pour des gens de Connecticut. Vieux fourbe, vieux fcélérat, tu croyois donc ta rufe & ton hypocrifie à l'abri de toute découverte : viens expier dans les prifons de New-York, le crime que tu cachois avec tant de foin : ordonne à tes Nègres de mettre tes chevaux au chariot, pour t'y conduire fous bonne efcorte. —— Si la caufe du meilleur des Rois eft la meilleure des caufes, leur répondis-je, pourquoi la foutenez-vous par la fraude & le menfonge ? Je connois le motif qui vous fait agir; mais ne croyez

pas que la timidité de la vieilleſſe & les regrets ſexagénaires augmentent votre triomphe : il y a plus de quatre ans que je gémis en attendant des jours plus heureux. — Tout nous eſt permis pour découvrir les rebelles cachés, me dirent-ils ? nous ſommes d'ailleurs autoriſés par des ordres ſupérieurs. — Je n'en doute point, Meſſieurs ; il eſt cependant malheureux qu'il ſoit réſervé aux partiſans du Roi Georges, de pouſſer la ſublimité du mal , au point de forcer l'humanité de devenir ſon propre ennemi, & de convertir en crime une action purement charitable. — Que nous dis-tu, vieux puritain, ne faut-il pas que le remède ſoit proportionné au mal ? — Laiſſez-moi au moins, Meſſieurs les Royaliſtes, prendre avec moi quelques vêtemens. — A peine furent-ils entrés dans ma maiſon, qu'ils commencèrent à piller, & à emballer tout ce qu'ils trouvèrent de meilleur. Ils briſèrent un grand bureau, mais n'y ayant point trouvé d'or, ils s'en vengèrent ſur des papiers qu'ils déchirèrent en morceaux : » Pour l'amour
» de Dieu, leur dit ma femme, ſi vous êtes dé-
» terminés à détruire ce qui nous appartient, reſ-
» pectez au moins ces cahiers ; ils ſont relatifs aux
» biens de pluſieurs enfans que la bayonnette de
» vos amis ont rendu orphelins ; ne ſont-ils pas
» aſſez malheureux ? « Pas autant qu'ils méritent de l'être, dirent-ils, c'eſt une pépinière de Répu-

blicains, que la Grande-Bretagne fera bien d'extirper. Ils ouvrirent enfin un coffre où ils trouvèrent trois cens quatre-vingt-trois piaftres. — Voilà ce que vous cherchez, Meſſieurs, leur dis-je? — Je ſuis fâché de ne pas en avoir davantage. Dans ces entrefaites, ma fille Julie entra dans ſa chambre pour y prendre trente guinées qu'elle y avoit cachées, & qu'elle vouloit me donner; un de ces coquins, qui l'avoit ſuivie des yeux, ſaiſit ſon bras au moment où elle le retiroit du coffre, & la menaçant avec ſon ſabre nud, lui ordonna de délivrer la bourſe qu'elle tenoit. — Ne puis-je ſauver de vos mains de quoi aſſiſter mon pauvre père dans la priſon où vous allez le conduire, leur dit-elle fièrement? — Sans répondre, il la ſaiſit par la main pour en arracher ſa proie; mais trouvant une réſiſtance à laquelle il ne s'attendoit pas, il lui donna un coup de ſabre au-deſſus du poignet: malgré la perte de ſon ſang, elle réſiſta encore, elle jetta la bourſe par la fenêtre à une Nègreſſe qui avoit été témoin de cette ſcène. — De dépit, il alloit renouveler le coup, lorſque fortunément nous entrâmes: ſes camarades, honteux de cette action, l'en empêchèrent. — C'eſt donc aux vieillards & aux filles que vous venez faire la guerre? voyez, mon père, voyez dans quel état cet homme m'a miſe; mais mon courage ne s'écoulera pas avec mon ſang. Un accès de fureur

qui,

qui, à cet inſtant, ſaiſit tous mes Nègres, penſa cauſer une ſcène ſanglante : les Royaliſtes, craignant les ſuites du délai, chargèrent précipitamment mon chariot, & m'amenèrent avec eux, après m'avoir attaché les bras derrière le dos. — Vous triomphez aujourd'hui, leur dit ma fille, mais dans peu je vous ferai repentir de votre ſcélérateſſe. — Venez à New-York, ſi vous oſez, lui répondirent-ils ? les femmes Rébelles ne ſont pas plus exemptes de la priſon que les hommes ; ſuivez-nous ſi vous oſez : J'oſerai tout pour mon père ; & quels crimes vos Conſeils de guerre peuvent-ils me reprocher ? J'irai le défendre à New-York, au péril de ma vie. — Peignez-vous, ſi vous pouvez, l'état de ma pauvre femme ; quant à moi, j'étois preſque étouffé de colère & d'indignation : je conjurai ma fille de reſter, à cauſe de ſa bleſſure ; nous arrivâmes le ſoir à *Sétoket*, où je fus vivement attaqué de la gravelle : l'un d'eux ſaiſiſſant le moment de mes plus cruelles ſouffrances, vint me dire qu'il ne tenoit qu'à moi de retourner en ma maiſon ; que j'étois riche, qu'ils cacheroient mon crime, ſi je leur donnois trois cens cinquante guinées, outre ce qu'ils avoient avec eux, qui n'étoit qu'une juſte rétribution pour leurs peines : trois cens cinquante guinées, leur dis-je ? — dans tout autre tems, je vous répondrois comme vous le méritez, aujourd'hui je me ſoumets à mon ſort, tel qu'il puisse être, tel que je puis l'attendre d'une Nation qui se joue des premiers droits de la Nature.

Nous arrivâmes enfin ici, où tout retentissoit déjà du bruit de leur expédition ; déjà Jacques Rivington avoit publié, comme vous avez pu le voir dans sa Gazette, le paragraphe suivant : « On nous » écrit de la partie orientale de l'Isle-Longue, que » les Réfugiés de la Péninsule de Loyde, toujours » infatigables pour le service de Sa Majesté, ont » surpris *Josiah Smith, anciennement Ecuyer,* as- » sistant des gens de Connecticut qui étoient ve- » nus pour piller les loyaux Sujets du Roi, & » qu'ils emmènent le vieux Rebelle avec eux sous » bonne escorte, où probablement Son Excellence » l'enverra loger à l'Hôtel de Cunningham (1), » la délectable demeure de maints autres archi- » rebelles comme lui ». — A peine eus-je mis pied à terre, qu'un Garde me conduisit ici ; j'ignore quand & comment j'en sortirai. Telle est, en peu de mots, l'histoire que vous avez exigée de moi.

Sa généreuse fille trouva heureusement dans son voisinage un Sauvage de Montauck (2), qui pansa sa blessure. Elle arriva ici cinq jours après son père. — Elle obtint avec peine la permission de le voir ;

---

(1) Le Prévôt.
(2) La Pointe la plus orientale de l'Isle Longue.

elle ne dût même cette faveur qu'à fa noble apparence & à la douce fermeté de fon maintien : elle est grande, bien faite, & jolie fans être belle ; elle unit merveilleufement la timide modeftie de la campagne, avec la décente affurance de la ville : elle n'y étoit cependant jamais venue. — Je l'avoue, la dignité de fa figure, fon heureux maintien, fon bras en écharpe, fon courage, les proteftations animées qu'elle fit à fon père de ne jamais l'abandonner, eurent un effet fingulier fur mon cœur. Je ne pouvois la voir fans mêler au plaifir que fa vue m'infpiroit, un grand degré d'admiration ; elle devint enfin à mes yeux, ainfi qu'à ceux de tous les Prifonniers qui étoient admis dans notre chambre, un objet infiniment intéreffant. Tel eft l'effet de la beauté, quand elle eft unie à la vertu. —

Le lendemain de fon arrivée, j'écrivis pour fon père un placet adreffé au Général en Chef : j'entrai dans le détail de fon aventure, & ne manquai pas de lui rappeler la promeffe qu'il lui avoit faite le mois d'Avril paffé, & de réclamer fa juftice. — Sa fille éprouva des difficultés fans nombre, au quartier Général : je ne vous répéterai pas tous les propos qu'on lui tint ; elle fut admife enfin, à l'aide du Major André, Aide-de-Camp favori. — Après avoir lu le placet, le Général lui répondit froidement que fon père ne tarderoit pas à être examiné devant un Conseil de Guerre, & qu'il ignoroit entièrement la promesse dont on lui parloit : — il lui accorda cependant la liberté de voir son père toutes les fois qu'elle le désireroit.

Les plaisirs, la bonne chère, les affaires, l'insouciance, qui étoient la divinité tutélaire de cette Maison, firent bientôt tout oublier, & le Colonel S. resta enfermé. A peine se passa-t-il un jour dans l'espace de trois mois, que cette brave & digne fille ne vînt voir & consoler son père : souvent elle passoit des journées entières avec nous ; elle égayoit nos repas, & le plaisir qu'elle répandoit autour d'elle, semblable à une douce lumière, diminuoit la mélancolie de notre situation. — Je l'avoue avec reconnoissance, je dois à la satisfaction de la voir, de l'entendre, à son enjouement, aux bonnes nouvelles qu'elle nous apportoit, un baume qui servit à adoucir l'amertume dont j'étois alors pénétré : souvent elle portoit les lettres que j'écrivois à mes amis, qu'elle cachoit dans son sein : elle fut toujours respectée, même du barbare Cunningham.

Elle devint le centre de notre société, à laquelle plusieurs Officiers Américains d'une autre chambre se joignirent ; nous fûmes tous également étonnés de voir & de sentir que sa présence allégeoit le poids de nos chaînes.

Un de ces Officiers passa de l'admiration à l'amour le plus vif : un jour il le déclara à son père, & nous procura au sein de ces tristes murailles, une scène bien intéressante & bien neuve ; son énergie, l'heureux enthousiasme de ses expressions, ne me surprirent point : à son âge, je sens que l'admiration & l'estime m'auroient également conduit à l'amour. La singulière destinée de ce jeune homme rendit cette scène encore plus intéressante à nos yeux : il étoit Cornette de cet infortuné Régiment de Dragons Virginiens, qui, malheureusement surpris dans ces quartiers à Tappant, furent assassinés de sang-froid par le Général Grey. Les circonstances de cette boucherie font frémir ; on ne peut concevoir quelle est l'espèce de fanatisme qui dicta les ordres, & où il trouva des hommes assez barbares pour les exécuter.

Un parti de Soldats Anglois entrèrent, le flambeau & la bayonette à la main, dans la chambre où ce jeune Cornette dormoit ; ils couroient vers son lit pour le percer du fer meurtrier, lorsqu'un d'eux s'écria : « Quel dommage de tuer un si beau gar- » çon ! » — Cette seule réflexion suspendit leurs coups : à cet instant il s'éveille & se lève précipitamment ; heureusement pour lui l'auteur du premier sentiment le répéta encore avec énergie, & persuada à ses Camarades de le faire prisonnier : telles furent les circonstances qui sauvèrent la vie au jeune Officier qui adreffoit fes vœux à Mademoifelle Julie Smith.

Je ne puis m'empêcher d'y ajouter une action qui fait honneur à un jeune Lieutenant Ecoffois, dont malheureufement j'ai oublié le nom. — Avant la furprife nocturne de ce Régiment, le Général qui la projettoit ordonna que toutes les pierres à fufil lui fuffent délivrées; il divifa fon parti en un certain nombre de pelottons, commandés par des Officiers auxquels il ordonna de tout tuer. Un Lieutenant Ecoffois en trouva quatorze profondément endormis dans une grange : loin d'exécuter les ordres barbares du Général : « Mes amis, dit-il, nous » fommes Soldats & non des Bouchers; faifons-les » Prifonniers de guerre. — Que dirions-nous, fi des » Américains venoient ainfi nous poignarder pen- » dant la nuit dans nos quartiers » ? Ces quatorze Dragons furent les feuls qui évitèrent le carnage, excepté ceux qui eurent le bonheur de s'enfuir.

Trois mois s'étoient prefque écoulés, fans que Julie Smith pût rien obtenir pour fon père, qui, pendant cet intervalle, fut deux fois très-mal de la gravelle; elle obtint enfin fon retour chez lui, à condition que les chofes refteroient dans le même état par rapport aux Réfugiés qui l'avoient pris, & qu'il trouveroit une caution de cinq cens guinées comme quoi il n'affifteroit plus les Gens de

Province de Connecticut. Elle eut beau jurer que ce fait étoit faux, il fallut s'y soumettre. Sa maladie, son ennui, les sollicitations de sa femme & de ses enfans, toutes ces raisons absorbèrent son courage, & lui firent oublier la résolution qu'il avoit prise de rester en prison jusqu'à ce qu'il eût obtenu justice. — Hélas! il y seroit encore. — Est-il possible, dit-il un jour au Colonel C. G. (le seul Officier Anglois qui eut l'humanité de visiter les Prisonniers), que des voleurs triomphent avec autant d'impunité? Cela est malheureux, en effet, mon pauvre Américain; mais il en est ainsi. — Et pourquoi, demanda M. Smith? — Parce que c'est un axiome du règne présent, de ne point décourager les Réfugiés, quelque mal qu'ils puissent faire. — Les Américains sont-ils donc devenus des ours, des monstres, qui ne peuvent réclamer les plus foibles droits de l'humanité, lui demandai-je? — Quelque raison que vous puissiez avoir, il ne faut point que ces Messieurs aient tort; — & voilà précisément pourquoi vous n'avez pas passé au Conseil de Guerre; le Président, qui est un honnête Militaire, n'auroit pu s'empêcher de vous rendre quelque justice; ce qu'il ne falloit pas faire. Je vous plains, mon pauvre Américain.

Je sortis moi-même quinze jours après le Colonel S., & j'ignore quelles ont été les suites de sa destinée.

ANECDOTE
DU SERGENT B. A.

Peu de tems après que j'étois entré à New-Yorck, où, comme vous savez, j'étois venu à dessein de m'embarquer pour l'Europe, je fus mis en prison, en conséquence de l'arrivée de l'Escadre Françoise à l'isle de Rhodes, & d'une Lettre anonyme reçue au Quartier-Général, à ce que j'ai appris depuis. Le plus léger soupçon, sous un Gouvernement Militaire, & au centre d'une guerre civile, suffit, vous le savez, pour priver un homme de la liberté, & souvent de la vie. Si jamais j'ai eu occasion de réfléchir, c'étoit sous ce toit d'infortunes; car je suis plus sensible encore aux impressions du mal qu'à celles du bien : le premier est un vinaigre qui corrode, l'autre une huile balsamique qui coule, & qui ne laisse après elle que le parfum & la douceur de ses parties. — Je ne souillerai pas notre correspondance par le détail dégoûtant des forfaits, des malheurs, des aventures funestes, des actes de tyrannie, d'injustice & de cruauté, dont j'ai été le témoin pendant un séjour de trois mois. — L'histoire de quelques-uns de mes compagnons sera le seul récit que je vous ferai ; parce que je le crois caractéristique des malheurs de la guerre civile, ainsi que de la manière dont les Anglois, aveuglés par leur perverse destinée, ont conduit cette même guerre. On peut dire d'eux, en général, que l'histoire de ce qu'ils ont fait & qu'ils n'auroient pas dû faire, seroit beaucoup plus longue & plus désagréable à écrire, que celle de ce qu'ils n'ont pas fait & de ce qu'ils auroient dû faire. — O vous, tristes échos de cette redoutable prison ! n'êtes-vous point fatigués de répéter les gémissemens & les plaintes qui, depuis tant d'années, ont été articulés dans l'enceinte de ces murs ? — Que ceux qui nous parlent de l'humanité Angloise, aillent à New-Yorck, qu'ils y consultent les records de leurs donjons, de leurs maisons à sucre (1) ; qu'ils y lisent l'histoire des actes inutilement cruels commis dans nos campagnes, qu'ils comptent la liste des maisons brûlées, afin de les piller sous prétexte d'éteindre les flammes, &c. ; & s'il n'est pas encore convaincu, qu'il se transporte au Bengale ; à son retour, cet Observateur effacera, j'en suis sûr, avec ses larmes, le récit qu'il voudra faire de ses observations, où il sera obligé de tirer un rideau sur

---

(1) Maisons où étoient enfermés les Prisonniers Américains.

cette hideuse perspective. Le Tartare d'où je sors, est présidé par un homme unique dans son genre, je l'espère. — Les organes de son corps & les sensations de son ame semblent avoir été assortis exprès pour l'emploi terrible auquel ils étoient destinés. C'est un homme callueux, s'il en fut jamais, devant lequel les pleurs du malheur & de l'affliction, les cris des punitions, l'appareil des châtimens, n'ont nul effet ; c'est un homme dont l'ame, pétrie d'une implacabilité atroce, semble se réjouir de ce qui afflige ceux qu'il peut appeler rebelles, & semble trouver du plaisir dans l'exécution d'un système de barbarie qu'il appelle devoir. — De ma fenêtre, combien de femmes n'ai-je pas comptées, attachées au poteau pour y être fouettées ! — Chaque fois j'y ai vu ce bourreau armé d'un nerf de bœuf, lacérant impitoyablement son Nègre quand il s'appercevoit que le bras de cet Africain, moins barbare que le sien, diminuoit, par pitié pour une femme, si non le nombre, du moins le poids des coups qu'elle devoit recevoir. — J'ai vu aussi un Soldat d'Artillerie fouetté sur les mêmes principes.

La nuit du 14 Août, nous entendîmes quelques coups de fusil. — Jugez du degré de curiosité que ce bruit excita ; mais la crainte du cachot nous empêcha, le lendemain, de faire la plus petite question à celui qui vint nous compter & ouvrir la porte de notre chambre. — Deux jours après, un Sergent du Régiment de B.—K. fut amené sous notre toit : le hasard le conduisit dans notre appartement, quoique ce fût celui des Bourgeois. — „ Que ma présence ici, Messieurs, ne „ vous chagrine point ; je ne vous importunerai „ pas long-tems. — Qu'avez-vous donc fait, lui „ demanda le Col. J. S. (un de notre chambrée) ? „ — Mon devoir, lui répondit-il : mais il en est „ un autre qui, je crois, n'a pas fait le sien ; je „ crains de payer de ma tête pour sa faute ou „ son malheur. — Qui êtes-vous donc, quelle est „ votre histoire, lui demanda la même personne ? „ — Je suis Sergent dans le Régiment de B.—K. : „ avant la guerre, je possédois une plantation assez „ considérable dans le comté de Morrifs. — Poussé „ par le sentiment de la loyauté, par obéissance „ aux impulsions de ma conscience, &, sincère„ ment, croyant faire mon devoir, j'abandonnai „ tout ce que j'avois dès le commencement de „ la guerre, & vint me réfugier dans les lignes „ du Roi, avec ma femme & huit enfans. — „ Aussi-tôt que je fus arrivé, les uns approuvè„ rent ma conduite, me disant qu'il seroit à „ désirer que tous les Américains en fissent au„ tant, que j'étois un brave homme. — Les au-

» tres me dirent : Tu es un grand fou, B. A.;
» de n'avoir pas resté avec tes compatriotes, &
» d'avoir quitté ton bien pour venir ici loyale-
» ment mourir de chagrin & de faim : ne savois-
» tu pas que tout mérite, tout dévouement Amé-
» ricain, tel qu'il puisse être, est souverainement
» méprisé dans ces lignes ? Rien n'est bon, loua-
» ble & récompensé, que parmi les Anglois & les
» Ecossois. Le Parlement, il est vrai, a généreu-
» sement ordonné une somme considérable qui
» devoit être distribuée aux plus nécessiteux, &
» des vivres pour tous ; mais cette somme a dis-
» paru entre les mains des Trésoriers, & les avides
» Commissaires refusent, ou nous volent la moi-
» tié de ces mêmes provisions; souvent on nous
» en donne qui sont gâtées, & que nous ne pou-
» vons prendre : c'est à quoi Messieurs les Dis-
» tributeurs s'attendent; alors ils engraissent leurs
» cochons. — Mais, leur dis-je, le Gouvernement
» n'a-t-il pas publié plusieurs Proclamations, in-
» vitant les fidèles sujets du Roi à se rendre ici,
» où toute espèce de protection leur est promise ?
» — On voit bien, me répondirent-ils, que tu
» ne fais que d'arriver, puisque tu attribue à ces
» papiers publics une vertu qu'ils n'ont pas : écoutes
» une fois pour tout. — Ce sont des reliques offertes
» à notre vénération pour nous tromper, comme

» c'est l'ordinaire dans ces sortes de choses. — Elles
» sont méprisées par tous ceux qui les appro-
» chent, comme par ceux qui les publient & les
» exposent au respect des hommes : il n'y a rien
» dans le monde de trompeur comme ces Pro-
» clamations. — C'est avec ce charme grossier
» qu'on a invité les Nègres mêmes des Améri-
» cains, aux yeux desquels on a été étaler une
» foule de promesses mensongères. Il y a, je crois,
» neuf jours que des Capitaines de vaisseaux de
» guerre en firent, à New-Yorck, une presse
» terrible, sous prétexte de compléter leur équi-
» page; ils en ont enlevé plus de trois cents qu'ils
» portent aux Isles, où ils les vendront, comme
» ils ont fait de tous ceux qu'ils ont pillé depuis
» le commencement de cette guerre. Par une
» autre Proclamation, il est ordonné aux Offi-
» ciers de respecter les récoltes des Colons sur les
» isles d'Yorck, de Nassau & de Staten : Milord
» R—n faisoit cependant l'exercice sur une pièce
» de bled, l'autre jour, quoique le Propriétaire
» de ce champ lui montrât cet Ecrit public. — Tu
» n'as pas d'idées de l'indiscipline morale & phy-
» sique de toute cette armée; tout le mal qu'ils
» jugent à propos de faire, est légitimé dès qu'ils
» le font aux Américains. — Ces détails m'éton-
» nèrent, je l'avoue; mais ils ne me découra-

» gèrent pas : — j'avois alors beaucoup de zèle.
» — Peu de tems après, le Colonel B.— K.,
» que j'avois connu auparavant la guerre, me fit
» Sergent dans son Régiment, & obtint des ra-
» tions pour ma famille : je perdis, il y a sept
» mois, mon fils aîné à mes côtés, dans l'af-
» faire auprès de *New-Yorck.* — Je me suis tou-
» jours comporté en honnête-homme ; je n'ai fait
» simplement que mon devoir, sans ajouter au-
» cunes cruautés aux horreurs de notre métier ;
» j'ai toujours été un brave Soldat. — Ai-je tort,
» Messieurs, de m'appeler brave ? voilà les bles-
» sures que j'ai reçues à bord de l'Amiral Ma-
» théus, dans la Méditerranée : — je ne tarderai
» cependant pas à être pendu.—Pendu, lui dis-je ?
» — Eh, mon ami ! qu'avez-vous donc fait ? Les
» Anglois ne pendront certainement pas un homme
» qui a abandonné une plantation de deux cents
» acres pour entrer à leur service. — Je le serai
» cependant, Messieurs ; & cela, pour réparer la
» faute ou le malheur du Major S**. — Quel
» rapport peut-il y avoir entre ce Major & vous,
» lui demanda le Col. J. S. ? — Ne savez-vous
» pas, continua-t-il, que le poste de *Paulus Hook*
» a été emporté, il y a trois nuits, par cinq cens
» Américains commandés par le Major Lée ? «
— Alors le mystère fut révélé ; nous apprîmes,

par cette nouvelle, que les coups de fufil entendus la nuit du 14, avoient été tirés à l'attaque & à la prife de ce pofte. — Paulus Hook eft une Péninfule fur la rive occidentale de la rivière de Hudfon, où, avant la guerre, il y avoit un grand bac. — " Mais, encore une fois, comment
" fe peut-il faire que vous, fimple Sergent, foyez
" puni pour la faute de votre Commandant ? Ra-
" contez-nous tout cela de bonne-foi : reffouve-
" nez-vous que fous ce toit, il n'y a ni Wigs, ni
" Torys; nous ne fommes plus que des prifon-
" niers. —— Je vais vous le dire, Meffieurs. —
" Vers les onze heures de la nuit du 14, le
" Major Lée, à la tête de cinq cens Américains
" d'élite, paffa la prairie Salée au Nord-Oueft du
" pofte; dans peu de tems, ils franchirent tous
" les obftacles de vafes, d'eau & de foffés qui
" nous défendoient de ce côté-là : ils furprirent,
" fans tirer un feul coup de fufil, notre détache-
" ment. — Telle fut la hardieffe de leur entreprife,
" la célérité de leur marche & leur parfaite difci-
" pline, qu'ils emmenèrent prifonniers plus de
" deux tiers de notre garnifon; &, comme un
" contrafte frappant de la rapacité Angloife, ils
" laifsèrent les montres d'or de nos Officiers,
" qui étoient fufpendues à la tête de leurs lits:
" le refte de notre garnifon fe retira dans la petite

» estocade, d'où ils tirèrent quelques coups de
» fusil : — au point du jour, un détachement de
» Gardes Angloises passa la rivière, mais il étoit
» trop tard. — La surprise d'un poste aussi impor-
» tant, & si voisin du Quartier-Général, piqua
» très-sensiblement Son Excellence, Sir H. C.:
» — Il a dernièrement ordonné des informations,
» j'ignore quel en a été le résultat. — Je m'i-
» magine cependant que la conduite de notre
» Commandant a été blâmée, car on dit qu'il
» n'étoit ni dans l'estocade, ni du nombre des pri-
» sonniers : il va, dit-on, partir pour aller com-
» mander les Invalides, & vexer, sans doute, les
» pauvres habitans des *Bermudes*, où vraisembla-
» blement il ne courra aucun risque d'être sur-
» pris par les Américains. — Il a été résolu en
» même tems, que je n'étois pas au poste où je
» devois être; que je me suis mal comporté, &
» que tout le blâme de la surprise doit tomber
» sur moi; sur moi, pauvre Sergent, qui n'étoit
» point de garde pendant cette nuit, & qui
» même eut le bonheur de faire deux Américains
» prisonniers, armé de ma seule bayonnette. —
» Vous le savez comme moi, Messieurs, qu'est-
» ce que la vie d'un Soldat, quand elle est com-
» parée avec l'honneur & la réputation d'un Offi-
» cier ? — Je connois très-bien votre Comman-
» dant,

» dant, dit le Capitaine B., (un de nos compa-
» gnons) c'est un assez drôle d'homme ; c'est un
» de ces Anglois peu instruits, qui croient ferme-
» ment que tout ce qui n'est pas né dans leur
» Isle, est d'une espèce inférieure à la leur. —
» Etant encore Aide-de-Camp, il fut envoyé par
» son Général, pour quelques affaires, chez
» M ***. En s'approchant de cette maison, à
» cheval, il cassa une vître de la chambre où
» étoit ce Colon, simplement pour lui faire sa-
» voir que lui, Major Anglois, étoit-là, & qu'il
» eût à venir lui parler : — car, suivant les ma-
» ximes qu'ils ont apportées dans notre pays, l'ac-
» tion d'avoir frappé à la porte, auroit été de
» traiter un Américain respectable avec trop de
» complaisance : ainsi vous voilà donc, mon pau-
» vre Sergent, destiné à expier la faute de ce
» célèbre Major ; vous voilà donc semblable au
» bouc chargé de l'anathême : — mais au lieu de
» le lâcher dans les bois, comme faisoient les
» Juifs, (en cela plus Philosophes que les An-
» glois,) ce qui ne seroit qu'une légère punition ;
» on vous menace, dites-vous, de perdre la vie ?
» — Ainsi mes camarades m'en ont-ils informé,
» répondit le Sergent. Dieu disposera de moi com-
» me il voudra ; il est bien dur cependant d'être
» puni comme un malfaiteur, pour la faute d'un
» autre, & n'en ayant aucune à se reprocher :

» — Mais peut-être les choses prendront-elles
» une autre tournure, répondit le Capitaine B. ?
» Vous n'avez pas encore été jugé par le Conseil
» de Guerre : il y a, dit-on, parmi ces Messieurs,
» des hommes de la plus grande probité, qui
» rougiroient de verser le sang innocent. — Vous
» avez donc une grande opinion de nos Conseils
» de Guerre, Messieurs, répliqua le Sergent ? vous
» ne connoissez donc pas l'histoire de leurs Juge-
» mens ? Ils en ont rendu plusieurs qui annoncent
» toute la partialité de la Guerre-Civile. — Les
» Membres de ces Conseils semblent être des
» Torys Américains, aveuglés par leur zèle, con-
» damnant tout ce qui s'appelle Wig : — nos
» Conseils de Garnison, sur-tout, excédent en
» aveuglement, précipitation, insouciance, tout
» ce qu'on peut imaginer : quoique simple Sergent,
» mon ancien état de citoyen me fait faire mille
» réflexions sur ce qui se passe & sur ce que je
» vois. — Il est vrai, reprit le Colonel J. S., que
» l'esprit de vertige, de dissipation & de cruauté
» semble avoir infecté toute l'Armée Angloise ;
» ils nous regardent comme des bêtes féroces, qui
» ne méritent pas de jouir des droits les plus ordi-
» naires de l'humanité : de-là ce démon de rapine
» & de cruauté, qui légitime les forfaits les plus
» atroces ; de-là ce système tyrannique & absur-
» de, qui, à jamais, ternira le nom Anglois parmi

» nous, & à jamais fera rougir les honnêtes gens
» de la Grande-Bretagne des ordres de leurs Mi-
» nistres, & de la trop fidèle exécution de leurs
» satellites. — Hélas ! mon pauvre Sergent, con-
» tinua, le Colonel J. S., que ne restiez-vous sur
» votre plantation ? Pourquoi cherchiez vous à
» abbreuver du sang de vos nouveaux compatrio-
» tes, cette terre adoptive qui vous avoit nourri
» pendant tant d'années, & sur laquelle vous aviez
» procréé votre nombreuse famille ? — Ah ! Mes-
» sieurs, répondit le Sergent, j'ai eu tort, je l'a-
» voue ; si l'affaire étoit à recommencer, j'agirois
» bien différemment : l'ingratitude, le mépris,
» l'abandon qu'ont souffert tous ces hommes
» qui, avec la meilleure foi du monde, se sont
» réfugiés ici, me révolte toutes les fois que j'y
» pense. — La moitié sont déjà morts de chagrin ;
» & l'autre, abandonnée à l'aiguillon de tous les
» besoins, ainsi qu'à celui d'un repentir inutile,
» de paisibles Cultivateurs sont devenu des for-
» cenés, qui outragent & ternissent la cause qu'ils
» ont adoptée : la conduite barbare du Gouverneur,
» lequel à peine leur donne des rations, les a con-
» vertis en loups affamés, qui dévorent, qui pil-
» lent & qui détruisent tout. — Voilà, ajouta le
» Colonel J. S., pourquoi on les tolère, voilà pour-
» quoi on trouve bien fait tout ce qu'ils font. —
» Si je ne vous importune point, Messieurs, je

» resterai volontiers avec vous; c'est une consola-
» tion avant de mourir, de parler à cœur ouvert,
» & d'être avec d'honnêtes gens. « — Mais à
peine lui avions nous donné notre consentement,
qu'un des Subalternes du Grand-Prévôt vint lui
ordonner de se retirer dans une chambre qu'il lui
indiqua.

L'histoire de ce Sergent nous fit faire mille réflexions : si un brave homme comme lui, dis-je à
ces Messieurs, est condamné à mort, quel sera
donc notre sort ? Mais bientôt cette triste scène
fut oubliée par l'effet du sentiment profond de
notre situation, & de nos propres malheurs; toute
la sensibilité est alors concentrée dans nos ames;
l'infortune des autres n'y fait que de légères impressions : — ce n'est qu'aujourd'hui, au sein de la
liberté & du repos, que toutes ces sensations se
renouvellent plus vivement même que lorsque je
fus témoin de ces tristes scènes.

Quatre jours après, le Sergent fut conduit au
Conseil de Guerre, & à son retour il nous con-
firma toutes ses craintes. » On n'a point voulu,
» nous dit-il, écouter ma défense; mon Colo-
» nel, parce qu'il n'étoit point à l'affaire, n'a pas
» même été sommé de comparoître, crainte que
» le témoignage qu'il pourroit donner de ma con-
» duite antérieure, ne servît à adoucir plusieurs
» des Membres; je suis un homme perdu sans

» reſſource. « — Deux jours après, il fut reconduit devant le même Tribunal, & il n'en conçut pas de meilleures eſpérances.

Vers l'après-midi du Samedi ſuivant, étant à me promener dans la galerie avec cet homme, le Prévôt l'appella à travers les barres de fer qui ſervoient à nous enfermer, & lui tint le propos ſuivant : — » Sergent B. A., ſi vous avez quelques
» affaires à régler dans ce monde, ſur mon aime,
» dépêchez-vous ; car, par Dieu, demain, à onze
» heures, je vous en ferai ſortir plus vîte que
» vous n'y êtes entré ; telle eſt la Sentence du
» Conſeil de Guerre : m'entendez-vous, Sergent ?
» — Oui, je vous entends, répondit-il foible-
» ment ; hélas ! je n'ai point d'affaires à régler ici-
» bas ; j'ai abandonné, pour la cauſe du Roi, tout
» ce que je poſſédois ; je n'ai qu'à demander à
» Dieu la réſignation & le courage. « — Aucune circonſtance de ma vie ne m'a jamais autant frappé. — Je me rappelle encore la poſture immobile & la phyſionomie de cet infortuné, dans laquelle étoit peinte l'épouvante & la terreur ; les traits allongés de ſon viſage, la ſituation de ſon corps ſoudainement arrêté, comme par un pouvoir ſupérieur, ſon attitude, qui étoit le ſymbole de l'horreur, tout annonçoit l'impreſſion profonde que venoit de faire ſur ſes organes ſa dernière Sentence : — tout eſpèce de mouvement animal fut

arrêté; ses yeux se fixèrent sur la terre, ses nerfs perdant leur ressort ordinaire, laissèrent tomber ses bras perpendiculairement de chaque côté, sa poitrine se gonfla plus haut que je n'avois jamais vu la poitrine d'un homme, pour faire place sans doute à l'angoisse subite dont elle fut remplie : cette masse d'amertume l'eût sans doute étouffé, si elle ne se fût enfin évaporée en profonds soupirs. — Il ne fit aucunes plaintes. — J'observai que ceux qui l'entouroient, & dont le sort futur ne devoit peut-être pas être meilleur, le regardoient avec des yeux fixes, d'où découloient en silence quelques grosses larmes.

Aussitôt que ce moment terrible & douloureux fut passé, il se retira dans une chambre isolée & obscure, dont il ferma la porte. — Quelle fut notre surprise, quand une heure après il vint nous retrouver avec l'air plus calme & plus serein. —
» Je viens, me dit-il, vous prier de venir passer
» une heure avec moi. — Une heure avec vous,
» mon ami, lui répondis-je; hélas! quels services
» puis-je vous rendre? — Ceux dont j'ai besoin,
» répliqua-t-il : — celui de m'aider par votre
» conversation & vos conseils à écarter du suppli-
» ce qui m'attend, toute l'horreur que ce premier
» moment inspire. — Votre choix, lui dis-je,
» m'afflige beaucoup plus qu'il ne me flatte : —
» je suis moi-même enveloppé des nuages de la

» plus sombre mélancolie; mes sens sont engour-
» di par des malheurs, mes facultés sont éteintes
» par l'excès de mes réflexions, mes nerfs sont
» affoiblis par les chocs les plus violens; dans quelle
» source irai-je puiser les leçons & les consola-
» tions: hélas! elles sont taries il y a long-tems;
» je n'ai plus cette énergie d'où proviennent les
» moyens & même le courage de l'inspirer aux
» autres: — ne feriez vous pas mieux d'envoyer
» chercher le Chapelain de cette prison ? — Je
» ne le connois pas, me dit-il; d'ailleurs, que
» pouroit-il me dire? quelques morales officielles
» & d'usage, quelques propos secs & frigides,
» sans le baume de la véritable compassion, &
» sans effet: il n'y a qu'un homme malheureux
» comme vous l'êtes, qui puisse entrer dans ma
» situation & alléger mes peines en les partageant;
» il m'interrogeroit peut-être sur les principes reli-
» gieux, dans lesquels j'ai été élevé: — hélas!
» je les ai tous oubliés; il est trop tard, la veille
» de sa mort, d'avoir recours à l'hypocrisie ou à
» son catéchisme; j'ai été toute ma vie honnête
» homme, j'ose le dire avec confiance, bon La-
» boureur, bon Mari, bon Père, & brave Soldat;
» Dieu me refuseroit-il son repos pour avoir ou-
» blié quelques détails de mon éducation? —
» Vous avez fait un bon choix, dit le Colonel J. S.
» au Sergent B. A. M. S. J. prêcha si bien

» l'autre jour un pauvre Soldat Anglois, con-
» damné à recevoir cinq cens coups de fouet, que
» ce même Soldat nous a avoué depuis qu'il de-
» voit le courage & le silence avec lequel il sup-
» porta sa punition, à cette conversation, & tout
» bien considéré, continua le Colonel J. S., il est
» beaucoup plus dur de recevoir cinq cens coups
» sur le dos nu, que de mourir par la corde:
» — c'est une des actions les plus simples de ce
» bas monde. — Elle est d'autant plus simple,
» ajouta M. ***, (habitant de la Georgie & un
» de notre chambrée,) que c'est la dernière. —
» Je suivis enfin le Sergent; sa chambre étoit très-
obscure, comme je vous l'ai dit : — » Ce n'est
» pas l'action de mourir, me dit-il, avec des yeux
» animés, qui me fait trembler; j'ai vu la mort
» plusieurs fois dans ma vie, sans la fuir ni la
» craindre; mais mourir injustement, abandon-
» ner une femme & sept enfans à tous les be-
» soins de la nature, à la dureté du Capitaine,
» aux insultes des Soldats, à l'avidité des Com-
» missaires qui, aussitôt après ma mort, cesse-
» ront de leur donner la pitance de provisions
» dont ils jouissent ; — voilà ce qui soulève mon
» ame, voilà ce qui éloigne de moi cette rési-
» gnation, ce calme du courage que je cherche ;
» voilà enfin ce qui rend la cérémonie de demain
» si terrible à contempler. — Hélas! mon ami,

» lui dis-je, êtes-vous le premier qui ait été con-
» damné injuſtement, depuis cette cruelle guerre ?
» Ignorez-vous que pluſieurs centaines d'hommes,
» de femmes & d'enfans, ont été brûlés, aſſaſſinés
» ſur nos frontières, par les ordres de vos Miniſ-
» tres ; ils étoient au moins auſſi innocens que
» vous : — dans toutes les expéditions Angloiſes,
» à travers notre pays, combien de victimes d'une
» cruauté inutile, n'avez-vous pas vu ? — com-
» bien de perſonnes percées de bayonnettes, ont
» péri au milieu des tourmens & des inſultes,
» qui ne méritoient pas plus la mort que vous ?
» — & après tout, qu'eſt-ce que la mort, ſi
» redoutée & ſi terrible à nos yeux ? c'eſt le ſom-
» meil de la nature, l'inaction de la matière, le
» repos moral de la penſée ; c'eſt l'état primitif
» de cette même matière : c'eſt un état plus ſim-
» ple & plus naturel peut-être que celui de l'e-
» xiſtence ; car, pour exiſter, il faut du mouve-
» ment, un ordre plus particulier, un arrange-
» ment organique enfin. — La vie eſt, dit-on, un
» voyage qui conduit les gens de bien au bon-
» heur ; eh bien, c'eſt le terme de ce voyage ;
» peut-être eſt-il plus aiſé de mourir que de naî-
» tre ; la mort eſt la conſolation des malheureux,
» c'eſt la borne au-delà de laquelle le deſpotiſme
» & l'injuſtice ne peuvent atteindre. — Brave
» Soldat, tel que vous êtes, n'avez-vous pas tou-

» jours été préparé à mourir depuis que vous
» êtes en armes ? — ce n'est donc que l'appareil
» qui vous épouvante : dites-moi, n'étiez-vous pas
» sujet à être tué toutes les fois que vous étiez à
» votre poste ? — La Nature qui nous fait naître
» au milieu de tous ses fléaux, ne nous annonce-
» t-elle pas clairement que chacun de nous est
» toujours à son poste, puisque chacun de nous est
» toujours exposé ? — Mourir par la corde est hu-
» miliant, je l'avoue ; mais pourquoi cette circon-
» stance vous affligeroit-elle ? — Vous ne serez
» plus aussitôt qu'elle vous aura resserré, & que
» vous importe ce qu'on en dira dans la suite ? —
» Voudriez-vous chérir le phantôme d'une opi-
» nion, même après que la source de vos opinions
» sera à jamais tarie ? — Votre conscience vous
» acquitte ; c'est le seul juge dont la Sentence doit
» nous consoler ou nous affliger : — quant à
» l'état de votre femme & de vos enfans, j'avoue
» qu'il est déchirant pour le cœur d'un bon père,
» de laisser après lui une partie de soi-même ex-
» posée à tous les besoins, & à tous les maux qui
» en proviennent : c'est-là, mon ami, la chaîne qui
» retient tant de braves gens sous ce toit ; sans cela
» souffriroient-ils, comme ils le font, les injustices,
» l'ennui, les langueurs de la captivité ? — Votre
» femme n'a qu'un parti à prendre, c'est de se re-
» tirer dans l'intérieur du pays, & de placer tous

» ses enfans apprentifs à différens métiers : vous
» savez, comme moi, que la connoissance d'un
» bon métier, est considéré ici comme égal en
» valeur à cent acres de terre; elle ira filer elle-
» même dans la maison d'un bon Colon, à une
» demi piastre par semaine, où elle y sera bien nour-
» rie & bien logée : si cet avis vous plaît, écrivez-
» lui, je me charge de faire tenir votre lettre par
» le moyen du Docteur B, la première fois qu'il
» viendra faire sa visite; qu'en dites-vous? — Il
» soupira profondément. — Cette heureuse idée
» me soulage, répondit-il; — j'accepte votre ex-
» pédient; mais quand je serai mort, vous ne
» vous intéresserez plus aux miens; vous ne pen-
» serez plus à l'état déplorable où sera réduite ma
» pauvre veuve: promettez-moi donc, devant Dieu,
» de faire tout votre possible pour lui faire tenir
» la lettre que je vais écrire, & d'y en ajouter une
» autre dans laquelle vous lui expliquerez le ser-
» vice que vous venez de me rendre. — Oui, mon
» cher Sergent, je vous le promets devant Dieu,
» le protecteur des malheureux. — Jurez-le, ré-
» péta-t-il, sur ce rayon du soleil qui, dans ce mo-
» ment, luit sur nos mains : — Oui, lui dis-je,
» je le jure sur ce rayon du soleil; puissent mes
» yeux cesser de contempler cette auguste image du
» Créateur; puissent-ils être condamnés à des té-
» nèbres éternelles, si j'oublie, ou si je néglige

» d'exécuter ce que je viens de vous promettre.
» — J'en mourrai plus content, me dit-il. « — Oh ! Être des Êtres, Père universel, que je ne puis ni appercevoir, ni comprendre, daigneras-tu devenir le Protecteur de la veuve & des orphelins que je vais laisser après moi ? Reçois le sacrifice de ma vie ; pardonnes-moi les fautes & les erreurs que j'ai commises ; donnes-moi les moyens d'oublier tout ce qui m'attache encore à la terre, & fasse que je subisse mon sort avec décence & avec courage.

Il me remercia ensuite de ma complaisance, & me souhaita une captivité courte. « Hélas ! peut-
» être, lui dis-je, suis-je destiné à subir le même
» sort ! On me croit coupable de plusieurs choses,
» qui, suivant les maximes reçues ici, conduisent
» à la mort. Demain vous vous en allez ; dans quel-
» ques jours il se peut que je m'en aille aussi. —
» Armons-nous donc de résignation & de courage ;
» regardons la vie comme un passage sur l'Océan ;
» plus il est court, & plus on l'appèle fortuné :
» pourquoi, en sens inverse, croirions-nous que la
» vie n'est heureuse que quand elle est longue ?
» — Adieu, mon cher Sergent, pour la dernière
» fois. — Adieu, Monsieur, pour jamais : plut
» au Ciel que je n'eusse qu'un demi-quart d'heure
» à attendre la fin de la tragédie ! quelle nuit dou-
» loureuse & terrible n'ai-je pas devant moi ! en-

» core si je pouvois en adoucir l'amertume en la
» passant avec ma femme & mes enfans » !

—Aussi-tôt que je l'eus quitté, j'entrai dans la
chambre du Congrès, où étoient enfermés les Officiers Américains qu'on ne jugeoit pas dignes
d'être sur leur parole avec les autres dans l'endroit
de l'Isle-Longue qui leur étoit assigné. — J'avois
le cœur gonflé de mille sensations, & l'imagination remplie d'images lugubres & tristes. — Je
racontai à ces Messieurs la scène précédente sans
en oublier la plus petite circonstance. — « Quel
» dommage, leur dis-je, qu'un brave homme tel
» que ce Sergent périsse par les mains de l'injus-
» tice, & qu'après avoir essuyé tant de dangers,
» il vienne ici terminer sa carrière d'une manière
» si cruelle & si affligeante ! c'étoit bien la peine
» d'être loyaliste, & d'avoir abandonné l'aisance &
» l'abondance dont il jouissoit sur sa Plantation ?
» — Ah ! si comme moi, Messieurs, vous lui
» aviez entendu raconter son histoire ; si, comme
» moi, vous aviez vu ses blessures, ses nobles
» attestations de services & de bravoure ! — Et
» pourquoi ne les a-t-il pas montrées aux Mem-
» bres du Conseil de Guerre, dit vivement
» M. * * * ? (Lieutenant de la troisième Brigade
» Pensilvanienne). — Si on lui a refusé la liberté
» de parler, la vue de ses honnêtes cicatrices au-
» roient peut-être été pour lui un puissant Avocat ?

» — Quel argument, en effet, en faveur d'un
» Soldat, sur-tout devant des braves Officiers »!
— Pendant tout le tems de ma narration, j'avois observé que ce jeune homme y avoit prêté l'oreille la plus attentive ; j'avois également observé que son visage s'enflammoit, que ses yeux animés exprimoient le regret & la colère ; — l'indignation poussée par l'effervescence de la jeunesse, sembloit bouillir dans ses veines. « — Est-il condamné, me
» demanda-t-il précipitamment ? — Oui, lui dis-je,
» demain il meurt. — Grand Dieu ! à quel point
» d'aveuglement, de cruauté & d'horrible insou-
» ciance as-tu permis à ces fiers Insulaires de pous-
» ser les choses ! — quand nous aideras-tu donc
» à chasser ces Oppresseurs de notre Continent !
» Ne l'ont-ils pas assez arrosé de notre sang ? ne
» l'ont-ils pas assez souillé de leurs crimes ? — Une
» idée me vient, continua-t-il, je la crois bonne;
» ne seroit-il pas encore tems d'envoyer une re-
» quête au nom de cet Infortuné à Son Excellence
» Sir Henri C. ? — Qu'en dites-vous ? — L'in-
» tention est magnanime & généreuse, mon cher
» Lieutenant, lui dis-je : cette action est d'autant
» plus noble, que cet homme est un Royaliste,
» plus coupable encore envers notre Patrie, qu'un
» Européen à six sols par jour. Mais comment
» persuaderez-vous au Grand Prévôt de se char-
» ger de cette requête ? — C'est ici l'heure de

» ces ivresses journalières, me dit le Lieute-
» nant : — cette circonstance peut devenir fa-
» vorable. Que sait-on ? — ce Barbare, après
» tout, n'est-il pas fils d'une femme ? ne pour-
» roit-il point ressentir quelques tressaillemens
» d'une humanité involontaire, lorsque le vin a
» dilaté son cœur ? la soif & l'ivresse des sens ne
» pourroit-elle pas suspendre cette avidité de pu-
» nir, qui lui est si naturelle ? — Je veux en faire
» l'essai : il faut que j'écrive cette requête ; nous
» irons ensuite la faire signer par le Sergent. — La
» foible lueur d'espérance que cela pourra lui pro-
» curer, servira au moins à adoucir l'amertume de
» la nuit qu'il va passer : — ce sera, mon ami,
» une foible lampe que nous aurons placée dans
» le coin de son cachot, qui en bannira, j'espère,
» les images de la mort, & les rêves effrayans.
» — Brave Garçon, lui dis-je, ton idée est bonne
» & sainte ; tu peux te dire véritablement inspiré ;
» — oui, tu l'es, puisque tu cherches à sauver la
» vie d'un homme qui est ton ennemi ». — Il
écrivit la requête dans moins d'une demi-heure,
conçue dans toute la chaleur de son ame généreuse. J'avoue que je n'ai jamais rien entendu
qui égalât la force expressive & le sublime la-
conicisme de ce morceau. Nous fûmes à la chambre du Sergent : « — Vous me pardonnerez, lui
» dis-je, de revenir vous interrompre ; le récit

» que j'ai fait de vos malheurs à ce jeune Penſil-
» vanien, a rempli ſon ame d'une honnête indi-
» gnation ; il a conçu un projet heureux, & il
» vient vous le communiquer. — Sergent B. A.,
» dit le Lieutenant, lorſque vous & moi ſervions
» ſous nos drapeaux reſpectifs, nous étions enne-
» mis, puiſque vous défendiez la cauſe de votre
» Roi, devenu notre tyran, & moi celle de la
» Patrie. — Mais ſous ce toit, le malheur nous a
» fraterniſés & nous a rendus égaux. — Je viens
» d'écrire au Général une requête en votre nom ;
» il faut la ſigner : — je me flatte d'avoir aſſez
» d'aſcendant ſur l'eſprit du Grand-Prévôt, pour
» le perſuader de la porter lui-même dès ce ſoir
» au quartier Général. — Sire H. C. eſt naturel-
» lement bon & humain, lorſqu'il eſt inſtruit du
» véritable état des choſes. — Peut-être le récit
» pathétique que je fais de vos ſervices, de vos
» bleſſures, & de votre nombreuſe famille, le
» touchera-t-il ? — du-moins je le ſouhaite du
» fond de mon cœur. Un Général humain eſt
» comme un bon Roi ; il peut diminuer les cala-
» mités de la guerre, & faire beaucoup de bien
» ſans s'écarter des règles de ſon devoir. — Gé-
» néreux Penſilvanien, ſi je verſe des larmes, c'eſt
» votre généroſité inattendue qui m'y force ; c'eſt
» votre magnanimité qui me les arrache ; hélas !
» je croyois leur ſource tarie. — Je connois trop

» la

» la tournure des esprits pour concevoir la plus
» foible espérance ; ce sentiment, ainsi que pres-
» que tous les autres, est éteint. — Brave jeune
» homme, l'ornement de votre Patrie, puisse cette
» action généreuse attirer sur vous la Bénédic-
» tion du Ciel, le patrimoine des bons esprits ;
» puisse-t-elle, comme un rayon céleste, éclairer
» tous vos pas, & dignifier toutes vos actions ;
» puisse le sort de la guerre épargner vos jours !
» — Je signe, puisque vous le voulez ; & si je sur-
» vis à cette fatale Sentence, le terme de ma vie
» sera celui de ma reconnoissance. — Mon cher
» Sergent, vous m'en devrez peut-être ; mais
» j'exige qu'elle finisse au moment où finira notre
» captivité ; j'exige qu'elle ne s'étende pas plus
» loin que ces murs ; car si jamais nous rejoi-
» gnons nos drapeaux, j'oublierai alors l'infor-
» tune du Prisonnier, & ne verrai en lui que l'en-
» nemi de ma Patrie. — Quoi, vous ne verrez en
» moi que votre ennemi ! — Et moi, je jure de ne
» voir jamais en vous que mon bienfaiteur.
» Dans quel cas que ce puisse être, mon devoir
» militaire n'étouffera jamais ma reconnoissance.
» — Je vous respecterai ; je vous ferai respec-
» ter aussi par les Soldats mes voisins, dans les
» momens même les plus décisifs ; & s'il lefaut,
» afin de sauver votre vie, je trahirai pour un
» moment la cause de mon Roi pour obéir à

Tome I. Z

» celle de la Nature. — Et vous ne verrez en moi
» que votre ennemi ! — En effet, vous ne me
» devrez rien ; ce sera moi qui vous aurai l'obli-
» gation d'une vie que mes propres Officiers
» m'ont refusée ». — Nous nous retirâmes.

Le brave Lieutenant, dont j'ai malheureusement oublié le nom, comme il s'en étoit flatté,
trouva le secret de persuader le Grand-Prévôt de
délivrer sur le champ la requête au Général. —
Nos espérances furent vaines. — Jugez quelle fut
notre affliction, lorsque le lendemain nous vîmes
cet infortuné Sergent conduit de l'autre côté de
la rivière d'*Hudson*, où sa Sentence portoit qu'il
seroit exécuté. — Je sortis de prison moi-même
quinze jours après, comme vous le savez, & fus
me reposer quelque tems chez mon digne ami,
M. H. P., jusqu'à ce que la nouvelle du départ de
la flotte me forçât de revenir à New-York pour
y obtenir mon passage. — Je marchois un jour
dans une des rues de cette Ville, lisant une lettre
que je venois de recevoir de mon enfant, lorsqu'un
homme en habit brun & en cheveux ronds, frappant sur mon épaule, me dit : « Ne me recon-
» noissez-vous pas ? — Non, lui dis-je, je ne vous
» reconnois pas. — Quoi, est-il possible ! Ne vous
» rappelez-vous pas le Sergent B. A. ? — Est-ce
» vous, mon cher Sergent ? est-ce bien vous,
» vous-même à qui je parle ? Hélas ! je vous croyois

» mort & pendu il y a trois semaines. — J'ai été
» pendu en effet; mais la corde fut coupée dès que
» le chariot m'eut laissé en l'air. J'ai appris que le
» Général avoit lu la requête envoyée par le gé-
» néreux Pensilvanien, & qu'en conséquence il
» avoit ordonné que la corde seroit coupée immé-
» diatement après l'exécution. J'ai quitté le Régi-
» ment, & on m'a accordé une place parmi les
» Députés du Grand-Prévôt. Si jamais votre mau-
» vaise étoile vous ramenoit sous ce toit, je vous
» y rendrai tous les services en mon pouvoir. —
» Mon étonnement est sans borne, mon cher
» Sergent; n'est-ce point un rêve? — Quelle fata-
» lité! quelle singulière destinée! quel enchaîne-
» ment de circonstances! — Ainsi donc vous voilà
» un des Sous-Gouverneurs de la même maison
» où il y a à peine cinq semaines, nous étions
» tous deux prisonniers, & où vous fûtes con-
» damné à mort. Je m'embarque pour l'Europe
» dans deux jours; je ne reverrai jamais cette
» Ville, qu'elle n'ait changé de Maître : n'oubliez
» pas, je vous prie, le généreux Pensilvanien,
» ce digne jeune homme. — Moi, l'oublier! le
» Ciel m'est témoin que j'oublierois plutôt de sa-
» tisfaire les plus pressans besoins de la faim & de
« la soif; il ne lui manque que la liberté, & je
» ne puis la lui donner! — Adieu, mon cher Ser-
» gent; la vie ne vous semble-t-elle pas bonne?

» — Ah ! quelle est douce, en effet, quand on la
» reçoit d'une manière si inattendue. — J'ai été
» fidèle à ma promesse ; votre femme a reçu la
» lettre que vous lui aviez écrite quarante-huit
» heures après. — Je le sais, & vous en fais mille
» remercîmens. — Ma pauvre femme ! elle a
» pensé perdre la raison, & de l'excès du chagrin,
» & de l'excès de sa joie. — Adieu, mon cher
» M. S. J. — Puissiez-vous éviter les dangers des
» flots & des vents, ainsi que votre cher enfant,
» dont la maladie vous a donné tant d'inquiétude
» pendant votre captivité ».

Adieu, St. Jonh.

LE PÈRE INFORTUNÉ.

SI d'un côté je crains que la noirceur de mes tableaux ne révolte une ame aussi compatissante que la vôtre ; de l'autre, puis-je omettre des Anecdotes frappantes, dont le récit vous fera juger de la nature des calamités contre lesquelles nous avons osé lutter ? — Puis-je négliger de vous montrer, dans une perspective éloignée, une foible esquisse des malheurs de toute espèce qu'ont produit parmi nous la cruauté, la cupidité & la haine de parti, ce démon des guerres civiles ? — Voilà, mon ami, les principaux agents qui, depuis sept ans, ont aiguisé tant de bayonnettes, fait ruisseler tant de sang, & couvert du nom de loyauté & devoir les crimes les plus affreux.

Hélas ! peut-être ne serions nous jamais entré dans cette pénible carrière, si toutes les aspérités eussent pu être prévues. — Heureuse ignorance ! — Tel étoit cependant le prix de notre liberté.

Parmi les Royalistes qui, dès le commencement de la guerre, prirent les armes contre leur Patrie, Calonel se distingua par son ardeur & son courage ; sans cesse il proposoit au Quartier-Général quelque nouveau plan, qu'il étoit souvent chargé d'exécuter.

Quelles pouvoient être les vues d'un Général naturellement bon & humain ? On est étonné que l'insouciance, ce sentiment prédominant, n'ait pas quelquefois empêché sa foiblesse d'autoriser tant d'incendies & de meurtres inutiles. Pouvoit-il concevoir qu'ils fissent partie du grand plan de conquête auquel il présidoit ? — Pouvoit-il croire que ce Continent reviendroit à l'obéissance du Roi par des actions dont la fréquence & l'atrocité ne pouvoient servir qu'à mûrir, à hâter la scission & à obscurcir son règne ? — Souvent, pendant des mois entiers, on ne s'occupoit à New-Yorck, au milieu du luxe & des plaisirs, qu'à envoyer de tous côtés des partis de Conflagrateurs qui, dans leurs imaginations sanguinaires, prédisoient toujours quelqu'importante conquête. — Plus d'une fois je les ai vu revenir chargés de dépouilles ensanglantées, conduisant des prisonniers mutilés, qu'on ne menoit à l'Hôpital qu'après avoir été montrés en spectacle dans les rues, victimes d'un triomphe aussi barbare qu'inutile. Si vous pouviez douter de ma véracité, je vous recommanderois de lire les Gazettes de Jacques Rivington (1); vous y verriez, à chaque page, le récit de ces expéditions. — De ce nombre fut une expédition conduite par le ***: dois-je ou puis-je le plaindre ? Il est aujourd'hui le plus malheureux des hommes ; abandonné à des remords inutiles, bientôt il va fuir sa Patrie. — Pourra-t-il jamais appeler la Grande-Bretagne de ce nom, où, à la paix, il ne trouvera que le mépris & la pauvreté ?

Vers la pointe du jour, un Parti Anglois arriva vers un petit District du nouveau Jersey, appelé *Scra lenburg* : ils mirent le feu au grand moulin & aux habitations de **, vieillard Hollandois, qui y possédoit un bien considérable, & se cachèrent derrière des arbres, après avoir fait un grand bruit. Le Colon & ses deux garçons, sou-

_____

(1) Imprimeur du Roi.

dainement éveillés, quittèrent leur lit précipitamment, & parurent en chemife à la porte de la maifon pour voir ce que c'étoit : une volée de fufils tuèrent les deux enfans fans toucher au père. Mon cœur palpite, mes mains tremblent, mon pinceau fe refufe à peindre l'inutile atrocité de cette action, & l'horreur inexpreffible de ce moment terrible. — Malheureux Colon, père infortuné ! qu'avois-tu donc fait au Ciel, pour être expofé, à ton âge, à une fituation qu'on ne peut fe rappeler fans frémir ? — Le fang de fes deux enfans, en jailliffant de leurs bleffures, teignit fa chemife en plufieurs endroits : ftupéfait, accablé fous le poids d'une douleur inconcevable, il fut conduit à New-Yorck.

Ce vénérable Colon étoit un des neuf qui compofoient notre chambrée ; mon plus grand étonnement fut de voir qu'il avoit furvécu à une fi fatale cataftrophe.

Ce malheureux Citoyen étoit l'emblême de la triftefle la plus morne que j'aie jamais vue ; il portoit avec lui l'afpect le plus lugubre ; un voile épais fembloit envelopper fon ame ; fes yeux étoient continuellement fixés vers la terre, & jamais il n'ouvroit la bouche. — Je refpectois trop fa fituation & fon âge, pour ofer lui demander quelques détails de cette affreufe tragédie ; je ne les ai fus que par mes compagnons. Un matin Cunningham (1) entra dans notre chambre, & lui tint le propos suivant.

Le Commandant, en considération de votre âge, vous permet de retourner parmi les vôtres, à condition que vous jurerez de ne point prendre les armes contre les sujets du Roi, & de rester paisible. — Ton Général & toi ont donc perdu la mémoire ? C'est parce que je suis vieux qu'on me méprise ainsi ? Dis-lui que le désir de la vengeance me rajeunit ; dans ce moment même, je sens mon ancienne vigueur renaître, en écoutant tes propositions. Quoi ! je te promettrois de ne pas venger l'assassinat de mes enfans ? Eh ! que diroit le Ciel, qui m'a fait homme & père ? — Il court à son coffre : — Tiens, voilà ma chemise teinte de leur sang ; portes-la à ton Général ; il sait mon histoire sans doute ; cette chemise me servira de réponse.

Gardes-la, gardes-la ; elle n'est teinte que de sang rebelle : ah ! que nous l'eussions tout versé ! — C'est ce que tous les Habits-Rouges ne pourront jamais faire. Cependant, j'offre volontiers le mien ; si je pouvois le rendre utile à la Patrie, en le mêlant avec celui de douze Anglois, je le verrois ruisseler sans regret. — Foible & impuissant vieillard ! qu'oses-tu dire ? — Ce que je ferais, si j'étois libre ; je me sens encore assez

---

(1) Le Grand Prévôt.

de force pour tuer une douzaine de tes cruels compatriotes. Tu me proposes de rester paisible ? Dès que je serai de retour, j'embrasserai ma vieille femme pour la dernière fois ; je chercherai ensuite, dans le premier parti que je rencontrerai, l'occasion de venger la mort de mes braves enfans. Vieillard ingrat & rebelle ! ne sais-tu pas que j'ai la clef des donjons qui sont huit pieds sous terre ? — Creuses-en de cent pieds, si tu veux ; je jure, par cette chemise ensanglantée, que leur profondeur ne changera rien à ma résolution. — Les lâches qui me prirent, m'attachèrent pendant un quart-d'heure, pour me forcer de contempler l'incendie de mes habitations, & augmenter la somme de mes peines. — Ils se trompoient ; la mort de mes deux garçons étoit le comble de mes pertes.

Le courage de ce vieillard méritoit au moins l'estime du Commandant : il ne servit qu'à prolonger sa captivité.

HISTOIRE
DE RACHEL BUDD,

Mère d'une des Familles détruites par les Sauvages, sous la conduite de Brandt *&* de Butler, *sur les rives orientales de la Rivière Susquéhannah, en* 1778.

JE dois le jour au Ministre de Southampton, un des plus anciens établissemens de l'Isle de *Nassau* (1), qui fut aussi le lieu de ma naissance; mon père m'éleva avec le plus grand soin & la plus grande tendresse. A l'âge de dix-sept ans, j'épousai *Benjamin Budd*, Planteur du voisinage, qui possédoit cent vingt-six acres de terre : il fut le choix de mon cœur. — Craignant de n'être pas assez riche pour établir des enfans dont il prévoyoit la naissance, il échangea sa plantation pour quatre cens acres de terre dans le Comté d'*Orange* : je m'y opposai autant qu'une femme pouvoit ou devoit le faire; & notre premier pas dans cette nouvelle carrière fut l'origine & le présage de tous les malheurs suivans. Ce terrein avoit été hypothéqué;

___
(1) Isle Longue.

nous fûmes forcés de payer 429 piastres au delà de la valeur réelle. — A force d'industrie, cependant, nous réparâmes cette première infortune : pendant cet intervalle, je devins la mère de huit enfans, six garçons & deux filles.

Fatigués des difficultés que nous opposoient sans cesse le climat rigoureux & le sol ingrat de cette Plantation, mon mari s'embarqua dans le fameux projet d'établissement sur la rivière *Susquéhannah*, proposé & entrepris par les Habitans de la Province de *Connecticut*. Rien ne pouvoit être plus séduisant que les détails de ces contrées nouvelles, imprimés dans toutes nos Gazettes. A peine le premier sentier fut-il marqué, que nous vendîmes notre Plantation, & partîmes pour *Wioming* (1). Je ne puis vous décrire les fatigues & les dangers que nous courûmes dans ce long trajet; car vous savez que depuis le *Bac de Wells* sur la rivière *Delaware*, ce n'est qu'une forêt de cent vingt milles de largeur, montueuse, remplie de pins, de hemlocs, de bouleau, de sapinettes & de lauriers sauvages. Le défaut de chemins & de ponts, les obstacles multipliés par les arbres renversés, les ravins, les marais, les grandes racines d'arbres ; tout, dans l'origine des choses, semble s'opposer aux

---

(1) Ancien Village Sauvage sur les Rives de la Susquéhannah.

progrès des hommes qui, bravant ces difficultés, osent cependant s'aventurer dans une carrière aussi pénible ; mais la santé, la gaieté & l'espérance ne nous quittèrent point ; elles présidèrent à notre marche. Jusqu'ici, je n'avois considéré ce pays nouveau que sur la Carte : quelle différence ne trouvai-je pas, en le traversant péniblement dans un chariot, avec huit enfans, & suivie d'une troupe de bestiaux.

Nous arrivâmes enfin sur cette terre promise : tout ce que je vis m'annonça la fertilité & l'abondance. Je contemplai avec une satisfaction particulière, le contraste frappant qu'offrent de toutes parts les grandes collines & les terres basses qu'elles environnent ; l'âpre Continent que je venois de traverser, & les plaines étendues situées des deux côtés de cette belle rivière, sur lesquelles nous étions arrivés : dix-sept familles répandues sur un espace de deux lieues devinrent notre unique Société. — Comme nous, elles n'étoient riches qu'en espérances. N'ayant apporté avec nous que les provisions nécessaires pour notre voyage, il fallut dès le premier moment de notre arrivée, penser à notre subsistance : pour cet effet, mon mari & les plus grands de nos enfans furent obligés de consacrer une partie de leur tems à la chasse & à la pêche ; ils y furent très-heureux. — Le second besoin que nous éprouvâmes, fut celui d'un abri ; l'indusrie & l'écorce des arbres nous procura dans trois jours deux appartemens très-commodes, & à l'abri de la pluie; je me trouvai très-bien logée, & pour rendre mon mari content, je ne me plaignis de rien: les terres basses nous donnèrent le foin dont nous avions besoin pour nourrir nos bestiaux pendant l'hiver suivant; car nous avions amené quatre bœufs, deux jumens, trois vaches & vingt moutons. Malgré leurs fatigues, les vaches nous donnèrent du lait pendant la route : l'idée & l'énumération des besoins d'une famille située comme la nôtre, est suffisante pour vous donner celle de notre industrie & de notre diligence. Que les jours étoient courts, & que le sommeil nous sembloit bon quand le soir étoit venu! Ce fut pour nous, & pour moi en particulier, un été mémorable. Je fus la première femme qui enfanta dans ce désert : je mis au monde un enfant quatre mois & demi après notre arrivée; nous le nommâmes *Susquéhannah Budd*, en mémoire du nouveau lieu de sa naissance. Mon mari construisit pour lui un berceau d'écorce fort commode, quoique ce meuble annonçât la simplicité & même l'humilité de son éducation : cet enfant auroit pu, sans cette guerre cruelle, devenir un Colon riche.

Trois ans après notre arrivée, il s'éleva une espèce de guerre entre les habitans de la Pensilvanie, qui réclamoient ce terrein, & les propriétaires qui l'avoient acheté des Sauvages. Quoique mon mari fût l'homme le plus paisible, il perdit cependant tous ses bestiaux, & fut même conduit prisonnier à *Philadelphie*. Peu de tems après, je me vis réduite à la plus grande indigence. — Honteuse de réclamer l'assistance de mes voisins, qui avoient été plus heureux, je plaçai cinq de mes enfans parmi eux: ils étoient déjà en âge de travailler; l'aîné étoit établi à quinze milles au-dessus de nous (1); mais il ne faisoit que commencer. — Avec l'assistance du second, & le petit *Susquéhannah* dans mes bras, j'osai retourner vers le Comté d'*Orange*: c'étoit alors le commencement de l'hiver; nous ne pûmes porter que deux couvertures, en outre quelques provisions. — Qui l'auroit cru? Je trouvai dans le sein de la neige, que je redoutois tant, un abri & un asyle contre le froid des nuits; sans ce secours imprévu, je ne sais ce que nous aurions fait; je fus cinq jours à traverser cette vaste forêt.

L'été suivant, mon mari obtint sa liberté, & revint à *Wioming*, croyant m'y trouver; après avoir versé des larmes à la vue de nos malheurs, & embrassé nos enfans, il vint me rejoindre. Nos amis nous procurèrent deux chevaux & quelque argent: munis de ce nouveau secours, nous retournâmes à *Wioming*, au mois de Mai, où rap-

---

(1) Mahapeny.

pelant notre ancien courage, nous recommençâmes nos travaux. — Heureusement, notre maison n'avoit point été brûlée. — Je me rappèle encore le jour de notre retour : ce fut un des plus beaux que j'eusse jamais vu. — Je retrouvai tous mes enfans sains & bien portans. Quelle plus grande fête pour une mère ! les voisins nous donnèrent à l'envi tout ce dont nous avions besoin : le croiriez-vous ? au bout d'une semaine, nous oubliâmes nos pertes & nos fatigues.

Malheureusement la grande dispute territoriale avec la *Pensilvanie* se ralluma plus violemment même qu'auparavant ; il y eut du sang répandu, & le fils de M. *Plunket*, Arpenteur du Comté de *Nortumberland*, fut tué. Ces alarmes perpétuelles n'étoient cependant pas la cause de nos plus grands maux. L'établissement de *Wioming*, (actuellement appellé *Wilkesbury*, en honneur du fameux Lord Mayor Jonh Wilkes, dont les discours patriotiques remplissoient nos Gazettes), étoit principalement habité par des gens de la Nouvelle-Angleterre (1), impatiens, grands Républicains, aimant à cabaler & à gouverner, quoique nous n'eussions alors aucune Loi ; car la Province de *Connecticut* n'avoit point encore adopté cette nouvelle Colonie : nos réglemens étoient de simples conventions, passées

---

(1) **Connecticut**.

à la pluralité des voix, suivant les besoins du moment, les impulsions du caprice, & quelquefois des passions. Les plus sages proposèrent des formes simples & utiles qui devoient devenir permanentes, jusqu'au moment de notre adoption par la Métropole. — Mais le grand nombre disoit qu'on pouvoit très-bien se passer de Loix qui, après tout, n'étoient qu'un esclavage : les autres que c'étoit folie de venir de si loin prêter le col à un joug qu'ils avoient quitté.

Cependant, au milieu de ces divisions, l'agriculture, suivie de l'abondance, augmentoit tous les jours ; chaque mois voyoit arriver un grand nombre de familles ; on en comptoit déjà plus de cent trente : mon mari, amateur de la paix, étoit toujours de l'avis de la majorité, & ne s'occupoit que de son travail, espérant que de jour en jour notre Métropole établiroit quelque gouvernement sage qui assureroit la tranquillité publique, seule chose dont nous eussions besoin. — Cet heureux évènement n'arriva point aussi-tôt que nous le desirions. — Préférant le calme & le repos à tout autre bien, nous vendîmes notre plantation, sur laquelle nous avions vécu cinq années, & fûmes habiter à *Wy-o-lucing* (1), dix milles au Nord sur la même rivière : nous y trouvâmes beaucoup de

───────────

(1) Ancien Village Sauvage.

terrein défriché ; car cette ancienne habitation *Shawanèse* n'avoit été concédée qu'à cause de la rareté du gibier. — Les habitans de ce lieu, contens de leurs limites & de leurs portions de terre, vivoient & travailloient en paix sans avoir nul gouvernement, & sans avoir besoin d'être gouvernés. — « Voici donc, dis-je à mon mari, notre qua-
» trième & dernier établissement, du-moins je
» l'espère. Nous avons acquis assez de terre pour
» tous nos enfans : avec peu de travail, l'extrême
» fertilité de ce sol nous procurera l'abondance :
» remercions l'Etre Suprême de nous y avoir con-
» duits. Promets-moi, mon ami, de ne jamais
» penser à le quitter. — Je te le promets, ma
» bonne & ancienne amie. — Fasse le Ciel que
» nous puissions y vivre & mourir en paix ».

Dans notre voisinage, vivoit *Job Gelaware* & le vieux *Hendrique*, deux respectables *Shawanèses* (1) ; ils étoient plus fins & plus rusés que ne le sont ordinairement ces Naturels ; ils aimoient l'or & l'argent ; ils avoient acquis de leurs Compatriotes plus de cinq cens acres de terres basses, propriété immense, si vous en connoissez toute la bonté. — Ils étoient généreux & humains ; nous trouvâmes chez eux les ressources de l'amitié, qui, dans le commencement de nos pénibles travaux,

___

(1) Une des sept Nations Confédérées.

Tome I. A a

furent pour nous de la plus grande importance. Les riches herbages de ce canton, le repos dont nous jouissions, l'honnêteté de nos voisins, nous firent bientôt oublier toutes nos anciennes calamités; elles ne nous servoient plus qu'à nous faire goûter le bonheur présent. Mon second enfant épousa une femme qui lui donna trois cens acres de terre à *Wissack* (1), vingt-trois milles au-dessous de *Wy-o-Lucing*: notre aîné, vous le savez, s'étoit établi à *Mahapenny*, quinze milles au-dessus de *Wioming*. Nous passâmes trois ans de cette manière.

Mais nous étions destinés à n'être jamais heureux: un nuage sombre & menaçant se leva sur notre horizon: la naissance d'un nouveau pouvoir & la destruction de l'ancien, produisirent une grande fermentation parmi nous: cette infortunée Région se trouva enveloppée dans des calamités plus grandes encore que celles dont nous étions sortis. Les blessures que nous avions reçues, comparées avec les plaies auxquelles nous avons été exposés depuis, n'étoient que des légères piqures. Cette guerre civile causa une division singulière dans les opinions, & une grande agitation dans les esprits : nos deux aînés prirent le parti des *Wigs* (2); mon mari en parut très-affligé: les ha-

―――――――――――――――――――――――

(1) Bourgade nouvellement établie.
(2) Républicain.

bitans d'une frontière si éloignée, occupés à labourer leurs champs, auroient dû laisser la décision de cette grande querelle à ceux des Pays maritimes. Plus d'une fois mon mari devint le pacificateur du voisinage ; il fut enfin appelé *Tory* (1), ainsi que tout notre district. Cette opinion occasionna une guerre secrète, qui nous fut déclarée par les Colons des bourgades inférieures. — Bientôt ils envoyèrent des Partis armés pour forcer les *Torys* de renoncer à leurs opinions ; ces procédés violens ne servirent qu'à aigrir les esprits, les rendre plus opiniâtres, & les animer à la résistance. Que cet incendie fut général & rapide ! — Quelques-uns de nos voisins retournèrent dans leur Patrie; des familles entières se retirèrent parmi les Sauvages du village d'*Anaquaga*. — C'est ainsi que furent dépeuplés quelques districts dont l'établissement venoit de commencer. La crainte des excursions violentes que faisoient sans cesse les habitans de *Wilkesbury*, *Shawney*, *Lackawaney* (1), *&c*. les effrayèrent tellement, que dans l'espace de six mois, on ne vit plus personne dans les trois cantons supérieurs de *Wi-o-Lucing*, *Wissack* & *Standing-Stone*.

Nos deux Sauvages se retirèrent parmi leurs

---

(1) Royaliste.
(2) Bourgades inférieures.

concitoyens à *Shènando* (1) ; heureux mortels, ils savoient où aller chercher la paix, & nous osons les appeler *Sauvages!* Plut à Dieu que nous les eussions suivis, comme ils nous y invitèrent plusieurs fois ! Mes enfans furent obligés de prendre les armes dans la nouvelle milice, dont le principal but étoit de forcer les *Torys* à renoncer à leurs opinions, & de veiller à leur conduite ; car la violence les avoit déjà convertis en ennemis. Telle est la cruelle destinée des Hommes, ils ne jouissent de la paix que lorsqu'ils y sont forcés. — En vain nous représentâmes, à plusieurs des Chefs, le danger de s'armer contre des voisins, & d'affoiblir ainsi un établissement si florissant. — Nos remontrances furent inutiles ; entraînés par la vanité de se faire Législateurs, sans en avoir la sagesse, ils prirent l'opinion générale pour la base de leur nouvelle législation, & l'enthousiasme les porta à soutenir ce système de toute la rigueur des loix. — Un heureux silence auroit conservé la paix & le bonheur de cette région. Nous prévîmes tout ce qui pouvoit arriver, sans pouvoir cependant y trouver quelque remède. Nous n'avions alors avec nous que trois de nos enfans. — Un jour l'aîné nous apporta les dépouilles d'une famille qui avoit été joindre les Sauvages à *Shénando*. » Va-t-en, lui dis-je ;

---

(1) Village Sauvage.

» va t-en; ôte ces objets de ma vue; ne crains
» tu pas de souiller la maison de ton père, & de
mériter sa malédiction ? « Tant de violences armèrent enfin plusieurs Royalistes qui, échappés parmi les Naturels, trouvèrent le moyen de les intéresser dans leurs querelles. Mon troisième fils fut fait prisonnier; j'oubliai alors sa désobéissance, (car nous lui avions défendu de s'enrôler) & je versai des larmes sur le sort de cet enfant. — Il fut conduit à *Ockwako*, de-là à *Niagara* & à *Montréal*. Quelle affliction pour une mère! Quelle destinée pour ce pauvre garçon ! Combien de fois, dans mes songes, ne l'ai-je pas suivi voyageant dans ces vastes forêts, traversant l'*Ontario* (1), descendant les *Rapides du St.-Laurent*! — » Cher
» enfant! combien de larmes n'as-tu pas coûté à
» ta pauvre mère, qui depuis n'a jamais pu en-
» tendre parler de toi? Si je ne pleure plus sur ta
» destinée, c'est que la source de mes larmes est
» tarie «.

Isolés, réduits enfin à l'indigence, nous fûmes forcés d'abandonner ce lieu chéri, où, pendant trois ans, nous avions goûté les douceurs de la paix. Que ce tems nous avoit paru de courte durée ! — Mais il fallut partir ; & sans l'avoir prévu, nous dîmes un adieu éternel à notre habitation, & à nos

---

(1) Lac de 200 lieues de circonférence.

champs. — Tout fut sacrifié dans ce moment douloureux, paix, abondance, établissement de nos enfans, asyle de notre vieillesse.

Nous revînmes par eau à *Wilkesbury*, la métropole ; tout y étoit trouble & fermentation : le tems de l'heureuse hospitalité étoit passé : ce n'étoit plus que rumeurs & factions. On reprocha à mon mari, comme un crime, sa tranquillité & son amour de la paix. » Que vous importe, dis je à ces Chefs ; » qu'importe au Congrès, à Georges III, nos opi- » nions & nos sentimens ? C'est vous qui avez » échauffé toutes les têtes, enflammé tous les cer- » veaux, vous payerez bien cher l'effervescence » que vous avez causée «.

Réduits à cultiver la terre qui ne nous appartenoit pas, nous passions les soirées à déplorer en secret notre ancienne opulence, & le calme de *Wy-o-Lucing* ; nous versions des larmes en nous rappelant que dans l'espace de vingt-neuf ans de fatigues & de travaux, nous n'avions joui que de trois années de paix & de repos. — » Ah! lui » dis-je, pourquoi n'avoir pas resté où nous étions? » Ici on nous soupçonne, & on nous méprise ; » n'auroit-il pas mieux valu être exposés aux dé- » prédations des deux partis, qu'à ces insultes jour- » nalières que nous ne méritons pas ? « — Vous avez sans doute, Monsieur, entendu parler de l'ambassade des Sauvages de *Orkwako*, qui vin-

rent réclamer les bestiaux de ceux qui avoient pris refuge chez eux — « Nous avons donné l'hospi-
» talité, disoient-ils, aux Blancs que tu as chassés
» & persécutés ; nous les avons reçus dans nos
» Villages, parce qu'ils étoient malheureux &
» qu'ils avoient faim : ils ont touché à nos *Wig-*
» *whams* (1); mais nous n'avons pas de lait pour
» leurs enfans : le Village nous envoie réclamer
» leurs vaches ; qu'en dis-tu ? « — Nos Chefs eurent l'imprudence de les arrêter : il étoit aisé de prévoir toute la folie d'une pareille conduite, qui tendoit à unir la cause des Royalistes réfugiés, avec celle de ces Nations; mais telle étoit le pouvoir qu'ils avoient usurpé, que personne n'osa blâmer leurs procédés : plusieurs fois je proposai à mon mari de nous retirer. — « Eh !
» où irons-nous, me dit-il ? vieux comme nous
» sommes, accablés d'années, de chagrin & de
» fatigue ? Que dira-t-on *ici*, quand on nous verra
» partir ? que pensera-t-on de nous à *Orange*,
» quand on nous verra revenir ? comment, sans
» chevaux, sans voiture, traverser la distance qui
» nous sépare de nos amis ? «

Dans ces entrefaites, *Brandt* (2) & *Butler* (3)

---

(1) Action qui donne un droit à l'hospitalité.
(2) Chef Mohawk.
(3) Capitaine Anglois né Américain.

fondirent sur nos Cantons, comme un orage s'élève subitement : vous connoissez les sanglans détails de cette affreuse tragédie, ainsi que la destruction & le bannissement de plus de douze cens familles, établies sur une ligne de plus de cent vingt milles de rivages. Avertis de l'arrivée prochaine de l'ennemi, nous prîmes refuge dans l'estocade de *Shawney* (1), située de l'autre côté de la Rivière, moi, mes trois plus jeunes enfans, ma fille, mon mari & mon gendre : je me cassai malheureusement la cuisse en entrant dans le bateau. — Souffrante, je fus portée dans le Fort, & mise sur la paille. — Vers les deux heures du même jour, les bois commencèrent à retentir de hurlemens sauvages ; j'entendis le feu de la mousqueterie ; (car vous savez que les habitans se réunirent pour s'opposer à cette invasion) j'entendis les cris des blessés, des mourans, & le conflict de cette cruelle mêlée, qui décida du sort de cet Etablissement : de toutes parts mille fléaux vinrent nous accabler. — J'ai cependant survécu à cette foule de désolations ; je vis encore pour vous raconter cette longue suite de calamités & de désastres. Le croiriez-vous ? un sentiment consolateur s'empara de mon ame, pour un moment, dans cet instant cruel. — Je me trouvai heureuse,

---

(1) Appelée Kingston.

dans mon malheur, de croire mes deux garçons à *Mahapenny*, éloignés de tout danger. Le mari de ma pauvre fille ne revint point : à cette nouvelle, la pauvre femme s'évanouit à mes côtés; mais, dans un moment aussi terrible, occupée de l'intérêt de mon propre sang, pouvais-je m'affecter du malheur de mon gendre ?

Hendrique, notre ancien ami de *Wy-o-Lucing*, entra le premier dans notre Fort, après la capitulation. Souvenir terrible ! bientôt il distingua mon mari, qu'il prit par la main, avec toutes les marques de l'ancienne amitié. — « Où sont tes » deux garçons, demanda-t-il ? — Nous les croyons » à *Mahapenny*, répondit mon mari. — Tant » mieux, dit l'honnête *Hendrique*. « — Deux heures après, on ordonna que chacun eût à se peindre le visage de vermillon, qui, pour cet effet, fut délivré à tous les prisonniers; & il fut proclamé que, dans l'espace de cinq jours, nous quitterions le Pays, qui alloit être réduit en cendres.

Vers le soir, *Hendrique* revint, & emmena mon mari sans me dire un seul mot : quelle soirée fut pour nous celle de ce jour mémorable ! — En voyageant vers le Camp, ce Chef le conduisit à travers le champ de bataille, où, de tous côtés, se présentoient à ses yeux les cadavres de nos anciens amis & de nos connoissances. — A peine put-il se

foutenir. — Ah ! pourquoi m'as-tu montré ce cruel fpectacle, mon frère ? ne fuis-je pas déjà affez malheureux ? — Dès qu'il fut arrivé au feu d'*Hendrique*, ce généreux *Shawanefe* lui préfenta nos deux enfans peints en rouge ; fon cœur paternel les reconnut aifément fous ce déguifement nouveau : ils s'embrafsèrent avec un tranfport mêlé de joie, de furprife & d'affliction. — » Ah ! mes
» chers enfans ! par quel hafard êtes-vous ici ; je
» vous croyois à *Mahapenny* ? — Pouvions-nous,
» répondirent-ils, voir notre Pays envahi, fans
» venir à fon fecours ? — Hélas ! de quoi cela a-t-il
» fervi ? vous favez fans doute que nos maifons
» & nos granges vont être incendiées, & qu'il
» faut tout abandonner dans cinq jours ? — Que
» dites-vous, mon père ? — Cela n'eft que trop
» vrai : voyez ce champ de bataille ; la mort de
» la plupart de nos compatriotes ne nous annonce-t-elle pas une deftruction totale ? Quel
» jour ! quelle révolution ! Il ne me refte plus,
» mes chers enfans, qu'à gémir fur votre fort &
» fur le mien : pour comble de malheur, votre
» mère eft bleffée, & ne peut fe remuer. — Ne
» te défefpères pas, mon frère, dit *Hendrique* ;
» la maifon de *Wy-o-Lucing* ne fera pas brûlée ;
» je te connois & je t'aime ; ne le fais-tu pas ?
» tu étois l'ami de tout le monde ; pourquoi te
» voudroit on du mal ? retournes y, fi tu veux,

» toi, ta femme & tes enfans; tu en es le maître,
» m'entends-tu? observes seulement d'être doré-
» navant toujours *peint en rouge*, ainsi que ta
« famille; ce sera pour toi un signe de paix tant
» que la guerre durera; tu pourras y vivre & y
» travailler en sûreté. — Ah! mon frère! com-
» ment demeurerai-je seul sur ce tetrein éloigné?
» qu'est-ce qu'une seule famille blanche, quand
» elle est isolée au milieu des bois? ma femme
» & moi nous mourrions de douleur à la vue du
» feu & des flammes qui, dis-tu, vont bientôt
» consumer les établissemens de nos compatriotes :
» dis-moi, mon frère; peut-on travailler quand
» on a le cœur navré? — Hé bien, Benjamin,
» dit *Hendrique*, si tu aimes mieux retourner dans
» le comté d'*Orange*, prends avec toi tout ce que
» tu as dans l'*estocade*; je te donnerai deux che-
» vaux : puisse *Manitou* te permettre de rejoindre
» les tiens, & de mourir en paix à leur feu! «

Trois jours après, nous nous embarquâmes pour *Shamocſin* (1), vers les confins de la Pensilvanie; mais ne trouvant que très-peu de maisons, nous fûmes à *Northumberland*, bâti sur la Péninsule formée par les deux branches de la rivière *Susquéhannah* : nous y trouvâmes les portes de l'hospitalité ouvertes; mais le Ciel n'étoit pas encore

―――――――――――――――――――

(1) Ancien Village Sauvage.

las de nous persécuter. » Grand Dieu ! qu'avons-
» nous donc fait à tes yeux, pour nous avoir con-
» damnés à une si longue suite de peines & d'af-
» flictions ? « — Arrêtée dans mon lit par mes
douleurs, attendant le retour de mes forces, mon
mari & deux de mes garçons moururent de la petite
vérole, sans que je pusse les voir; car on eut la
cruauté de m'en empêcher. — Ils vinrent perdre
la vie dans ce nouvel Etablissement, après avoir
échappé au fer & aux flammes de nos ennemis.
Je reprochai plus d'une fois à ma cruelle destinée,
de me laisser ainsi survivre après un si grand naufrage. De femme, de mère malheureuse, je devins
une pauvre veuve plus malheureuse encore, incapable de marcher, sans asyle, sans ressource, ayant
perdu mon mari, mon gendre & trois de mes
enfans. — » O *Bretagne* ! que tes riches habitans
» savent peu quelles sont les fatigues auxquelles
» nous sommes exposés dans ces forêts ! Dans les
» commencemens de cette grande dispute, je
» penchois pour tes intérêts; je croyois ton en-
» treprise juste : mais les cruautés inouies, & tous
» les maux que tes ordres cruels nous ont causés,
» ont effacé mon ancienne estime & mon affec-
» tion pour toi. Dis-moi, pourquoi cette longue
» suite de dévastations, si tu ne peux nous con-
» quérir ? en seras-tu plus riche, plus forte, plus
» commerçante, quand tu auras brûlé toutes nos

» maifons, & détruit tous les habitans de ces
» Cantons? — Je me recommandai à Dieu, & penfai à tous mes parens & amis. Mais comment une femme, dans mon état, pouvoit-elle jamais efpérer de les joindre? Je partis cependant, accompagnée des trois garçons qui me reftoient, de ma fille Rachel qui avoit un enfant au fein; l'autre, mariée en Penfilvanie, ignoroit notre fort : montés fur un des chevaux que nous donna le bon *Hendrique*, on nous confeilla de prendre le chemin inférieur. — A peine avions-nous traverfé la grande forêt, que ma fille fut prife de la petite-vérole; ma cruelle fortune m'obligea de la laiffer dans la première habitation que nous rencontrâmes : on me promit de prendre foin d'elle; car notre compagnie étoit trop nombreufe, pour efpérer que l'on nous nourriroit tous jufqu'à fa convalefcence : j'emportai avec moi fon enfant, que je févrai comme je pus en voyageant; il n'avoit que dix mois. Je quittai ma fille avec un cœur navré, que la douleur la plus aiguë & les chagrins n'avoient pu brifer; nous continuâmes notre route vers *Smithfield*, & arrivâmes enfin à *Ménéfink*, fur la rivière *Delaware*; nous la traverfâmes au bac inférieur : un de mes garçons me quitta dans cet endroit pour aller rejoindre fa femme, qu'il avoit cachée dans les bois pendant le défaftre général. Le croiriez-vous? la mefure

de mes maux n'étoit cependant pas encore au comble ; l'enfant de ma fille, quelque tems après, mourut, dans mes bras, de la petite-vérole ; j'en fus attaquée moi-même. — J'eſpérai alors terminer ma pénible carrière ; mais, je ne ſais pourquoi, je ne pus mourir ; je ſuis, comme vous le voyez, preſque aveugle, & un objet de compaſſion inutile. Ma fille me rejoignit au bout de trente-deux jours ; elle a loué une maiſon dans le voiſinage de mes parens, & leur bonté, unie avec ſon induſtrie, nous procurent une ſubſiſtance aiſée. — Ah ! ſi mon mari l'eût voulu, c'eſt ici l'aſyle que je lui propoſois ; peut-être vivroit-il encore ! mais j'étois deſtinée à pleurer ſeule. Telles ont été les gradations de notre ruine & de nos infortunes, après avoir poſſédé ſucceſſivement quatre plantations ; je ne prétends plus qu'au monceau de terre qui doit bientôt me couvrir. Vienne ce moment ! ce ſera celui du repos ! — Ainſi finit le récit de Râchel Budd.

Adieu.

L'ATROCITÉ
DE LA PERFIDIE.

Me permettrez-vous de tremper pour un instant mon pinceau dans le sublimé corrosif: j'ai besoin de toute sa force, & de son âpreté pour vous peindre l'Anécdote suivante avec des couleurs analogues au sujet. — La contemplation de ce trait, je ne sai pourquoi, soulève mon ame, & même mon bras; vous n'y verrez cependant point de sang répandu. — Dites-moi, la perfidie n'est-elle pas le comble de la dépravation humaine? Oui, sans doute, puisqu'elle n'est point inspirée par un mouvement spontané, elle n'est pas même justifiée par l'impétueuse effervescence de ces grandes passions qui nous animent & nous transportent malgré nous. La coupable réflexion de l'esprit s'unit ici à la dépravation du cœur, pour en former ce monstre, cet alliage d'iniquité, que nous appelons perfidie. Il est malheureux, je l'avoue, pour un homme, d'avoir un pareil trait à raconter d'un de ses semblables: puisse-t-il un jour trouver quelque scélérat qui, comme lui, se cachant sous le masque de l'amitié, lui fasse goûter à longs traits la coupe empoisonnée de la supercherie & de la trahison.

Ce Breton rougiroit peut-être en lisant ce trait, si j'avois pu le décorer de son nom, mais je l'ai malheureusement oublié ; le Chirurgien de son Vaisseau existe cependant encore.

Vous connoissez la Géographie de notre Continent assez bien, pour savoir qu'un Canal intérieur & naturel, unit Sainte-Augustine, capitale de la Floride Orientale, avec Savanah, capitale de la Géorgie ; les Isles, les Bancs, les Dunes qui le défendent de l'Océan, ne sont point habités, il est vrai, mais aussi les rivages intérieurs commencent-ils à être remplis de Plantations qui nous annoncent que dans la suite des tems ce Détroit deviendra fertile & charmant, puisqu'il unira les avantages d'une navigation intérieure, à la douce perspective & aux avantages de l'Agriculture. —— Cette Contrée, sauvage & déserte sous le joug Espagnol avant la paix de 1763, a bien changé depuis par les effets de la richesse & de l'industrie Angloise.

L'Armée Angloise, qui étoit destinée à la conquête de Savanah, partit, comme vous le savez, de Sainte-Augustine, embarquée sur des bateaux plats, précédée de galères & de quelques vaisseaux armés, qui navigèrent sur le Canal intérieur dont je viens de vous parler. — Le Révèrend M.***, homme très-respecté, dès le commencement de la guerre, avoit obtenu des protections du Général Lincoln,

Lincoln, qui l'aimoit, & du Gouverneur Tonyng, qui le confidéroit ; muni de cette double fauvegarde, il fe retira à la Plantation qu'il poffédoit fur les bords de ce Canal, où pendant longtems il vêcut en paix au milieu des cruelles déprédations que faifoient fur leur Patrie les Réfugiés de la Géorgie, animés & encouragés par le Gouverneur Tonyng. — Sa maifon devint l'afyle général du canton, & de toutes parts fes amis lui envoyèrent leur argenterie & leurs papiers. — Le Capitaine * * * commandant une des Galères qui précédoient l'armée Angloife, vint à l'ancre à travers cette Plantation vers le foir du * *, ainfi que le refte de la flotte qui mouilla à quelque diftance plus bas. — Dès que les voiles furent ferlées, le Capitaine débarqua & fut trouver le Miniftre, qu'il avoit connu avant la guerre à Savannah. — Mon cher ami, lui dit-il, le hafard m'ayant fait mouiller à travers votre maifon, j'en profite pour vous donner une preuve de mon amitié & de mon zèle. — Vous connoiffez les forces que commande le Général Lincoln ; elles ne réfifteront jamais à celles que conduit le Général. — Vous ne pouvez douter de quel côté penchera la victoire. Si vous reftez ici, je crains que, malgré la bonne volonté de Son Excellence, les Coureurs, les Traîneurs & les Réfugiés qui fuivent l'armée, ne vous infultent & ne vous pillent. — Tout le monde fait que votre maifon contient beaucoup d'effets précieux ; ce malheur me paroît inévitable, fi vous reftez. Voici le remède que je vous propofe : vos amis, parmi les Américains, tout jaloux qu'ils font, ne pourront point vous blâmer de l'adopter, puifque vous ne participerez en rien à la guerre, foit que vous reftiez ici, foit que vous habitiez votre maifon à Savannah. — Croyez-moi, envoyez tous vos effets, & venez vous-même à bord de mon vaiffeau : vous en avez le tems ; car l'armée ne levera l'ancre qu'à la pointe du jour. — Vous refterez tous avec moi jufqu'à ce que les Américains aient évacué la ville ; alors vous irez habiter votre maifon en paix, où je ferai conduire tous vos effets. — Vous devez cette démarche à la fûreté & à la tranquillité de votre femme & de vos enfans, ainfi qu'à la préfervation des effets que vos amis vous ont confiés. — Je ne vous demande rien pour votre paffage ; c'eft l'amitié feule qui m'infpire ce projet. — Mon cher Capitaine, je vous remercie de votre propofition : je vais confulter ma femme.

— Elle la faifit avec plus d'avidité encore que fon mari ; elle craignoit d'être expofée au pillage & à la cruauté des Traîneurs, qu'elle connoiffoit pour être des gens d'Augufta, auffi barbares que les Sauvages mêmes. — Tout fut promptement emballé & envoyé à bord, argenterie, meubles, bureaux,

&c. On y transporta ensuite les lits, les gros meubles & les provisions. — N'avez-vous donc plus rien à envoyer à bord, dit le Capitaine au Ministre ? — Non, lui répondit-il ; je n'ai plus à terre que ma femme, mes enfans & quelques esclaves. — Eh bien, allez les chercher. — Il parla à l'oreille de celui qui commandoit la Pinasse : dès que le Ministre eut débarqué, il courut dans l'obscurité vers sa maison, à la porte de laquelle toute sa famille l'attendoit. Le Lieutenant lui avoit promis d'allumer un petit feu ; mais ce feu ne parut point pour diriger son retour : long-tems ils errèrent sur le rivage sans rien entendre & rien appercevoir ; ils appelèrent le Capitaine, mais ils l'appelèrent en vain. Tourmenté par les plus noires inquiétudes, il revint à sa maison, retourna au rivage jusqu'à ce que l'aube du jour naissant lui découvrît enfin l'horrible perfidie du Capitaine qui, dès que la Pinasse fut revenue à bord, suivant les ordres qu'il avoit donnés, hissa ses voiles & s'en fut, sous prétexte de donner chasse à un petit Corsaire Américain, laissant cette infortunée famille dénuée de toute ressource.

C'est aux Patriotes de la Géorgie à nous raconter, s'ils le peuvent, les détails horribles de férocité, d'acharnement & de pillage auxquels elle a été exposée. La plus jeune & la plus foible des quatorze Provinces a essuyé les plus grands désastres, & a été le théâtre des passions les plus funestes à ses Habitans. Ces Citoyens, au milieu de tant de fléaux, ont montré une constance, une fermeté, un héroïsme dont les détails deviendront un jour les morceaux les plus intéressans de cette révolution.

Plaignons ensemble ce trop crédule Ministre; détestons ensemble ce Capitaine, qui a trahi d'une manière si révoltante les premiers droits de l'humanité, ce perfide ami, plus cruel qu'un ennemi. Ah! si la mort s'approche de lui à pas lents, que de remords n'éprouvera-t-il pas! il sera alors condamné à faire des réflexions cent fois plus cuisantes que celles de l'infortuné Ministre, au moment où, seul avec sa femme & ses enfans, il se trouve dénué de toute ressource sous le même toit qui, peu auparavant, contenoit les richesses & l'abondance. ST. JOHN.

CIRCONSTANCES

Dans lesquelles s'est trouvé l'Auteur pendant son séjour à New-Yorck, où il étoit venu par la permission des Généraux Washington & Clinton, avec le dessein de s'y embarquer pour l'Europe.

Votre amitié, mon cher ami, ne vous séduit-elle pas ? Quel intérêt pouvez-vous prendre à des détails mélancoliques & lugubres, qui ne peuvent ni vous amuser, ni vous instruire ? — Vous exigez de moi un tribut infiniment affligeant. — Je voudrois, au contraire, oublier toutes ces scènes douloureuses, & ne m'occuper aujourd'hui que de l'évènement le plus utile, le plus consolant qui soit jamais arrivé à l'espèce humaine ; je voudrois, au contraire, oublier tous mes chagrins & me repaître de la joie universelle, qui bientôt va remplir tous les cœurs Américains. — Que ne m'imposez-vous, au contraire, la tâche de planter quelques *saules pleureurs* (1) sur les tombes, & d'élever quelques foibles trophées aux mânes de nos braves compatriotes, dont le sang va cimenter notre élévation au rang des Nations ; que ne

───────────

(1) Weeping Willows.

m'imposez-vous celle de chanter enfin, sur mon simple chalumeau, les louanges du généreux Souverain qui, par l'impulsion de ses forces, & l'énergie de ses conseils, a fixé notre indépendance, & nous a aidé à repousser le joug de notre cruelle métropole. — Vous savez que mes souffrances & mes chagrins n'ont rien ajouté au développement, & n'ont point accéléré le progrès de cette consolante révolution, quoiqu'ils en aient été la conséquence. — C'est dans l'Histoire de nos Chefs & de nos Législateurs qu'on rencontre mille Anecdotes touchantes & instructives. Ah, que n'ai-je le talent de les recueillir ! — Mais encore, si votre amitié pouvoit ajouter quelques nuances intéressantes, quelque dégré d'importance aux circonstances dans lesquelles je me suis trouvé, votre désir auroit quelque prétexte. — J'ai à vous retracer l'image des douleurs d'un Père, plus encore que celui de mes propres malheurs. — Vos larmes compatissantes, le consolant unisson de votre ame, qui eussent été pour moi, dans ces momens amers, le baume le plus précieux, seroient aujourd'hui d'une heureuse inutilité. — Ne vaudroit-il donc pas mieux réserver les trésors de votre amitié, le parfum de vos bontés, pour m'aider à dissiper ce goût, cette aptitude à la mélancolie que j'ai contracté pendant le cours de cette guerre ? — J'obéis, puisque vous l'exigez ; mais ce sera la dernière histoire malheureuse que je vous raconterai: Aussi-tôt que j'arriverai sous votre toit, je ne m'y occuperai que de chanter notre liberté naissante, les approches de le paix.

J'obtins aisément du Major-Général Mac Dougal, la permission d'entrer dans les lignes Britanniques, après lui avoir communiqué, ainsi qu'au Général Washington, les raisons qui m'obligeoient de visiter l'Europe, & de m'embarquer à New-Yorck. — Je le trouvai en compagnie avec sa femme, occupé à soigner des tranches de bœuf sur le gril, que je partageai avec lui. — Ce fut le repas le plus philosophique & le plus instructif, à plusieurs égards, que j'eusse fait depuis six mois. — Il emploie son tems à étudier le grand art de la Guerre, le caractère des hommes auxquels il commande, & à s'éclairer par la lecture. Il n'y a pas un Américain qui ne sache que ce Citoyen Général est le Catinat de notre Hémisphère.

J'emmenai avec moi un enfant de huit ans: il portoit l'étendart parlementaire; & toutes les fois que je rencontrois quelque Parti en armes, je l'envoyois en avant avec nos papiers: déjà je m'apperçus qu'il me serviroit d'ami & de compagnon. Après avoir passé quelque tems à New-Yorck, je me préparois à m'embarquer sur une flotte destinée pour l'Angleterre, lorsque l'arrivée de l'escadre Françoise à l'Isle de Rhodes occasionna un embargo général. — Peu de jours après, je reçus une lettre de J. R., Secrétaire du Major Général J. P., Commandant de la Ville, m'informant que ce Général désiroit me voir le lendemain à onze heures. — Dès que je fus entré dans son appartement : — « J'ai ordre, me dit-il, du Comman- » dant en Chef, J. H. C., de vous envoyer en » prison ». — Oserai-je demander à Votre Excellence, lui dis-je, quelles peuvent en être les raisons ? car vous savez, sans doute, que je suis entré dans les lignes Britanniques avec son consentement & avec le seul dessein de profiter de la première flotte destinée pour la Grande Bretagne. — Je l'ignore, me répondit-il ; mais il faut obéir. — Capitaine A., conduisez cet homme au Prévôt. — Quoique j'obtins aisément la liberté du rez-de-chaussée, qui n'étoit habité que par Cunningham & ses Députés (a), je ne tardai pas cependant à sentir qu'un cachot obscur eût été une habitation moins affligeante. Ah! mon ami, j'étois au centre de la captivité, des châtimens journaliers, & des malheurs de toutes espèces : à peine se passoit-il un jour sans quelque flagellation horrible, dont je ne pouvois m'empêcher d'entendre les coups déchirans, ainsi que les gémissemens qu'ils causoient. Je ne pouvois souvent me refuser aux supplications de certains Soldats malheureux, qui me prioient de laver leurs épaules ensanglantées avec du lait-debeurre, & de les couvrir ensuite avec des feuilles de poke weed. — Quelle situation pour un homme comme moi, qui toute sa vie avoit vécu au sein de la paix & de la tranquillité champêtre, à la vue de toutes ces horreurs & de tous ces maux! Je devins subitement Manichéen; je crus voir dans l'homme un degré de perversité dont je ne m'étois jamais douté. Ah! quel tableau je me fis de la Nature humaine! quelles questions impies j'osai adresser au grand Créateur, lorsque je considérai la société comme un assemblage de lions déchaînés sur la partie la plus foible, quoique la plus nombreuse! Pourquoi tant de maux, de malheurs & de crimes sur un théâtre, où l'homme ne doit paroître que pour si peu de tems?

— Je couchois dans une cave au milieu des rats, cent fois plus heureux que les misérables humains dont ils venoient enlever les provisions : ce triste & infecte appartement auroit pu cependant, par la force de l'habitude, devenir un lieu de repos; mais il n'étoit divisé que par une foible muraille du gouffre général des misères humaines, du Tartare, où les derniers & les plus malheureux des hommes étoient enfermés. Les uns déjà condamnés, y attendoient le moment de leur exécution; les autres, leurs dernières Sentences. — Comment le doux sommeil auroit-il pu venir me fermer les yeux ? lui qui ne visite que les retraites du silence, qui ne répand ses pavots que sur les esprits calmes & tranquilles? Comme si les jours n'étoient pas assez longs pour mon supplice, j'étois condamné, par la plus cruelle infomnie, à entendre les conversations de mes infortunés voisins. — Quel singulier mélange de tons plaintifs & lugubres, de profonds soupirs, de gémissemens aigus, de repentirs inutiles, d'imprécations & de blasphêmes !

Voulez-vous descendre avec moi dans les souterrains, me demanda un jour * *, premier Sergent? Je vais y porter une livre de pain & une bouteille d'eau à un Prisonnier Américain. — Qu'a-t-il donc fait ? lui dis-je. — Point de questions. — Je le suis. — Bientôt nous entrons dans un appartement obscur comme l'ancien cahos, humide & infect: à peine la porte fut-elle ouverte, qu'à l'aide de la chandelle que je portois, j'apperçus sur un petit monceau de paille, un spectre pâle & décharné, enchaîné par les pieds & les mains ; il s'avança à pas lents vers nous, supportant ses dernières entraves à l'aide de son mouchoir ; il n'avoit pour tout vêtement qu'une chemise rayée & des culottes longues. — C'étoit un jeune homme de vingt-cinq ans (*b*), habitant du nouveau Jessey (*c*). — « Pour l'amour de Dieu, dit-il au Ser-
» gent, donnez-moi un peu de viande; je suis si

» foible. — J'ai des ordres exprès de ne vous en
» point donner. — Le Général veut donc que je
» meure ici ? — Les rats emportent toutes les
» nuits le peu que vous me donnez, malgré tous
» mes soins : je ne puis cacher mon pain, que
» dans la paille sur laquelle je couche; ils m'en
» punissent en me mordant, & en emportant dans
» leurs trous & ma paille & mon pain. Quelle
» destinée pour un Prisonnier de guerre ! comment
» me traiteroit-on, si j'étois criminel ? — Vous
» l'êtes, sans doute, puisqu'on vous traite ainsi.
» — Ah ! Sergent **, ne savez-vous pas qu'il y a
» (à ce que je crois) onze semaines que je gémis
» dans ce cachot obscur ; encore si j'y avois seule-
» ment un seul rayon de lumière, elle me console-
» roit; mais la solitude, les ténèbres & ces fers ! —
» L'Etre Suprême ne me prendra-t-il donc pas
» dans son repos » ? — Cette triste visite déchira
mon ame, déjà trop sensible aux malheurs, me
fit faire cent réflexions, & força mille soupirs inutiles.

« — Tranquillisez-vous », me dit le lendemain
**, (ce digne ami, dans l'énergique amitié du-
quel j'avois tant de confiance) ; « — je ne puis
» revenir vous voir, crainte d'être soupçonné moi-
» même ; comptez que je ne négligerai rien pour
» obtenir votre liberté : ne m'écrivez point, quand
» même vous le pourriez ».

— Quelque jours après, trois perfonnes, dont je connoiffois la fecrète perfidie, & qui (comme grands Royaliftes), fe croyoient autorifés de faire à leurs Antagoniftes tout le mal poffible, vinrent me vifiter, fous prétexte de me plaindre, & de m'offrir leurs bourfes : les traîtres ! ils n'avoient d'autre deffein que de me mortifier & de m'affliger, par le récit de ce que la malignité publique difoit déjà fur mon compte. « — Quelque hu-
» manité que puiffent montrer nos Confeils de
» Guerre, fi toutes ces allégations font prouvées,
» me dirent-ils, vous courez grand rifque de per-
» dre la vie. — Je ferai examiné, j'efpère, devant
» votre Cour d'Enquête ; & s'il y exifte la plus
» foible étincelle de juftice, Dieu & mon inno-
» cence me donneront la force de me défendre &
» les moyens de l'obtenir. — Mais ne favez-vous
» pas que les Prifonniers n'ont point le droit de
» parler ? vous ne pouvez vous expliquer que par
» l'organe d'un Avocat ; & où en trouverez-vous
» un qui veuille entreprendre votre caufe ? — Et
» pourquoi n'en trouverai je pas auffi-bien que les
» autres ? — Parce qu'il faut être Rebelle dans
» l'ame & avoir bien de la témérité pour ofer,
» dans les lignes Britanniques, défendre un
» homme accufé, comme vous l'êtes, d'avoir cor-
» refpondu avec le Général Washington, d'avoir
» fait le plan du Havre, d'avoir perfuadé à une

» certaine Perſonne de prendre le ſerment de fidé-
» lité requis par le nouveau Gouvernement de
» l'Etat de ***.

Malgré l'intime perſuaſion de mon innocence, malgré ce ſentiment qui ſouvent eſt la ſeule conſolation des malheureux, je ne rêvai, pendant pluſieurs nuits, qu'à l'appareil de la potence & de la corde ; je fis même pluſieurs eſſais pour pouvoir m'aſſurer de la douleur & de l'effet. —
« Quoi ! faut-il donc que je périſſe injuſtement
» par le châtiment des voleurs & des aſſaſſins, me
» dis-je, après avoir mené une vie honnête, in-
» duſtrieuſe & utile ? — Que deviendront ceux
» que je laiſſerai derrière moi ? ils ſupporteront la
» honte d'une ignominie qu'ils ne méritent pas.
» Que deviendra ce pauvre enfant, actuellement
» ſi éloigné du toit paternel, & dont je me pro-
» mettois tant de joie en Europe » ? — Il vivoit
ſur l'Iſle-Longue, dans le voiſinage d'une école :
— je me flattois qu'il ignoroit le triſte ſort de
ſon père ; mais des ames cruelles, telles qu'en
produiſent les guerres civiles, l'en avoient déjà
inſtruit, & lui avoient même déjà annoncé que
ſon père ſeroit bientôt pendu. Ce pauvre enfant
m'écrivit une lettre que je conſerve encore, &
que mes cruels Gardes ne me laiſſèrent parvenir,
que parce qu'ils ſavoient qu'elle me déchiroit le
cœur. — « Ah ! mon père, qu'as-tu donc fait,

» pour que les Anglois te faſſent mourir ? — Eſt-ce
» que je ne te reverrai plus jamais, jamais ? — Ils
» me diſent que tout le monde me haïra quand
« tu ſeras mort ; ne vaudroit-il pas mieux qu'*Ally*
» mourût auſſi » ?

Il ne me fut pas permis de lui écrire : que n'au-rois-je pas donné pour obtenir cette liberté ! mes maux en devinrent plus aigus, plus inſupporta-bles, & la réponſe que je déſirois lui faire, s'éva-pora en ſanglots douloureux.

— Excédé de fatigues, plus cruelles que le tra-vail le plus pénible, ſans ſommeil, ſans appétit, irrité par l'injuſtice de ma détention, en bute aux ſarcaſmes groſſiers du Tyran ſous la verge duquel j'étois, je réſolus enfin de préférer une priſon plus étroite, à l'inutile liberté du rez-de-chauſſée. — Pour cet effet, je m'adreſſai un matin à Cunning-ham, lui diſant : « Pourriez-vous m'accorder une
» faveur qui n'a nulle conſéquence ? — Ce mot,
» répondit-il, n'eſt pas dans ma commiſſion :
» que voulez-vous ? — Je deſire d'être enfermé en
» haut dans la chambre bourgeoiſe. — Si ce n'eſt
» que cela, je puis le faire pour vous obliger ».
— Les portes s'ouvrent, je monte, j'entre dans la galerie d'en haut. — Elle étoit remplie d'un grand nombre de Priſonniers, que les malheurs, la fata-lité, les ſoupçons, le vol & la déſertion y avoient conduits. — Le ſentiment de la honte s'empara de

mon ame, quand je me trouvai, pour la première
fois de ma vie, confondu avec cette claſſe d'hommes ; enfin, après avoir évité & répondu à mille
queſtions impertinentes & douloureuſes, je me
retirai dans la chambre qui m'avoit été indiquée;
j'y trouvai, comme je m'y attendois, ſept Perſonnes, reſpectables par leurs fortunes, leur éducation, & même par leurs malheurs. — La tendre
compaſſion étoit peinte ſur leurs viſages : — ils
ne me parlèrent que lorſqu'ils virent l'embarras &
la confuſion du premier moment un peu diſſipée.
« — Vous avez bien fait, me dirent-ils avec
» bonté, de venir parmi nous ; nous déſirons bien
» ſincèrement que notre ſociété puiſſe alléger vos
» peines, telles qu'elles puiſſent être ; nous avons
» les nôtres auſſi, dont les détails ne ſeront pas la
» plus foible de vos conſolations. Il faut beau-
» coup de Philoſophie pour ſoutenir l'injuſtice &
» la ſolitude : vous ne trouverez parmi nous que
» des victimes de la guerre & pas un coupable.
» — J'avois prévu, leur dis-je, toutes vos bon-
» tés & votre hoſpitalité : je ne ſais ſur quoi ce
» preſſentiment étoit fondé ; mais j'étois morale-
» ment ſûr que je mènerois parmi vous une vie
» beaucoup moins triſte & moins malheureuſe
» qu'au rez-de-chauſſée ». En effet, je ne tardai
pas à reſſentir que leur converſation & leur ſociété
me procuroient un peu d'appétit : je dormois mieux ;

car je n'entendois plus la voix des malheureux; & les seuls ennemis nocturnes (*d*), contre lesquels j'avois à combattre, étoient bien moins formidables que ceux qui ravageoient les prisons d'en-bas. — Un jour respirant le frais aux barreaux d'une de nos fenêtres : « — Voyez-vous bien cette Plan-
» tation de maïs ? me dit *Nathaniel Fitz Randol-*
» *phe*, un des Prisonniers de notre chambrée ;
» deux fois je l'ai vu planter depuis que je suis
» sous ce misérable toit. — Qu'avez-vous donc
» fait, lui demandai-je ? — J'ai servi notre Patrie
» avec zèle dans bien des occasions. — *Jacques*
» *Rivington* (*e*), je ne sais pourquoi, m'a souvent
» distingué, dans les Gazettes Angloises, sous le
» nom de fameux Partisan. — Je me défendis un
» jour seul & à pied, dans un champ, contre deux
» Dragons Anglois bien montés, quoique je
» n'eusse pour toute défense que mon fusil ; aussi
» m'en a-t-il coûté cher (*f*). — A l'aide de cette
» arme, je parai tous leurs coups, excepté deux,
» qui m'atteignirent & me couvrirent de sang :
» malgré leurs efforts, je me retirai insensible-
» ment vers la palissade voisine (*g*), par-dessus la-
» quelle je sautai : obligés de reculer, pour la faire
» franchir à leurs chevaux, ils me procurèrent heu-
» reusement l'avantage de les devancer & de m'en-
» fuir dans les bois voisins. — Ma longue résis-
» tance fut mise dans les Gazettes, & a déplu,

» sans

» fans doute, au Quartier-Général ; car les Réfu-
» giés m'ayant lâchement furpris dans mon lit
» deux mois après, on m'a refufé ma parole fur
» l'Ifle-Longue, & voilà bientôt quatorze mois
» que je péris d'ennui dans ce féjour de mifère. —
» Ah ! je leur permets de me mettre aux fers, fi
» jamais ils me rattrapent en vie (*h*) ! — Prenez
» patience comme je le fais, mon cher Compa-
» gnon, lui dit le Révérend Jean *Mather*, *Curé de*
» *Greenwich* (*i*). Je n'ai qu'un feul fentiment qui
» me confole, puiffe-t-il devenir celui de tous
» ceux qui fouffrent pour la caufe de la liberté !
» — Quel eft donc ce fentiment dont vous par-
» lez, lui demanda Nathaniel Fitz Randolphe ?
» — L'efpoir du fuccès, dit-il. — Il ne fe peut.
» que la Providence nous deftine à être les efcla-
» ves de la Grande-Bretagne. — Comment fe
» peut-il faire que vous foyez Prifonnier, lui de-
» mandai-je, étant Prêtre & avancé en âge ? —
» Les Réfugiés prennent tout, comme vous le
» favez, & ce gouffre abforbe tout : j'avois été
» repréfenté au Quartier-Général comme un Fa-
» natique & un Séditieux du premier ordre, parce
» que tous les Dimanches j'allois à mon Eglife
» armé de mon fufil & de ma bayonnette. *Jacques*
» *Riwington* a même égayé le Public à mes dé-
» pens ; il a annoncé maintes chofes plaifantes fur
» mon compte, moi pauvre & fimple Prêtre de

Tome I. C c

« Connecticut (*k*) : il a dit que ma chaire étoit
« un tambour ecclésiastique, & où je faisois des
« Recrues pour l'armée du Général Washington.
« Il n'en falloit pas davantage pour animer la vin-
« dicative animosité des Réfugiés (*l*). — Non
« contens de m'avoir saisi dans mon lit à côté de
« ma femme, ainsi que mes deux garçons, ils
« pillèrent entièrement ma maison, & laissèrent
« le reste de ma famille dans la plus grande dé-
« tresse; ils me vêtirent ensuite d'un sarrau, avant
« de me conduire au Quartier-Général : ils m'ont
« cruellement séparé de mes pauvres enfans, qui
« sont actuellement prisonniers dans la maison à
« sucre (*m*). Malgré tout cela, je suis tranquille ;
« je mange & dors passablement. — La haute con-
« fiance, inspirée par la bonne cause & la certi-
« tude morale du succès, me fait supporter tous
« mes maux avec patience & résignation. — Par
« quelle raison alliez-vous à l'Eglise armé ? — Par
« obéissance à une Loi de la Province, passée il y
« a plus de cent ans, qui ordonne sous de grosses
« amendes, à tous les Ministres, ainsi qu'à leurs
« Paroissiens, de ne jamais aller à l'Eglise sans
« leurs fusils. — Quel pouvoit être le but de cette
« Loi ? — Celui de s'opposer aux incursions des
« Sauvages, qui saisissoient ce jour-là pour dé-
« truire nos jeunes établissemens (*n*) : — plusieurs
« Congrégations d'hommes, de femmes & d'en-

» fans ont été maſſacrées avant la promulgation
» de cette ſage Loi ».

Quelques jours après, j'appris, je ne ſais comment, que mon enfant étoit malade ; mais telle étoit la dureté de mes ſurveillans, que je ne pus jamais m'informer d'aucuns détails. — L'incertitude de ſon ſort redoubla mes inquiétudes & mes alarmes. — Je retombai dans ma première mélancolie : la ſociété de mes nouveaux amis perdit ſoudainement tous ſes charmes. — Un jour le Grand-Prévôt m'apporta un billet ouvert : hélas ! il n'eut cette fatale complaiſance, que parce qu'il m'annonçoit les plus triſtes nouvelles. — Je m'en doutois ; car mon cœur palpita involontairement en l'ouvrant. — P. H., la fille de ſon hôte, m'apprenoit la mort de ſon père ; que la fièvre de mon enfant étoit très-augmentée, & qu'elle me prioit de lui trouver une autre penſion, &c. —

Ce fut alors que la fureur de l'impatience s'empara de mon ame ; j'aurois ſacrifié des années de liberté au plaiſir d'aller voir cet enfant. Mon cœur devint la proie des ſenſations les plus cuiſantes ; je me le repréſentai malade & peu ſoigné ; lui qui, toute ſa vie, m'avoit vu prévenir tous ſes beſoins. Son image m'accompagnoit par-tout, me diſant : — » Mon père, je te demandes, &
» tu ne viens pas ! je t'appelles, & tu ne réponds
» pas ! où es-tu donc ? « Mais il faut être père,

pour concevoir toute l'étendue de mes souffrances. La Nature cache soigneusement à ceux auxquels elle n'a point donné d'enfans, ces liaisons intimes, cette puissante sympathie qui, souvent, nous fait préférer leur vie & leur bonheur aux nôtres.

Quelle ressource me restoit-il donc ? Aucune. — Je ne pouvois implorer la clémence de personne; des Geoliers n'entendent point ses accens, & mes compagnons étoient aussi malheureux que moi. — Que n'aurais-je pas donné alors pour être seul, & me repaître à loisir des idées lugubres que me fournissoit mon imagination ! — Mon cœur étoit pris à se rompre : je me rappelle encore les douleurs aiguës que j'y ressentis, & je ne pouvois pleurer. — J'accusois ma destinée, j'accusois la Providence, qui, par-tout, fait prospérer les grands coupables, & par-tout soumet la justice & la vertu aux caprices du pouvoir & de la force. — Je ne pouvois concevoir pourquoi elle me persécutoit, moi, simple Colon, qui, toute ma vie, avoit cultivé ma plantation avec industrie, & chéri ma famille avec tendresse. — Ce fut alors que je considérai la vie comme un présent fatal & inutile; la mort, comme la porte de l'émancipation, comme un doux repos, comme l'ombre d'un grand arbre sous un ciel brûlant. Mais puis-je vous peindre tous les égaremens d'un esprit irrité ? — La nuit de ce jour fut une des plus longues & des plus cruelles que j'eusse encore passée. — J'eus recours à un nouvel expédient : je pris trois grains d'opium ; & j'en aurois pris davantage, si mes compagnons ne m'en eussent empêché. — Le croirez-vous ? la fièvre de mon ame, l'amertume dont j'étois pénétré, produisirent un effet supérieur au pouvoir soporifique & illusoire de ce narcotique. — Rien ne put me calmer. — J'errai çà & là pendant cette nuit éternelle : l'effervescence de mon agitation tint mes compagnons éveillés jusqu'à l'aube du jour. — Plus d'une fois je fus tenté...; mais l'amour de mes enfans... Ah ! sans cette puissante attraction, sans ce motif irrésistible... Peut-être leur devez-vous votre ami...; — peut-être leur dois-je le plaisir d'avoir survécu à cette guerre cruelle, & celui de contempler l'aurore de cette nouvelle & grande époque. — Je tremble encore, & suis encore agité, lorsque je me rappelle les convulsions & les différens degrés de frénésie qui rendirent cette nuit la plus terrible & la plus longue que j'eusse encore vue. — Hélas ! pourquoi les aîles du tems semblent-elles s'appésantir pour prolonger les peines des malheureux, & pourquoi, au contraire, redoublent-elles leur vélocité pour abréger la joie des heureux ? — Dès que le jour parut, j'avalai un grand verre d'eau-de-vie, remède vulgaire dont je n'avois ja-

mais essayé. — Mes compagnons en furent étonnés ; l'extrême rigidité de mes nerfs en prévint entièrement l'effet, & le retour de la lumière n'apporta aucun changement à ma situation ; je touchois au moment de la folie, du délire même : mes amis me forcèrent sur mon lit. — La Nature, qui veilloit encore à ma préservation, diminua enfin la corrosive acrimonie de mon angoisse, par une abondante rosée de larmes ; je pleurai amèrement pendant long-tems : précieux élixir, remède adoucissant que je ne connoissois pas encore ; car depuis mon enfance, je n'avois point essuyé de malheurs qui pussent exiger des larmes. Le Capitaine *Brown*, vénérable vieillard, prisonnier depuis neuf mois, s'approcha de mon lit lorsqu'il me vit plus calme. — ″ Qu'avez-vous donc, mon
″ ami, me dit-il ? rien ne peut-il vous conso-
″ ler ? voici de l'or ; disposez-en comme du vôtre.
″ — Gardez votre or, lui dis-je ; je n'ai besoin
″ que des trésors de votre amitié & des ressources
″ de vos conseils. — Ouvrez-moi donc votre ame,
″ continua-t-il, & parlez-moi comme si j'étois
″ votre père. — Ignorez-vous l'état où est mon
″ enfant, lui dis-je ? dans ce moment même,
″ peut-être m'appelle-t-il, s'il vit encore, & je
″ ne puis y aller : que n'a-t-il pas souffert depuis
″ la mort de son hôte, qui étoit son ami & le
″ mien ! ses héritiers craignent sans doute de

» perdre leur argent, parce que je suis prifon-
» nier. Que puis-je faire, dites-moi, je vous en
» fupplie, mon bon père, arrêté comme je le
» fuis par ces maudites murailles, détenu par ces
» barres éternelles? — Il n'y a rien qu'on ne puiſſe
» obtenir ici avec de l'argent, excepté la liberté;
» j'ai acquis un certain crédit avec Cunningham,
» auquel je fais des préſens de tems à autres:
» que défirez - vous? — Que défirai - je? quoi!
» vous êtes père, & vous me faites une pareille
» queſtion? Je défire de tous les pouvoirs de mon
» ame, que cet enfant ſoit tranſporté ici, quels
» que puiſſent en être les dépenſes; que je le
» voie, que je l'embraſſe; qu'il n'emporte pas
» dans la tombe l'idée que ſon père ait pu, ou
» l'oublier, ou l'abandonner; s'il doit mourir, qu'il
» expire dans mes bras; ſi, au contraire, nous pou-
» vons le guérir, fera-t-il bien à plaindre de reſter
» priſonnier avec nous, puiſqu'il rendra la capti-
» vité de ſon pauvre père beaucoup plus légère?
» — Hé bien, tranquilliſez-vous; vos ſouhaits fe-
» ront aiſément accomplis; il ſera ici dans qua-
» rante-huit heures: j'ai un neveu dans la Ville,
» auquel je vais envoyer les ordres les plus pré-
» cis; comptez ſur mon zèle & ſur ſon exactitude.
» — Ah! mon cher Capitaine, lui dis-je, en le
» ſerrant dans mes bras, avec toute l'énergie de
» la reconnoiſſance! que vous ai-je donc fait?

» quel motif peut vous pousser ainsi à vous in-
» téresser si vivement à mon sort? vous m'aimez
» donc, mon cher Capitaine, moi qui ne vous
» connois que depuis si peu de tems? — Vos
» titres à mon amitié & au vif intérêt que je
» prends à vous, ne sont que trop suffisans;
» c'est une dette que nous nous devons tous. —
» N'êtes-vous pas encore plus malheureux que
» moi, qui, hélas ! n'ai plus d'enfans; ils ont
» tous été tués dans la première campagne; je
» me suis consolé de leur perte, en me disant:
» Si tu étois trop vieux pour défendre ta Patrie,
» les tiens se sont présentés à ta place, & n'ont
» pas fui. — Ne sommes-nous pas compagnons
» de captivité? ne souffrons-nous pas pour la
» même cause? — nous sommes donc frères?
» — Vous n'êtes pas la première personne que
» j'aie assistée depuis mon séjour sous ce toit;
» c'est le seul bien que j'ai pu faire à notre Patrie
» déchirée par ces maudits Bretons. —

» Rendez-moi mon enfant, & je vous ap-
» pellerai, & nous vous appellerons père toute
» notre vie. Je jure, devant vous & à la face du
» Ciel, de conserver aussi long-tems que je vi-
» vrai, le ressouvenir de cette généreuse action :
» je jure que mon affection, mon respect, feront,
» dès ce moment, le garant de ma reconnois-
» sance. — Je remplace dès aujourd'hui un des

» fils que vous avez perdu, & demain celui d'un
» des vôtres. «

A peine ce vénérable vieillard avoit-il rappelé dans mon ame quelque degré de calme & de sérénité, que Cunningham amena, dans notre chambre, un prisonnier ; — c'étoit vers les dix heures du matin : — il étoit pâle, confus & si agité, qu'à peine pouvoit-il marcher. — Ces nuances ne m'étonnèrent point. — Par égard pour ce nouveau venu, personne ne le regarda, ni même ne lui parla : c'est le compliment le plus agréable qu'on puisse offrir à un homme malheureux dans les premiers momens de son arrivée. — Nous nous promenâmes tous les deux, en sens contraire, dans le plus parfait silence, jusqu'au moment du dîner : dès qu'il fut servi, je m'empressai de lui demander s'il ne vouloit point manger quelque chose ? — » Rien
» du tout, me répondit-il ; on est long-tems sans
» avoir ni faim, ni soif, quand on entre dans une
» maison comme celle-ci, « & il continua de marcher. — Dès que j'eus mangé quelques bouchées, (car je ne me repaissois que pour exister) je le rejoignis. — » Vous ne mangez guère vous-même,
» me dit-il ? — Ah ! Monsieur ! j'ai dernièrement
» fait un repas dont l'amertume n'est pas encore
» passée. — Combien y a-t-il donc que vous êtes
» ici, me demanda-t-il ? — Neuf semaines, lui
» dis-je. — Comment ! neuf semaines, & vous

» ne mangez pas encore ? vous n'êtes pas con-
» damné, j'espère ? — Non, lui dis-je ; je ne suis
» pas même encore jugé : d'ailleurs, ce n'est pas
» l'effet de mes propres malheurs qui m'ôte l'ap-
» pétit. — Qu'avez-vous donc, continua-t-il ? —
» Ce que j'aurois à vous dire, ne pourroit vous
» intéresser. — Et pourquoi non ? dites-moi au
» moins quelles sont les raisons de votre déten-
» tion ? — Je les ignore, lui répondis-je ; & les
» vôtres, Monsieur ? — Je les ignore aussi ; mais
« je suis moralement sûr que c'est une méprise ;
» je ne sache pas avoir rien commis, ni même
» pensé contre le Gouvernement ; je suis retiré
» des affaires depuis deux ans, & cultive la terre
» de M.**, aux portes d'Enfer (*o*), que ce même
» Gouvernement m'a donnée. — Dieu veuille,
» lui dis-je, que vous obteniez votre liberté dans
» peu ! j'ai vécu assez long-tems sous ce toit, pour
» savoir qu'il est beaucoup plus aisé d'y entrer,
» que d'en sortir : on y est envoyé sans nulle
» forme, sur un soupçon, une lettre anonyme,
» sur l'information d'un délateur, d'un mensonge.
» Les Généraux Anglois ne connoissent d'autres
» remèdes que la prison & les fers ; semblables
» à de certains Gouvernemens ultramarins dont
» j'ai entendu parler. Pour en sortir, au contraire,
» il faut attendre votre tour ; puis être examiné
» par la Cour des Enquêtes, & finalement jugé

» par leurs Conseils de Guerre, quand Messieurs
» les Officiers en ont le tems. « — Il me pressa
tant de lui raconter la cause de mon chagrin, que
je l'informai enfin de toutes les circonstances de
ma situation. — » Consolez-vous, me dit-il, aussi-
» tôt que je serai de retour chez moi, j'enverrai
» mon nègre chercher votre enfant; comptez que
» ma femme, qui est naturellement bonne &
» compatissante, en aura soin comme des nôtres.
» — Quoi, lui dis-je ! vous êtes marié ? vous êtes
» père ? Ah ! vous participerez, j'en suis sûr, &
» vous allégerez mes peines ! — Il est donc encore
» des ames vertueuses & humaines ? la férocité
» de cette cruelle guerre n'a donc pas encore con-
» verti tous les hommes en tigres ? Qui êtes-vous,
» lui demandai-je ? êtes-vous Anglois ou Améri-
» cain ? cette terre vous a vu naître, j'en suis
» sûr, puisque vous plaignez mon sort. — Je
» suis Anglois, me répondit-il; ils ne sont pas
» tous dégénérés comme ceux sous la verge des-
» quels nous gémissons. — Quoi ! vous êtes An-
» glois, & devenez un génie tutélaire envoyé à
» mon secours dans le moment de ma plus grande
» détresse ! — Je ne suis qu'un homme & qu'un
» frère; si je puis vous être utile, je ne regret-
» terai point d'avoir été conduit ici. « — Il sortit
vers les quatre heures du même jour.

Peu avant que les portes de nos chambres fuſſent fermées, on m'appela à la grille de la priſon : c'étoit ce digne homme. — " Une ſimple
" erreur, me dit-il, a occaſionné mon empri-
" ſonnement, comme je me l'étois imaginé : ma
" femme a été au Quartier-Général, & a obtenu
" un éclairciſſement qui m'a épargné peut-être
" un mois de captivité. — Je me ſuis arrêté ici
" en paſſant, pour vous répéter & vous confir-
" mer mes promeſſes ; demain vous aurez des
" nouvelles de votre fils ; dès qu'il ſe portera
" mieux, je l'amènerai ici vous voir ; j'ai aſſez
" de crédit avec le Commandant, pour obtenir
" cette permiſſion. " — L'excès de ma reconnoiſſance étouffa mes expreſſions, & ſes accens s'éva-
nouirent ſur mes lèvres tremblantes ; à travers les
barreaux, je lui ſerrai les mains dans les miennes,
ſans pouvoir les baigner de mes larmes.

En effet, le lendemain, vers les cinq heures du
ſoir, le Nègre de M. *Henry Perry* (*q*) vint m'annoncer de ſa part l'arrivée de mon enfant ſous le
toit de ſon maître, & les remèdes qu'on ſe préparoit à lui donner, pour accélérer ſa guériſon. —
J'aurois embraſſé ce bon Nègre, comme mon
meilleur ami, ſi j'euſſe été en liberté. Quelles
queſtions ridicules ne lui fis-je pas ? " Dis-moi,
" mon ami, eſt-il bien vrai que tu l'as vu, ce

» cher enfant, & que tu lui as parlé ? Que t'a-t-il
» dit de son père ? — Il a pleuré dès que je lui en
ai fait mention. — Le même pinceau qui vient
de vous esquisser les douleurs de l'affliction, & la
frénésie du désespoir, peut-il peindre aussi les agitations convulsives, les différens mouvemens de
la joie que me procura cette heureuse nouvelle ? ce
fut un rayon de lumière qui soudainement éclaira
le cachot le plus obscur ; ce fut un baume qui,
spontanément, guérit la blessure la plus profonde
que j'aie jamais reçue : l'excès de ma joie pensa me
devenir funeste.

Pendant ce long intervale, mon digne ami travailloit secrétement à procurer mon jugement devant un Conseil de Guerre, ou mon élargissement
sur caution. — Mon innocence devint manifeste,
dès qu'on eut daigné prendre les informations nécessaires. — Le Général S. H. C. cependant ne
voulu point me laisser sortir sous moins de quatre
cautions de cinq cens guinées chacune (*q*) : c'étoit
un obstacle qui devoit inévitablement me retenir
en prison jusqu'à la fin de la Guerre. Cet ordre particulier annonçoit de sa part un soupçon qui inti-
midoit mes amis ; ils ne savoient que penser &
que faire. Pendant plus de quinze jours mon sort
fut incertain. J'étois informé de tout ce qui se
passoit, par le Capitaine *Huëtson*, Major de la

Ville, à l'humanité duquel je dois beaucoup : puisse la destinée qui se joue des hommes en les promenant sur ce théâtre, me procurer le plaisir de le rencontrer, & de le serrer dans mes bras. — Mon digne ami, que je n'ose nommer, obtint enfin, par son assiduité & son zèle, que je sortirois de prison sous deux cautions seulement. J'écrivis pour lors à un Hollandois, Colon de *Flat-Bush*, sur l'Isle-Longue, qui m'avoit peu auparavant fait proposer sa bourse, & voici une partie de la Lettre que mon digne ami écrivit au Commandant.

» Les plus foibles informations peuvent aisé-
» ment convaincre Votre Excellence de la for-
» tune que je possède ici ; je l'offre toute entière
» au Gouvernement, comme garant de l'inno-
» cence & de la bonne conduite de mon ami St.
» J. ; acceptez-moi donc comme la seule caution,
» ou du moins permettez-moi de supplier votre
» intercession près du Commandant en Chef, pour
» que, en considération de son innocence, & de
» la durée de sa détention, il veuille bien rétrac-
» ter l'ordre qu'il a donné, & n'en exiger que
» deux. — Si ce que je possède dans la Ville n'est
» pas suffisant, j'offre à Votre Excellence mon bon
» nom & ma réputation, &c. — Un pareil ami,
» dit le Commandant, n'est pas acheté trop cher

» par trois mois de prison. Major *Huetson*, allez
» au Grand-Prévôt, & informez M. *St. J.* de la
» Lettre que je viens de recevoir; dites-lui que j'en
» parlerai au Commandant en Chef. « — Cinq jours
après je sortis enfin sous deux cautions de cinq cens
guinées chacune; & au bienfait de m'avoir procuré la liberté, mon ami y ajouta encore la politesse d'être le premier qui en apporta l'ordre au
Geolier. — » Vous n'êtes plus mon prisonnier,
» vint me dire Cunningham : un ami, comme il en est peu, vous attend en bas; suivez-
» moi « — Jugez de l'effet de ces paroles. — Je
descends, je serre mon ami dans mes bras, il me
serre aussi dans les siens, & nos larmes suppléèrent à nos paroles : jamais discours ne fut plus
éloquent. Après avoir dîné avec mon bienfaiteur,
j'emprunte un cheval d'un autre ami non moins
zèlé, mais plus timide, & qui avoit craint qu'en
s'intéressant trop ouvertement à mon sort, il ne
le rendît plus sévère; je cours aux portes d'Enfer,
pour y embrasser aussi M. *Henry Perry*, & y revoir mon enfant, l'objet de tant de sollicitudes & de
palpitations. — La maison étoit remplie d'Officiers.
J'apperçois un domestique : — » je suis, lui dis-je,
» le père de l'enfant malade, que votre maître fit
» venir de Flushing, il y a quelques semaines;
» je voudrois éviter la compagnie qui dîne ici :

» conduisez-moi, je vous prie, à sa chambre. «
— Je le trouvai dans un violent accès de fièvre, les yeux égarés, il se lève à moitié. — » Ah ! mon
» père, est-ce toi ? — Que je te tâte : est-il bien
» vrai que c'est toi, toi-même, mon père ? — Et
il se mit à rire & à pleurer convulsivement. —
» Oui, c'est moi, lui dis-je, c'est moi-même ; c'est
» moi, ton pauvre père, qui n'est point, & qui
» n'a point été coupable, quoique injustement ac-
» cusé par une Lettre anonyme, & prisonnier
» pendant trois mois : nous ne nous séparerons
» plus, mon petit ami : nous vivrons ou nous
» mourrons ensemble. « Pendant plus d'une demi-heure, nous tînmes nos joues baignées de nos larmes, les unes sur les autres. Mais nulle description ne peut peindre une scène aussi touchante ; elle eut pour moi des charmes inexprimables : ce fut la fin de tous mes maux ; elle me procura le retour de la joie & de la santé. Tel en fut aussi l'effet sur les organes affoiblis de cet enfant, que la fièvre disparut & ne revint plus : — la présence de son père fit plus que neuf doses de quinquina qu'il avoit prises auparavant.

Je ne sais par quel hasard la compagnie fut informée de mon arrivée. — A peine nos premiers transports étoient-ils passés, qu'elle entra dans la chambre où nous étions, précédée du Maître & de

la

la Maîtresse de la maison, jeune, fraîche & jolie. — Ally (*r*) se trouvant déjà mieux, se lève, & les embrasse, disant : " Voilà mon père; vous me l'a- " viez bien dit. " — La faculté de penser, les accens de la voix même, me manquèrent dans ce moment imprévu. — Je ne pus que verser des larmes, serrant leurs mains dans les miennes, & les plaçant sur mon cœur. — Les Officiers, témoins de cette scène & instruits de mon histoire, en parurent attendris, quoique Anglois. — Nous devînmes les héros du jour : malgré mes supplications, l'enfant fut placé sur un sopha, à côté de moi, dans l'appartement où l'on dînoit ; mais enivré de la véritable joie d'un père, rassasié du somptueux festin que je venois de faire, je ne pus rien manger. — *M. & M^de Perry*, ajoutant encore à leur générosité inouie, m'offrirent l'asyle de leur toit, jusqu'au départ de la Flotte ; j'y restai près de quinze jours, & nous revînmes à New-York. — Je ne jouis pas plutôt de la liberté, que j'en employai les premiers momens à procurer au Capitaine *Brown*, (*s*) celle de retourner chez lui sur sa propre caution. Il seroit inutile de vous donner un détail des moyens extraordinaires dont je me servis ; il me fut cependant impossible de le voir, tant est jalouse & méfiante l'autorité de ces fiers Anglois. — Ce digne Vieillard, prétendant me devoir plus de reconnoiſſance que n'en méritoit mon zèle, voulut abſolument que je lui envoyaſſe mon enfant; juſqu'au départ de la Flotte; je lui obéis, quoique avec la plus grande réſiſtance, & ne tardai pas à m'en repentir. Comme ce bon Vieillard vivoit ſur le bord occidental de la rivière d'*Hudſon*, je fus accuſé de correſpondre avec les Rébelles; peu s'en fallut que je ne retournaſſe en priſon : — j'avois cependant eu la précaution d'envoyer mon enfant au Bureau de la Police, pour obtenir la permiſſion de quitter les lignes Britanniques. — Peu de jours après, un parti de Soldats Anglois, peints en noir, ſachant que le Capitaine *Brown* étoit revenu chez lui, & qu'il étoit riche, enfoncèrent ſa porte pendant la nuit, enlevèrent ce qu'il avoit de plus précieux; & parce que ce brave Vieillard s'étoit défendu, ils lui coupèrent une oreille, & lui crevèrent un œil. Ne ſoyez point ſurpris de ce trait, cette guerre a fourni mille exemples de barbarie & de rapine plus cruelles encore. — Jugez quel fut l'effroi de mon enfant; je le fis revenir dès que j'en fus informé; car la Plantation de cet infortuné Américain étoit ſituée à la pointe de *Bergen*, vis-à-vis *New-York*, ſur la rive occidentale de la rivière d'*Hudſon*.

Peu de tems après, nous nous embarquâmes ſur une Flotte de cent quatre-vingt dix voiles, deſtinée pour l'Angleterre, l'Ecoffe & l'Irlande. Après fix femaines de navigation, je débarquai à *Dublin*. Cinq jours après notre arrivée dans cette Capitale, une fingulière circonftance procura à mon jeune ami la connoiffance & l'amitié d'une Dame très-refpectable, comme fi la deftinée vouloit le dédommager de fes anciennes rigueurs : — il demeura avec cette aimable perfonne pendant tout mon féjour dans ce Royaume.

De mon côté, quoique je n'euffe aucune lettre de recommandation, des circonftances non moins heureufes me firent éprouver le charme de l'hofpitalité Irlandoife : je n'oublierai jamais la politeffe, la franchife & l'humanité des perfonnes que j'ai eu le bonheur d'y connoître. — J'arrivai enfin dans ma patrie, que je n'avois pas revue depuis vingt-fept ans : — les fenfations de joie & de plaifir que j'y ai reffenties depuis, font fupérieures à toute defcription.

Faffe le Ciel, qu'après tant d'années de meurtres & de conflagrations, & qu'après un orage fi terrible, le courage, la fageffe & la perféverance des Américains foient enfin couronnés de la victoire, & récompenfés par l'établiffement de la liberté & de l'indépendance ! — une révolution fi heureufe, fi inappréciable, réparera tous nos maux, & guérira toutes nos bleffures.

Tome I.   Dd 2 *

Le vif intérêt & les tréfors que lui prodigue une des plus puiffantes Nations de l'Europe, affurent cet heureux évènement, mille fois plus intéreffant que tous ceux qui, jufqu'ici, n'ont fervi qu'à teindre inutilement la terre du fang de fes habitans.

Vienne ce beau jour! c'eft le fouhait de tous les Gens de bien en Europe, & même en Angleterre.

Adieu ST.-J.

NOTES.

(*a*) Nom du Grand Prévôt Anglois.

(*b*) Paul Leger, fils d'un bon Colon, & François d'origine; il a été depuis échangé. — Telle fut la foif de la vengeance qui animoit ce jeune homme, & la terreur qu'il avoit infpirée à certains Partifans, qu'ils ne ceffèrent de le chercher & de l'attaquer, jufqu'à ce qu'ils furent affez heureux pour le tuer. Son corps reçut, après être tombé, trente-fept coups de bayonnette.

(*c*) Province voifine de celle de New-Yorck, qui n'en eft divifée que par la Rivière d'Hudfon ou du Nord.

(*d*) Les fouris, dont il y en avoit un nombre incroyable, jufqu'à ce qu'un des Prifonniers inventât une fingulière machine qui les détruifit prefque toutes.

(*e*) Imprimeur du Roi.

(*f*) Ce brave homme reçut dans cette action unique, deux coups de fabre, l'un fur la tête, & l'autre fur une des épaules.

(*g*) Tous les Champs font enclos de paliffades, de quatre pieds & demi de hauteur.

(*h*) Il a bien tenu parole; peu de tems après avoir été échangé, il périt à la tête d'un parti Américain, après avoir tué plusieurs Anglois, & avoir donné des preuves d'une audace & d'un courage extraordinaire.

(*i*) Une des premiéres Bourgades de l'Etat de Connecticut, à l'est de New-Yorck.

(*k*) Province à l'est de New-Yorck.

(*l*) Quelques-uns de ses Paroissiens, indignés de l'outrage fait à leur Pasteur, traversèrent le Détroit qui sépare le Continent de l'Isle-Longue, & firent prisonnier, au milieu des Quartiers des Troupes Angloises, un Magistrat grand Royaliste, que les fiers Anglois ne purent jamais ravoir sans donner en échange le Ministre *Mather*. Jamais je n'ai connu un homme croyant plus que lui à la Providence; & jamais je n'ai connu un homme qui fût plus favorisé par les circonstances. — Il arriva parmi nous presque nud; des Personnes inconnues, de la Ville de New-Yorck, le firent habiller, lui envoyèrent de l'argent, &c. Il sortit du Prévôt mieux équipé & possédant plus d'or qu'il n'en avoit jamais eu à la fois. — C'est du moins ce qu'il nous dit.

(*m*) Maison où on rafinoit du sucre avant la Guerre, & devenue une des Prisons où on détenoit les Prisonniers de Guerre Américains.

(*n*) Dans l'enfance de cette Colonie, les Sauvages détruisirent plusieurs Etablissemens, en attaquant les Colons au moment du Service Divin.

(*o*) Détroit entre l'Isle de *Manhatan* ou de *New-Yorck*, & celle de *Nassau*, ou *Isle-Longue*, qui à basse-mer présente un spectacle effrayant par l'impétuosité du courant & la situation des rochers. De bons Pilotes y ont cependant conduit des Frégates Angloises.

(*p*) Jeune Marchand Anglois établi à New-Yorck avant la Guerre. — Je ne l'avois jamais vu.

(*q*) Quelque innocent que fût un Prisonnier, c'étoit un crime d'avoir été envoyé au Prévôt, aux yeux de ceux même par l'ordre desquels on y étoit envoyé. — Il ne pouvoit jamais en sortir sans que deux Personnes valables ne répondissent de sa conduite en donnant chacune une obligation de cinq cens guinées, qui devoient être confisquées au profit de je ne fai qui, au premier foupçon que donnoit la Perfonne cautionnée.

(r) Nom de l'Enfant de ***, qui n'avoit à cette époque que huit ans & demi.

(s) Ancien Capitaine de Vaiffeau Marchand, poffédant avant la Guerre une ample fortune, acquife par fon induftrie, aujourd'hui prefque entièrement détruite par les Anglois.

JE ne puis finir ces Notes, fans vous donner un petit détai du fort de ce brave jeune homme, Paul Léger, dont l'affreufe captivité a fait tant de bruit dans cette partie de l'Amérique. C'eft un monument de cruauté que je veux conferver, comme on conferve quelquefois les reptiles les plus hideux dans de l'efprit-de-vin.

Paul Léger, par fon activité & fon courage, étoit devenu la terreur de certaines gens, qui faifoient la contrebande avec les Anglois en dépit des Loix expreffes du Pays. La voix publique de New-Yorck l'accufa d'avoir tué une certaine Perfonne qui n'étoit point armée, en fortant des Lignes. — Il fut pris enfin, & fans aucun examen mis dans un cachot de huit pieds fous terre, pendant près de quatre mois. Il fut expreffément ordonné qu'il n'auroit qu'une livre de pain, & une bouteille d'eau par jour; & fur-tout fans aucune viande. — Au bout de cette période on le conduifit, avec les mêmes fers, dans une des Chambres d'en-haut où il y avoit quelque jour; il fut attaché par les fers de fes pieds à une chaîne, dont l'autre extrémité étoit fixée au milieu du plancher; il fut un peu mieux nourri dans cette nouvelle habitation, & après quatorze femaines, on l'échangea enfin. — De ce fait, je conclus qu'il n'étoit qu'un fimple Prifonnier de Guerre, contre lequel s'étoit déchaînée la perfécution & l'inhumanité; chofe dont on s'occupoit beaucoup plus à New-Yorck qu'on ne fe l'imagine.

S. J.

TABLE

Des Pièces contenues dans ce Volume.

Épitre Dédicatoire, page *iij*
Lettre, au Rédacteur du Mercure de France, *vij*
Autre Lettre au Rédacteur du Mercure de France, *xxij*

Première Lettre, 1
Seconde Lettre, 13
Pensées d'un Cultivateur Américain, sur son Sort & les Plaisirs de la Campagne, 47
Histoire d'André l'Hébridéen, 81
Histoire de S. K., Colon Américain, 109
Lettre écrite par Ivan AI-Z, Gentilhomme Russe, à un de ses amis en Europe, 137
Description abrégée de la Secte des Quakers ou Amis; Anecdote de Walter Mifflin, Membre de cette Société, 172
Autre Anecdote de Walter Mifflin, 181
Anecdote d'un Chien Sauvage, 199
Anecdote, 217
Seconde Anecdote, 219
Troisième Anecdote, 220
Quatrième Anecdote, 221
Cinquième Anecdote, ibid.
Sixième Anecdote, 222
Anecdote du Sassafras & de la Vigne Sauvage, 224

TABLE.

VOYAGE à la Jamaïque & aux Isles Bermudes, 229
ANECDOTE de la Famille de Williams X... 241
L'HUMANITÉ récompensée, 247
PENSÉES conçues en entrant dans un Hôpital Militaire; Anecdote d'un Soldat reconnoissant, 151
EXTRAIT d'une Lettre du Docteur M.——r 255
LETTRE de Culppeper County, 258
DESCRIPTION d'une Chûte de Neige, 261
PENSÉES sur la Guerre Civile; Histoire de Joseph Wilson, 285
LA FEMME de frontières, 304
LA FILLE Généreuse, 313
ANECDOTE du Sergent B. A. 328
LE PÈRE Infortuné, 356
HISTOIRE de Rachel Budd, 362
L'ATROCITÉ de la Perfidie, 383
CIRCONSTANCES dans lesquelles s'est trouvé l'Auteur pendant son séjour à New-Yorck, 389

Fin de la Table du Tome Premier.

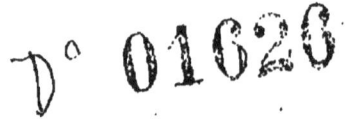

Dº 01626

www.ingramcontent.com/pod-product-compliance
Lightning Source LLC
Chambersburg PA
CBHW051816230426
43671CB00008B/730